LTE
세계사

LTE 세계사

초판 1쇄 인쇄 · 2016년 5월 10일
초판 1쇄 발행 · 2016년 5월 18일

지은이 · 민병덕
펴낸이 · 이춘원
펴낸곳 · 책이있는마을
기   획 · 강영길
편   집 · 이경미
디자인 · 디자인오투
마케팅 · 강영길
관   리 · 정영석

주   소 · 경기도 고양시 일산동구 장항2동 753 청원레이크빌 311호
전   화 · (031) 911-8017
팩   스 · (031) 911-8018
이메일 · bookvillagekr@hanmail.net
등록일 · 1997년 12월 26일
등록번호 · 제10-1532호

ISBN 978-89-5639-249-3 (03900)

이 도서의 국립중앙도서관 출판예정도서목록(CIP)은 서지정보유통지
원시스템 홈페이지(http://seoji.nl.go.kr)와 국가자료공동목록시스템
(http://www.nl.go.kr/kolisnet)에서 이용하실 수 있습니다.(CIP제어
번호: CIP2016009809)

Legible
Tip
Efficient
세계사

LTE

단 숨 에   끝 내 는   세 계 사 의   모 든   것

세계사

민병덕 지음

책이있는마을

머리말 PREFACE

 수많은 국가가 유구한 역사 속에서 흥망성쇠를 거듭하며 그 화려했던 이름을 시간 속에 묻어둔 채 사라지곤 한다. 지구 위에 수많은 국가들이 흥망성쇠를 거듭하는 동안에도 동아시아의 맨 끝, 조그만 면적의 한반도는 5000년 가까운 기나긴 세월을 버티며 지금도 화려한 이름을 지켜내고 있다. 큰 면적을 지닌 것도, 그렇다고 엄청나게 인구가 많은 것도 아닌 한반도가 어떻게 그 긴 시간 동안 역사 속에서 사라지지 않고 지금까지 그 이름을 이어올 수 있었을까?

 그것은 역사를 바로 보면서 주변국의 변화와 흐름을 알고 대처해왔기 때문이었다. 하지만 150년 전의 한반도는 세계사의 흐름을 미처 파악하지 못하여 열강의 싸움터가 되었으며, 결국 35년간 일제의 식민 지배를 받으면서 그 슬픔이 아직까지 계속되고 있다. 바로 한반도의 정치가를 비롯한 백성들이 세계 정세가 돌아가는 조류를 알지 못했기 때문이다.

 바다에서 서핑을 즐기는 사람들은 그 파도의 흐름을 타야만 즐겁게 바다를 느낄 수 있다. 마찬가지로 한반도가 세계에서 살아남기 위해서는 세계사의 흐름을 알고 대처해야 한반도에 즐거움이 가득할 수 있는 것이다.

 그런 면에서 이 책은 세계사의 흐름을 한눈에 알 수 있는 교양서이면서도,

앞으로 실시되는 세계사능력검정시험을 준비하시는 모든 분들께 훌륭한 동반자가 되어 큰 자양분이 될 것이라 생각한다. 역사를 바로 보고 미래를 준비하는 사람들은 실수나 후회가 남지 않는 삶을 살 수 있을 것이다.

끝으로 필자는 이 책이 독자 여러분들께 소중한 정신적인 자양분이 되길 간절히 바라며 여러분의 가슴에 소중하게 기억되는 한 권의 양서가 되길 바란다. 그리고 이 책을 쓰는 데 많은 자료를 제공해준 유지아 선생과 이춘원 사장께 지면으로 감사드린다.

2016년 봄날에

민병덕

차례

I ▶ 고대 문명과 고대 국가

II ▶ 중세 시대

Ⅲ ▶ 근대 시대

IV ▶ 현대 사회

▶ 세계사능력검정시험 예상문제

| 한눈에 보는 세계사 |

I 고대 문명과 고대 국가

인류의 등장	오스트랄로피테쿠스	390만 년 전, 최초의 인류, 직립보행
	호모 하빌리스	약 250만 년 전, 간단한 돌 도구
	호모 에렉투스	약180만 년 전, 완전한 직립보행, 불과 언어 사용–자바원인, 베이징원인
	호모 네안데르탈인	약 40만 년 전, 장례 풍습–네안데르탈인
	호모 사피엔스 사피엔스	약 20만 년 전, 현생인류의 조상, 동굴 벽화
구석기 시대	뗀석기(주먹도끼, 찍개)·골각기 사용, 수렵·채집·어로 생활, 빌렌도르프의 비너스, 동굴 벽화	
신석기 시대	간석기·토기·뼈바늘 사용, 신석기 혁명(농업과 목축의 시작–움집에 정착 생활), 애니미즘·토테미즘·샤머니즘·거석 숭배 신앙	
문명의 발생	청동기·문자 사용, 도시 성립–계급 발생, 사유재산·국가의 등장	
4대 문명 발생	메소포타미아 문명	– 티그리스 강과 유프라테스 강 유역, 개방적 지형으로 왕조 교체 빈번, 쐐기문자·태음력·60진법·천문학 발달(점성술), 현세적 다신교, 지구라트 – 바빌로니아 왕국: 함무라비 왕 때 전성기, 〈함무라비 법전〉(보복법) 편찬, 히타이트인의 침입으로 멸망 – 히타이트: 철기 문화 – 페니키아: 표음문자(알파벳의 기원) – 헤브라이: 유대교 창시–크리스트교와 이슬람교에 영향
	이집트 문명	나일 강 유역, 폐쇄적 지형이라 오랜 기간 왕조 유지, 다신교, 태양력, 10진법, 상형문자, 파피루스 종이, 영혼 불멸(미라, 사자의 서, 피라미드와 스핑크스)
	인도 문명	– 인더스 문명: 모헨조다로·하라파(청동기·문자 사용), 메소포타미아 지역과 교류 – 아리아인의 이동: 펀자브 중심의 서북 인도 지역 – 철기 사용, 브라만교, 카스트 제도
	중국 문명	– 초기 신석기 문화(양사오 문화): 황하 중·상류, 채도 – 후기 신석기 문화(룽산 문화): 황토 지대, 초기 국가, 문자 사용, 농경 시작 – 상(은): 은허에 도읍, 제정일치(신권 국가), 갑골문(한자의 기원), 태음력, 순장의 풍습 – 주: 호경에 도읍, 봉건제(혈연 중심), 천명사상과 덕치주의, 정전제(공동 경작)

한눈에 보는 세계사

아테네의 민주정치	에게 문명	미노아 문명	– 크레타 섬에서 발생(기원전 2000~기원전 1400) – 수도 크노소스(크노소스 궁전: 수세식 변소, 냉·온 수 배관 시설), 동방과 그리스의 문화적 교량 역할
		미케네 문명	– 청동기 사용, 트로이 전쟁 승리, 도리아인(철제 무 기 사용)에게 멸망→암흑시대(기원전 1100~기원전 800)
	성립		폴리스(작은 도시국가 형성), 아크로폴리스, 공동체 생활
	아테네		– 민주정치: 왕정→귀족정→금권정→참주정→민주정(제한적 민주 정치: 부녀자·외국인·노예의 참여 불인정) – 솔론의 개혁: 재산 정도에 따라 정치 참여(귀족 독점 방지) – 클레이스테네스: 도편추방제 실시(독재정치 방지, 500인 평의회 설치–평민의 정치 참여) – 페리클레스: 전성기, 모든 성인 남자 정치 참여, 파르테논 신전
	스파르타		– 도리아인이 다수의 원주민을 지배하기 위해 군국주의 채택, 농업 발달
	문화		– 특징: 인간 중심(조화와 균형의 미), 합리적 문화 – 문학: 호메로스의 〈일리아스〉, 〈오디세이아〉 – 철학: 자연철학→소피스트(진리의 상대성·주관성 강조)→소크라 테스(보편적→절대적 진리), 플라톤, 아리스토텔레스 – 건축과 조각: 파르테논 신전, 아테나 여신상 – 역사: 헤로도토스《페르시아 전쟁사》, 투키디데스《펠로폰네소스 전쟁사》 – 수학: 피타고라스 – 의학: 히포크라테스(의학의 아버지)
춘추 전국시대			– 춘추시대(기원전 770~기원전 403: 존왕양이, 진제오월초)→전국시대(기원전 403~221: 약육강식, 진초연제한위조), 경제적 성장(우경과 철제 농기구 사용, 화폐 유통), 능력 위주의 사회(제자백가 출현: 유가, 도가, 법가, 묵가)
인도, 불교 의 탄생			– 아리아인의 인도 지배(카스트 제도)에 대한 불만: 자이나교·불교 발생 – 불교(석가모니, 평등 사회)
페르시아 전쟁			– 계기: 그리스가 이오니아(소아시아 동부 일대의 그리스 식민지 도시국가들) 반 란에 개입하자 페르시아가 공격 – 전개: 1차 그리스 원정(마라톤 전투에서 패배)→2차 그리스 원정(헬라스 동맹 으로 대항–살라미스 해전에서 패배)→3차 그리스 원정(델로스 동맹으로 대항– 플라타이아이 전투와 미칼레 전투에서 패배)→알렉산드로스의 침공으로 페르 시아 멸망, 아테네 번영
펠로폰네소 스 전쟁			기원전 431~기원전 404, 아테네와 스파르타와의 전쟁에서 스파르타를 중심으 로 한 펠로폰네소스 동맹의 승리→스파르타 번영→폴리스 통합에 실패하고 마케 도니아에 멸망(기원전 338)
알렉산더 제국	발전		필리포스 왕(마케도니아)→스파르타 멸망→알렉산드로스 대왕(페르 시아·이집트·인더스 강까지 점령, 페르시아 통치 체제, 그리스인과 페르시아인의 결혼 장려, 그리스 언어·화폐 사용)→알렉산드로스 대왕 사후 시리아, 이집트, 마케도니아로 분열→로마에 멸망(기원전 31)

알렉산더 제국	헬레니즘 문화	– 특징: 그리스 문화와 동방 문화의 융합(개방적, 개인주의, 세계시민 사상), 자연과학 발달 – 철학: 스토아학파(금욕주의), 에피쿠로스학파(쾌락주의) – 자연과학 발달: 유클리드(기하학), 아르키메데스(부력의 원리) – 미술: 현실적인 아름다움 추구–밀로의 〈비너스 상〉, 〈라오콘 군상〉, 〈니케 상〉 – 인도 간다라 미술 성립에 영향
인도	마우리아 제국	– 찬드라굽타: 북인도 통일 후 건국 – 아소카 왕: 인도를 최초로 통일, 중앙집권적 행정조직, 상좌부 불교(개인의 해탈–동남아시아로 전파)
	쿠샨 왕조	– 중계무역으로 발전 – 카니슈카 왕: 대제국 건설, 문학과 예술의 후원자, 대승불교(중생 구원), 간다라 미술(동부아시아로 전파)
로마	발전	– 과정: 왕정→귀족 공화정(6세기 말, 집정관·원로원)→민주 공화정(호민관 제도,12표법)→평민과 귀족의 권한 동일(리키니우스·섹스티우스법: 집정관 중 1인 평민, 호르텐시우스법: 평민회의 결의가 효력 발생) – 포에니 전쟁: 기원전 264~146, 로마와 카르타고의 지중해 해상권 쟁탈전에서 로마가 승리하면서 지중해 패권 장악 – 포에니 전쟁 후 라티푼디움(대농장) 형성(중소 자영농 몰락, 군사력 약화)→그라쿠스 형제의 개혁(농지 개혁, 곡물 배급–귀족 반대로 실패)
	제정	– 제1차 삼두정치: 카이사르의 독재 – 제2차 삼두정치: 옥타비아누스 집권(아우구스투스 칭호: 제정의 성립) – 로마의 평화 시대: 5현제 시대(약 200년간)–최대 영토 확보 – 군인황제 시대: 마르쿠스 아우렐리우스 황제 이후 군인 황제 등장–물가 폭등, 질병으로 인구 감소, 이민족의 위협 – 디오클레티아누스 황제: 중앙집권 강화, 물가 안정책, 화폐제도 정비 – 콘스탄티누스 대제: 수도 천도(로마→비잔틴), 크리스트교 공인(밀라노 칙령, 313) – 테오도시우스 황제: 크리스트교 국교화, 사후 동로마 제국(오스만 제국에게 멸망, 1453)과 서로마 제국(게르만족에게 멸망, 476)으로 분열
로마의 문화	특징	그리스와 헬레니즘 문화의 영향–실용적·종합적(그리스 문화와 헬레니즘 문화의 결합) 문화로 서양 고전 문화의 완성
	건축	아피아 가도와 수도교를 비롯한 도로 건설, 경기장인 콜로세움, 공중목욕탕, 개선문, 판테온 신전 등 실용적인 건축 문화 발달
	법률	12표법(최초의 성문법)→시민법(로마 시민에게만 적용)→만민법(로마 제국의 지배를 받는 모든 사람에게 적용)→〈로마법 대전〉(6세기, 유스티니아누스 황제, 로마법 집대성)
	역사	리비우스 《로마사》, 카이사르 《갈리아 전기》, 타키투스 《게르마니아》

로마의 문화	문학	라틴 문학(베르길리우스 〈아이네이스〉)
	윤리	키케로 《의무론》
	과학	프톨레마이오스(천동설), 플리니우스 《박물지》
	철학	스토아 철학(이성을 중시, 마르쿠스 아우렐리우스, 세네카 등)
크리스트교의 성장	성립	예수가 세계적인 사랑과 평등을 강조하면서 발전
	박해	황제 숭배를 우상숭배라고 하여 거부하여 황제의 박해를 받음
	공인	313년 콘스탄티누스 황제의 밀라노 칙령으로 공인
	국교화	325년 니케아 종교회의에서 아타나시우스파의 삼위일체설[예수의 아버지인 신(성부), 그 아들인 예수(성자), 성령은 본래 하나라고 주장]을 정통으로 삼음, 392년 테오도시우스 황제가 로마 국교로 삼음
진나라		– 군현제도(중앙집권 제도↔봉건제도: 혈연 중심) – 황제 칭호 사용, 상앙의 법가사상에 따른 통치→유가사상 탄압(분서갱유) – 화폐·도량형·문자 통일 – 만리장성 축조(흉노 대비: 무리한 토목공사로 반란→멸망)
한나라	발전	– 유방의 건국(군국제)→무제(군현제: 중앙집권 강화, 유교의 국교화, 장건의 비단길 개척)→신(왕망)→후한→황건적의 난으로 위에 멸망
	문화	– 전매제로 국가 수입 증대(소금과 철), 물가 안정(균수법, 평준법) – 중심 세력: 호족(향촌의 질서 유지와 교육→중앙 관리로 진출) – 사상: 유학(훈고학 발달–유교 경전 해석에 중점), 불교 전래(후한 초기) – 종이 발명(채륜), 역사(사마천 《사기》, 반고 《한서》) – 중국 문화의 기틀 마련
삼국·위진 남북조 시대	삼국	위(조조: 화베이 지방), 촉(유비: 쓰촨 지방), 오(손권: 강남 지방)
	남북조	– 북조: 유목 민족이 화베이 차지[위→진→5호16국→북위→동위(북제)·서위(북주)], 문화(불교 장려: 간다라 미술–룽먼·윈강·둔황 석굴사원, 관리추천제(9품중정제)) – 남조: 한족이 강남 이주(강남 개발: 오→동진→송→제→양→진), 문화(도교의 성립: 노장+민간신앙→노장사상·청담사상: 도연명의 〈귀거래사〉)
인도의 굽타 왕조		– 쿠샨 왕조 멸망 후 분열→찬드라굽타가 북인도 통일(320) – 찬드라굽타 2세: 영토 확장, 행정조직 정비, 동서 간 무역 활발 – 문화: 힌두교 성립(브라만교와 민간신앙과 불교의 결합, 〈마누법전〉→카스트 제도를 강화시킴), 산스크리트 문학 발달, 굽타 양식(아잔타·엘로라 석굴사원→한국과 일본에 영향), 자연과학 발달('0'과 십진법 발명→아라비아 숫자의 기원)

Ⅱ 중세 시대

프랑크 왕국	게르만족	초기 생활: 라인 강, 다뉴브 강 북쪽에 거주→로마 제국으로 이동(4세기 말 훈족의 압력, 인구 증가, 농경지 부족→로마 문화 흡수·정착)→로마를 멸망시킴(476: 서양 중세 사회의 시작)
	프랑크 왕국	– 게르만 국가 중 가장 강성→서로마 부흥 – 클로비스: 크리스트교 개종(5세기 말)→서로마 황제로 취임(로마·게르만 문화 이룩) – 카롤루스 마르텔: 이슬람 격퇴, 로마 가톨릭교회 보호자 – 카롤루스 대제: 카롤링거 왕조 시작, 서로마 황제 대관, 카롤루스 르네상스(학교 설립, 제도 정비→로마·크리스트교·게르만 문화 융합)→사후 프랑스·독일·이탈리아로 분열(베르됭 조약)
노르만족		– 원주지(스칸디나비아에 거주, 9~10세기 이동)→10세기 초 북부 프랑스로 이동(노르망디 공국 건설)→윌리엄 공(영국 정복: 봉건제의 기초) – 지중해로 이동(시칠리아 왕국 건국), 동유럽(슬라브족 지배: 노브고로드→러시아의 기원)
봉건제도	정치	봉토(토지)를 매개로 주군(봉토 수여, 보호)과 가신(기사: 군사·충성 의무) 사이의 주종 관계에 의한 쌍무적 계약 관계→지방분권 체제
	경제	– 장원: 농노에 의해 유지되는 자급자족적 경제 체제(삼포식·공동 경작, 영주 직영지와 농노 경작지) – 농노: 신분적 예속, 경제 외적 간섭(이동의 자유 없음)
로마 가톨릭 교회	교회 개혁	– 교회의 세속화: 클뤼니 수도원(부패 개혁, 청빈·기도·노동 강조)
	교황권 강화	– 동서 교회의 분열: 동로마(그리스정교회: 성상 숭배 금지→황제 지배), 로마 교황청(게르만족 교육 필요에서 성상 숭배→교황 지배) – 니케아 종교회의: 삼위일체 교리 채택(교황권 강화) – 교황과 황제의 대립: 성직 임명권 문제(카노사의 굴욕으로 교황권 전성기, 보름스 협약: 서임권을 교황이 차지)
중세 유럽의 문화	특징	– 크리스트교 중심의 문화: 정치·학문·사상·예술에 영향 – 봉건귀족적 성격
	철학	– 철학은 신학의 시녀(신학의 보조 학문) – 초기: 아우구스티누스의 교부철학(크리스트교를 철학 이론에 근거하여 학문적으로 설명) – 십자군 전쟁 이후: 스콜라 철학(이성보다 신앙 중시- 토마스 아퀴나스《신학대전》: 신앙·이성의 조화 추구)
	대학 발달	– 12세기경 파리(프랑스), 볼로냐·살레르노(이탈리아), 옥스퍼드·케임브리지(영국)→7개의 교양과목과 전공과목 교수, 교회나 세속적 권력에서 벗어나 자치적 운영
	과학	연금술 전래, 새 약품·화학 약품 제조, 안경 발명

중세 유럽의 문화	건축	로마네스크 양식 (11세기)	돔과 원형의 아치, 두꺼운 벽–피사 대성당
		고딕 양식 (12세기)	뾰족한 탑·둥근 아치형 천장·오색 유리 창문(스테인 드글라스)–쾰른 성당·샤르트르 성당
	기사도 문학		– 봉건 기사들의 모험담과 사랑이 주제–영국 〈아서 왕 이야기〉, 프 랑스 〈롤랑의 노래〉, 독일 〈니벨룽겐의 노래〉
	자국어 문학		이탈리아어– 단테의 〈신곡〉
십자군 원정	배경		– 유럽인의 대외 팽창 욕구, 인구 증가 – 셀주크튀르크의 성지 순례 방해, 비잔틴 제국의 요청
	경과		– 클레르몽 종교회의(우르바누스 2세 호소)→11세기 말 이래 200 여 년간 8차례 원정 실시→세속적 욕심으로 성지 회복 실패
	영향		– 교황권 약화와 교회의 대분열(아비뇽과 로마 두 곳에 교황 존재) – 동방과의 교역 활발→이슬람과 비잔틴 문화 전파 – 제후와 기사 계층 몰락
도시의 성장과 장원제의 해체			– 도시의 성장: 십자군 원정으로 동방과 교역 활발→상공업 도시 발 달(영주의 지배에서 독립: 특허장을 받아 자치 도시 발달) – 길드 조직: 도시 간 이익 추구, 롬바르디아 동맹, 한자 동맹 – 장원의 해체: 농업 혁명(심경법, 삼포제 개선으로 농업 생산 증가 하여 상업 생산 활발)→지대의 금납화→흑사병 유행 →인구 격감 (14세기: 노동력 감소)→농민 반란(와트 타일러의 난, 자크리의 난)→농노 해방, 장원 해체, 기사 계급 몰락
중앙집권 국가의 등장			– 왕권 강화: 교황권의 쇠퇴, 관료제·상비군 조직→시민 세력의 지원 – 영국: 대헌장 선포(1215: 국민의 권리와 인권 보호), 모범 의회→ 백년전쟁과 장미전쟁으로 귀족 세력 약화되면서 중앙집권 국가 성립 – 프랑스: 12세기 필리프 2세 즉위 이후 왕권 강화→백년전쟁 (1337~1453) 이후 중앙집권 체제 강화 – 에스파냐: 1492년 아라곤과 카스티야의 통합 → 15세기 이후 해외 진출 – 포르투갈 독립: 카스티야에서 12세기 독립→식민지 개척
비잔틴 제국	발전		– 수도: 콘스탄티노플(비잔틴), 경제의 기초(농업), 동서양의 십자로 에 위치(무역 발달) – 유스티니아누스 황제: 국가와 교회의 수장 자처, 《로마법 대전》 편찬, 성소피아 대성당 건축, 영토 확장, 상업·무역 발달
	멸망		– 유스티니아누스 황제 사후 계속된 외침→군관구제·둔전병제 실 시→대토지 사유화, 왕권 약화→오스만 제국에 멸망(1453)
	문화		– 특징: 그리스·로마·헬레니즘 문화 결합 – 건축: 성 소피아 대성당(웅장한 돔+화려한 모자이크 벽화) – 유럽의 방파제: 고대 그리스·로마 문화의 서유럽 전파→스콜라 철학 형성에 영향 – 전파: 슬라브족에 전해져 러시아·동유럽 문화의 바탕 마련

14

수나라		문제가 남북조 통일(589: 과거제, 균전제)→양제(고구려 원정, 대운하 건설)→무리한 토목공사와 고구려 정벌로 멸망(618)
당나라	발전	이연(고조) 건국 → 정관의 치(태종): 돌궐 제압, 토번 회유, 율령 체제 – 세금(조용조), 군사(부병제), 토지(균전제), 과거제 시행, 당의 기틀 마련 → 개원의 치(현종): 애민 정치, 인재 등용, 군사력 증강, 양귀비 총애하며 정치 소홀, 안사의 난으로 쇠퇴 → 황소의 난을 계기로 주전충에게 멸망
	정치·사회	– 율령 체제: 3성(중서성·문하성·상서성), 6부(이호예병형공), 과거에 평민 응시 가능 – 귀족 중심의 사회
	경제	– 농업: 2년 3모작, 차·목화 재배 – 상업과 무역 발달: 상인 조합(행), 약속어음(비전) 사용, 비단길과 바닷길로 아라비아와 무역(무역담당 관리: 시박사)
	문화	– 특징: 귀족적, 국제적 – 내용: 유학(훈고학, 공영달 《오경정의》: 오경에 대한 획일적 해석), 시(이백·두보), 불교(현장 《대당서역기》), 네스토리우스교·이슬람교 전래, 공예(당삼채), 서예(구양수)→동아시아권 문화의 기본(한자·유교·율령 체제)
송나라	발전	– 조광윤(태조): 5대(후량·후당·후진·후한·후주) 10국의 혼란기를 통일, 문치주의 채택(절도사 세력 약화→황제권 강화)→군사력 약화: 왕안석의 개혁(부국책: 청묘법·시역법·균수법·모역법·방전균수법, 강병책: 보갑법·보마법→보수적 관료와 대지주, 대상인의 반대로 실패→12세기 초 금의 침입으로 남송 개막
	사회·경제	– 사대부 중심 사회 – 농업생산력 증가: 지주전호제, 참파 벼 재배, 새로운 농기구 사용, 이앙법 도입 – 상업 도시, 동업 조합(상업: 행, 수공업: 작) 증가, 화폐(회자, 교자) 사용, 바닷길 이용 무역(아라비아 상인의 활약)
	문화	– 특징: 사대부 중심, 서민적·국수적–서민 문화 발달 – 성리학 발전: 주희(인간의 본성과 우주의 원리 강조) – 3대 발명품(화약, 나침반, 인쇄술), 역사서(사마광 《자치통감》: 편년체), 당송 8대가(소식, 왕안석)
북방 민족		중국과 대립하면서 한족을 정복했으나 한족에 동화됨
	스키타이	기원전 8세기 청동기 문화 발달, 초원길 개척
	흉노	진과 대결, 진은 만리장성 축조, 기원전 3세기 한과 대립
	요	– 거란족이 건국한 중국 최초의 정복 왕조 – 이원적 통치: 유목민(북면관제: 부족제), 한족(남면관제: 군현제)
	서하	– 중국 서북부에서 탕구트족 건국 – 동서 교역로를 장악하여 중계무역으로 번성
	금	– 여진족이 요를 멸망시킨 후 송을 강남으로 축출→원에 멸망 – 이중 정책: 유목민(맹안모극제: 부족제), 한족(주현제)

원나라	발전	– 1206년 테무친을 칭기즈 칸으로 추대: 강력한 통일 제국을 건설 – 칭기즈 칸 사후 4한국 성립 – 쿠빌라이: 수도(베이징: 대도), 국호(원), 1279년 남송 멸망→중국 전체를 지배한 최초의 민족, 인류 역사상 세계 최대의 제국(역참제: 교통·통신 수단)
	사회·문화	– 몽골족 제일주의(색목인 우대) – 경제: 동서 무역 활발(역참제, 마르코폴로《동방견문록》, 교초의 유통) – 문화:국제적·서민 문화(희곡), 이슬람의 영향, 몽골어·파스파 문자 사용
일본	야마토 정권	중앙집권 체제 강화, 불교문화 발달, 삼국 문화 수입→아스카 문화
	다이카 개신	당과 신라의 문화 수입→국왕 중심의 국가
	나라 시대	– 8세기, 수도(나라), 국호(일본), 천황 칭호 사용 – 국제적·귀족적인 문화
	헤이안 시대	귀족 중심의 정치, 국풍문화운동, 가나 문자, 일본식 불교(신도)
	가마쿠라 막부	– 쇼군(장군)이 무사들에게 토지 지배권 주고 충성 서약 받음 – 불교의 대중화, 성리학 보급
	무로마치 막부	– 영지의 직접 지배 및 농민 지배, 수도(교토), 명과 감합 무역
이슬람 제국의 발전	정통 칼리프 시대	– 632~661, 이슬람의 최고 지도자를 합의로 추대(칼리프) – 동으로 이란에서 서로는 이집트에 이르는 대제국, 개종자에겐 세금 면제
	우마이야 왕조	– 마지막 정통 칼리프 선출 과정에서 내분→무아위야 칼리프가 세습하면서 왕조 개창→시아파와 수니파로 분열 – 수도(다마스쿠스), 공용어(아랍어), 아랍인 우대 정책으로 반란
	아바스 왕조	– 시아파의 지원으로 건국(750), 수도(바그다드), 탈라스 전투에서 당나라를 물리치고 비단길 차지 후 경제적 번영 – 아랍인과 비아랍인의 평등(범이슬람 제국) – 중앙 정부의 내분으로 13세기 중엽 몽골에 멸망
	셀주크 튀르크	– 중앙아시아에서 유목 생활을 하다 바그다드 차지→이슬람교 개종(술탄의 칭호: 정치적 지배자) – 지중해 무역권 차지: 예루살렘 차지(성지순례 방해)→십자군 전쟁→십자군 전쟁과 내분으로 몽골에 멸망
	사회	– '코란'이 일상생활 지배 – 상업 발달: 화폐 사용(금·은), 상업 도시 발달(바그다드, 코르도바), 이슬람 사원(모스크)
	문화	– 동서 문화의 융합–국제적, 독창적 – 이슬람 문화권(아랍어로 된 '코란' 인정) – 지리학(이븐바투타《여행기》), 역사학(이븐할둔《역사서설》) – 건축: 모스크 양식(아라베스크 무늬, 둥근 지붕+뾰족한 첨탑) – 과학(연금술), 수학(아라비아 숫자), 의학 발달

Ⅲ 근대 시대

신항로 발견		– 배경: 지동설, 지구 구형설, 나침반의 전래, 향료 등 동양 산물의 유입, 마르코 폴로의 《동방견문록》으로 동양에 대한 호기심, 오스만 제국의 동방 무역 방해 – 경과: 포르투갈과 에스파냐가 앞장, 바르톨로메우 디아스(희망봉), 바스쿠 다가마(인도항로), 콜럼버스(서인도 제도), 마젤란(세계 일주) – 영향: 가격 혁명, 플랜테이션 농장, 삼각무역(유럽·아프리카·아메리카 연결)
르네상스	이탈리아	– 배경: 지중해 무역의 중심지, 고전 문화의 유산 보존, 동로마 학자들의 망명 – 내용: 마키아벨리 《군주론》, 보카치오 〈데카메론〉, 레오나르도 다빈치 〈모나리자〉, 미켈란젤로 〈다비드 상〉 〈천지창조〉, 라파엘로 〈성모상〉
	알프스 이북	– 특징: 사회와 종교 문제에 관심, 초기 크리스트교 정신 강조 – 내용: 에라스뮈스 《우신예찬》, 몽테뉴 《수상록》, 토머스 모어 《유토피아》, 세르반테스 《돈키호테》
종교개혁	루터	산피에트로 대성당 건축을 위한 '면벌부' 판매→루터의 95개조 반박문 발표→루터 파문→아우크스부르크 화의에서 인정→신교의 성립
	칼뱅	– 주장: 예정설, 직업에 충실, 근면·검소 주장 – 칼뱅파의 전파: 프랑스(위그노), 네덜란드(고이젠), 영국(청교도),스코틀랜드(장로회)→종교전쟁: 위그노 전쟁(낭트 칙령), 독일의 30년전쟁(베스트팔렌 조약)으로 신교의 자유 인정
	영국	헨리 8세의 이혼(수장령: 로마 교황청에서 분리)→엘리자베스 1세 때 영국 국교회 성립
절대왕정		– 특징: 절대 왕권–관료와 상비군, 중상주의 정책→식민지 쟁탈전, 왕권신수설→최초(에스파냐의 펠리페 2세: 무적함대→해상권 장악) – 영국: 엘리자베스 1세(영국 국교회, 무적함대 격파, 동인도회사 창설) – 프랑스: 루이 14세(콜베르의 중상주의, 베르사유 궁전) – 프로이센: 프리드리히 2세(계몽 군주, 군사력 증강, 법률 정비) – 러시아: 표트르 대제(상트페테르부르크 건설, 네르친스크 조약 체결)
17~18 세기의 문화		– 특징: 근대 과학과 철학 형성기 – 과학 혁명: 코페르니쿠스(지동설)→갈릴레이가 증명, 뉴턴(만유인력의 법칙), 라부아지에(질량보존의 법칙), 린네(식물분류학), 제너(종두법), 베살리우스(인체해부학), 레이우엔훅·로버트 훅(박테리아 세포 발견) – 철학: 베이컨(경험주의), 데카르트(합리주의), 칸트(관념론 《순수이성비판》) – 정치: 로크(근대 자유주의 원리), 계몽사상(루소–국민주권, 몽테스키외–삼권분립, 볼테르–신앙과 언론의 자유)→미국 독립혁명과 프랑스 혁명의 사상적 기반 – 경제: 애덤 스미스(자유방임주의 경제학) – 건축: 바로크 양식(17세기: 웅장·화려, 베르사유 궁전), 로코코 양식(18세기: 섬세·우아, 상수시 궁전) – 문학: 디포 〈로빈슨 크루소〉, 스위프트 《걸리버 여행기》, 괴테 〈파우스트〉 – 음악: 바로크 음악(비발디, 바흐, 헨델–오페라), 고전 음악(18세기: 하이든, 모차르트, 베토벤)

영국 혁명과 의회정치의 발전	청교도 혁명 (1642~49)		찰스 1세의 전제정치→의회의 '권리청원' 무시→왕당파와 의회파의 내란→의회파의 승리→크롬웰 집권(공화정 수립, 독재정치, 항해조 례 발표)→국민의 불만, 사후에 왕정복고(찰스 2세)
	명예혁명 (1688)		제임스 2세의 전제정치 강화, 가톨릭교 부활→의회의 제임스 2세 폐 위, 윌리엄과 메리를 국왕으로 추대→'권리장전' 승인→의회 중심의 입헌군주제 수립
미국 독립전쟁 (1776)	배경		영국의 식민지 경제정책: 7년 전쟁 후 각종 세금 부과 → 식민지인 의 반발
	경과		보스턴 차사건→독립선언문 발표(제퍼슨: 민주주의의 이념 제시)→ 프랑스·스웨덴·네덜란드의 지지로 독립전쟁에서 승리→독립 승인 (파리 조약)
	결과		– 헌법 제정: 삼권분립에 의한 민주공화국 성립, 연방주의, 주권재민 – 영향: 프랑스 혁명에 영향 – 의의: 절대왕정에 반대하는 민주주의적 성격
프랑스 혁명 (1789)	배경		시민 계층의 지위 향상, 계몽사상과 미국 독립혁명의 영향, 구제도의 모순에 반발
	발단		국가 재정 위기에 따른 루이 16세의 삼부회 소집
	경과		국민의회(바스티유 감옥 습격, 혁명의 확대, '인권선언' 발표)→입법 의회(입헌군주정–혁명전쟁 발발)→국민공회(공화정 수립, 공포정 치)→테르미도르의 반동→총재정부→나폴레옹의 쿠데타 후 통령정 부 수립→국민투표로 나폴레옹 황제 즉위(제1제정:《나폴레옹 법 전》편찬, 트라팔가르 해전에서 영국에게 패배, 신성로마 제국 해체, 영국 고립을 위해 대륙 봉쇄령 선포→대프랑스 동맹군에 패배)
	의의		프랑스 혁명 사상(자유주의·민족주의) 전파→유럽 역사 흐름 형성
빈 체제	빈 체제		– 나폴레옹 몰락 후 개최, 혁명 이전으로 유럽의 질서 회복 – 빈 체제의 등장: 오스트리아의 메테르니히 중심(보수주의·정통· 복고주의), 4국동맹(영국·러시아·오스트리아·프랑스)의 민족주 의 운동과 자유주의 운동 탄압
	프 랑 스	7월 혁명	샤를 10세의 전제정치→루이 필립을 '시민의 왕'으로 추대(입헌군주 제, 1830)→벨기에의 독립 등 유럽에서 자유주의 확산
		2월 혁명	노동자들의 선거권 확대 요구→중하층 시민과 노동자 중심→루이 필립 축출→제2공화정 수립→메테르니히 추방, 독립, 이탈리아에서 독립운동
		제3 공화정	독일과 굴욕적 조약→파리 코뮌 결성(시민과 노동자 중심: 최초의 노동자 정부)→프로이센의 지원으로 진압→제3공화정
	영국		– 시민의 자유권 확대: 심사율 폐지(비국교도에게 관직 개방)→부패 선거구 폐지, 신흥 상공업자에게 선거권 부여→차티스트 운동(노 동자들의 보통선거 요구) – 경제적 자유: 곡물법 폐지, 항해조례 폐지 – 노동 조건 개선: 공장법과 노동조합법 제정 – 양당 체제 성립: 휘그당과 보수당

민족주의 확산과 국민국가 수립	이탈리아		마치니의 청년 이탈리아당 통일운동(실패)→사르데냐 중심(카보우르 등용)→가리발디(붉은 셔츠대)의 시칠리아·나폴리 점령 →이탈리아 왕국 탄생→베네치아·로마 점령·통일(1870)
	독일		관세동맹(경제적 통일)→비스마르크의 철혈정책(프로이센)→오스트리아와의 전쟁에서 승리(북독일 연방)→프랑스와의 전쟁에서 승리(독일 제국 수립: 1871)
	러시아		니콜라이 1세(데카브리스트 난 진압, 크림 전쟁 패배)→알렉산드르 2세(농노해방령: 무정부주의자 반발→암살)→사후 전제정치 강화와 자유주의 운동 탄압
미국의 남북전쟁	배경	남부	농업·자유무역, 노예제 찬성, 지방 정부 권한, 공화당
		북부	상공업·보호무역, 노예제 반대, 연방정부 권한, 민주당
	전개		링컨의 대통령 당선→남부 분리 독립선언→전쟁 시작→링컨의 노예 해방 선언(1863)→북부의 승리
	결과		국가적 단합의 강화, 자유노동에 의한 자본주의 발전
산업혁명	의미		기계 발명과 기술 혁신에 의한 생산 방식의 변화, 경제·사회 구조의 변화
	영국		− 선도: 정치적 안정, 시장·자본 확보, 노동력과 지하자원 풍부 − 전개: 면직물 공업→동력 혁명(와트의 증기기관)→제철·광산업→교통·통신 혁명
	확대		민간 주도(프랑스, 벨기에, 미국), 정부 주도(독일, 러시아)
	영향		− 긍정: 산업사회 출현, 인구 증가, 물질적 풍요, 도시 생활 편리 − 부정: 노사 대립, 노동문제, 각종 도시문제(환경·위생·주택)→러다이트 운동(노동자의 기계파괴운동),과학적 사회주의(마르크스·엥겔스)→사회민주주의 발생, 사회보장제 추진
	문화		− 경제학: 고전경제학 완성(맬서스·리카도) − 철학: 공리주의(최대 다수의 최대 행복 추구: 벤담·밀), 실증주의(독일의 랑케), 변증법(헤겔) − 역사학: 객관적 역사 연구−근대 역사학의 아버지(랑케) − 자연과학: 패러데이(발전기의 원리), 뢴트겐(X−선), 퀴리 부처(라듐), 다윈(진화론)−의학: 제너(종두법), 파스퇴르(예방의학의 기초) − 문학·예술:19세기 초−낭만주의(감정과 상상력 중시: 바이런, 위고, 들라크루아, 쇼팽, 슈베르트), 19세기 후반−사실주의·자연주의(사회 현실 반영: 발자크, 톨스토이, 밀레), 인상파 화가(빛과 색채 중시: 마네, 모네, 르누아르)
명나라			− 주원장(홍무제)의 한족 왕조 부활: 황제권 강화(6부 직속), 대명률 제정, 유교 부활(과거제 부활, 육유 공포), 토지대장(어린도책)·호적(부역황책) 정비, 지방 통제(이갑제) − 영락제: 베이징 천도, 운하 건설(남북 물자 소통 원활), 베트남 지배, 정화의 해외 원정(화교 해외 진출의 계기),《영락대전》편찬 − 북로남왜, 임진왜란 때 조선 출병, 이자성의 난으로 멸망(1644)

청나라	발전	– 누르하치가 여진족 통일 후 후금 건국(1616) – 태종: 국호 '청'으로 개칭, 조선 정복 – 순치제: 베이징 점령 후 수도로 정함 – 강희제: 삼번의 난 진압, 타이완 점령, 티베트 복속, 네르친스크 조약 체결 – 옹정제: 군기처 설치, 캬흐타 조약(통상 문제 해결, 외몽골과 러시아 국경 확정) – 건륭제: 몽골과 신장 정복–최대 영토, 조공·책봉 체제 확립 – 백련교도의 난과 팔기병의 약화로 쇠퇴
	중국 지배	– 회유책: 유교 문화 계승, 만한 병용제 실시 – 강경책: 변발과 호복 강요, 반청 사상 탄압(문자의 옥)
명·청의 사회· 경제·문화	사회	– 중심 계층(신사: 향신층): 향촌 교화, 세금 징수→세금 감면, 요역 면제의 특권 부여 – 농업과 상공업 발전으로 서민의 지위 향상
	경제	– 농업: 벼농사 확대, 농업기술 발달, 상품 작물 재배 – 상업: 상업 도시 출현, 동향 조합(회관)·동업 조합(공소), 사무역 발달(비단·차·도자기 수출)→은의 대량 유입 – 세금제도: 은의 유입으로 일조편법(명), 지정은제(청) 실시
	문화	– 유학: 명(초기 주자학→중기 이후 양명학: 지행합일)→청(고증학: 실증적 연구, 《강희자전》, 《고금도서집성》, 《사고전서》) – 실학 발달: 실용서, 《본초강목》, 《농정전서》, 《천공개물》 – 서민 문화 발달: 명(《삼국지연의》, 《서유기》, 《수호지》)→청(《홍루몽》), 연극과 경극 유행 – 서양 문물 전래: 마테오 리치(《천주실의》, 〈곤여만국전도〉), 우상 숭배 문제로 청대 건륭제 이후 크리스트교 금지
일본 (에도 막부)		– 도요토미 히데요시의 전국시대 통일 후 임진왜란 발발 – 도쿠가와 이에야스가 에도(도쿄)에 막부 개창(1603) – 정치: 산킨고타이 제도(중앙과 지방 교류 활발), 막번 체제(다이묘에게 영지 분할·지배하는 막번 체제) – 문화: 제한적 쇄국정책(네덜란드만 개항)→난학 발달, 조닌 문화(가부키, 우키요에)→근대화의 바탕이 됨
인도 (무굴 제국)	발전	– 바부르: 티무르 후손, 북인도 정복 후 건국 – 아크바르: 데칸 고원을 제외한 전 인도 통일, 타 종교 인정, 힌두교도에게 지즈야(인두세) 면제 – 아우랑제브: 무굴 제국 최대 영토, 이슬람교 우대 정책 – 쇠퇴: 시크교도·마라타 동맹 반란과 서양 세력의 침략
	문화	– 힌두·이슬람 문화: 우르두어 사용(인도어+페르시아어) – 건축: 타지마할 묘(힌두 양식+이슬람 양식), 무굴 회화 발달
캄보디아	부남	최초의 국가
	진랍	앙코르와트 유적(힌두교 유적→불교 사원으로 변모)
베트남	대월 (레 왕조)	명나라의 동화정책에 자주의식이 일어나 건국, 중앙집권적 전제국가 성립(참파의 대부분 차지)
	완(응우옌 왕조)	19세기 초 베트남을 통일하여 오늘날 베트남 국경 완성, 프랑스의 간섭을 받음

말레이시아	사일렌드라 왕국	보로부두르 불탑
	마자파힛 왕국	향신료 무역, 이슬람 진출로 쇠퇴
미얀마	믈라카 왕국	이슬람 왕국, 중개무역으로 번성, 포르투갈 침입으로 멸망
태국	수코타이 왕국	타이 최초의 강력한 왕국, 문자 발명, 상좌부 불교
	짜끄리 왕국	오늘날의 타이 왕조
미얀마	파간 왕국	불교 수용, 미얀마 문자 발명
티무르 제국		– 건국: 몽골 제국의 부활을 내걸고 티무르가 건국, 인도 서북부에서 지중해 연안에 이르는 대제국 건설, 수도(사마르칸트)→우즈베크족의 샤이바니 왕조에 멸망 (1500) – 경제적 번영: 동서 무역의 중심 – 문화: 이슬람 문화 바탕+페르시아·튀르크·중국 문화→이란 문화
사파비 왕조		– 이스마일의 지도하에 시아파 부족 중심 건국, 수도(타브리즈), 국교(시아파 이슬람)→전성기(아바스 대제: 사병 철폐, 중앙집권제 강화) – 문화: 동서 무역의 중심지(이스파한)→경제적 번영 바탕→페르시아 예술과 문화 부흥
오스만 제국	발전	오스만 베이가 아나톨리아 서쪽에서 건국(1299)→오르한 1세(발칸 반도 진출, 술탄 칭호)→메흐메트 2세(동로마 제국 멸망, 콘스탄티노플을 이스탄불로 개칭, 세금제 개선으로 인구 증가 정책)→술레이만 1세(동유럽 진출, 법전 편찬《군하총회》, 문화 후원)
	정치	– 술탄(관료와 군대가 바탕)의 직접 지배, 정복 지역은 총독 등의 통치 위임 – 군사력 강화: 티마르제, 데브시르메 제도 – 비이슬람교도에게 신앙의 자유 부여: 인두세 납부하면 밀레트에서 공동체 생활
중국의 근대화	아편전쟁	– 원인: 영국의 무역 불균형을 해소하기 위한 아편 무역 실시(삼각무역) – 경과: 임칙서의 아편 몰수→영국의 공격 – 결과: 난징 조약(홍콩 할양, 5개항 개항, 공행 폐지, 불평등 조약)
	애로호 사건	– 원인: 애로호 습격(영국기 모독죄)→영·프 연합군의 톈진·베이징 점령 – 결과: 톈진 조약, 베이징 조약→외국 공사의 베이징 주재, 크리스트교의 포교 허용, 영국에 주룽 반도 할양, 러시아에 연해주 할양
	태평천국 운동	– 중심인물: 홍수전(상제회)이 멸만흥한(청조 타파·한족 부흥)을 내걸고 – 전개: 악습 철폐, 천조천무제(토지의 균등 분배), 남녀평등 주장→향용·서양 세력의 공격으로 실패 – 의의: 반봉건·반제국주의적 근대적 민족운동

중국의 근대화	양무운동	– 중심인물: 한인 관료(이홍장, 증국번 등) – 개혁 내용: '중체서용' 아래 서양의 과학기술 도입해 부국강병 추진 →청일전쟁의 패배로 한계를 나타냄
	변법자강 운동	– 중심인물: 캉유웨이, 량치차오 중심 – 개혁 내용: 일본 메이지 유신 모방(입헌군주제 도입, 의회제 도입, 과거제 폐지, 상공업 장려)→서태후 중심의 보수파의 반발(무술정변)로 실패
	의화단 운동	의화단이 열강의 이권 침탈에 반대하여 부청멸양을 내세워 교회와 철도를 파괴(크리스트교 반대)하면서 벌인 외세 배척 운동→신축 조약(외국 군대의 주둔)→외세 배척, 민족주의 운동
	신해혁명	– 중심인물: 쑨원(중국동맹회: 삼민주의-민족, 민권, 민생) – 전개: 민간 철도의 국유화 반대→우창 봉기→중화민국 성립(최초의 민주 공화정)→군벌의 지역 분할 통치
일본의 메이지 유신	개항	페리 제독의 포함 외교 → 미일 수호 통상 조약(치외법권 인정, 불평등 조약)
	메이지 유신	폐번치현, 신분제 타파, 징병제·의무교육제 실시, 토지 및 세제 개혁→일본 최초의 국민운동→군국주의적 형태의 입헌군주제 수립
	대륙 침략	조선과 강화도 조약 체결(불평등 조약)→오키나와 병합→청일전쟁(1894~1895)→러일전쟁(1904~1905)→한반도와 만주 차지
인도의 근대화 운동	영국의 인도 지배	– 인도에서 네덜란드를 인도네시아로 축출(동인도회사 설립: 1600년, 경제권·행정권·사법권·군사권 행사) – 플라시 전투(프랑스와의 싸움에서 승리)→세포이 항쟁 진압→영국령 인도 제국 수립(1877)
	인도의 반영 운동	– 브라흐마 사마지 운동: 힌두교 우상숭배 배격, 카스트제 반대, 악습 폐지, 교육의 확대 – 인도국민회의: 초기 영국 지배 협조→벵골 분할령→반영 운동 전개[영국 상품 불매, 스와데시(국산품 애용), 스와라지(자치 운동)]
동남 아시아 식민 지배	에스파냐	필리핀을 미국에 빼앗김
	네덜란드	인도에서 영국에 쫓겨 인도네시아 차지
	프랑스	베트남, 캄보디아, 라오스 등 인도차이나 반도 차지
	영국	보르네오 북부와 말레이 반도를 포함한 말레이 연방 차지
	타이	영국과 프랑스의 완충지대로 독립 유지
서아시아의 근대화 운동	오스만 제국	– 탄지마트(은혜개혁: 1839): 근대적 개혁 추진→강대국의 방해와 보수 세력의 저항으로 실패했으며 러·투 전쟁의 패배로 전제정치 부활함 – 청년 튀르크당의 입헌 개혁: 무장봉기로 정권 장악 후 근대화 추진(헌법 부활, 법령의 서구화, 여성의 지위 향상, 교육과 세제 개혁)
	이란	– 러시아의 침입(북쪽)과 영국의 침입(동쪽)으로 카자르 왕조 쇠퇴 – 영국에 대한 담배 불매운동을 벌이다 오히려 영국에게 배상금을 지불하자 입헌 혁명(1890: 국민의회, 입헌군주제)을 실시했으나, 보수파와 영국·러시아의 간섭으로 영국과 러시아에 의해 영토가 분할되어 지배당함

서아시아의 근대화 운동	아라비아 지역	와하브 운동(코란의 가르침대로 생활하자는 신앙운동이 민족운동으로 확대)→와하브 왕국이 건설되었다가 오스만 제국에게 멸망→아랍 문화 부흥 운동이 일어남
	이집트	무함마드 알리가 오스만 제국으로부터 자치권 획득→수에즈 운하 건설로 영국과 프랑스의 내정간섭 초래→아라비 파샤의 민족운동이 실패한 후 영국의 보호국으로 전락

제국주의
등장
		– 제국주의: 상품 판매와 원료 공급을 위한 식민지 확보 경쟁
		– 아프리카: 영국의 종단정책과 프랑스의 횡단정책의 충돌→파쇼다 사건, 모로코
		  사건(프랑스의 모로코 지배에 대한 독일의 반발)
		– 삼국동맹(독일, 오스트리아, 이탈리아)과 삼국협상(영국, 프랑스, 러시아)의
		  대립
		– 범게르만주의(독일, 오스트리아)와 범슬라브주의(러시아, 세르비아)의 민족주
		  의 대립
		– 유럽의 화약고: 발칸 반도

제1차 세계대전	발단	세르비아 청년의 오스트리아 황태자 암살 사건(사라예보 사건, 1914)
	경과	동맹국(독일, 오스트리아, 헝가리, 불가리아)과 협상국(영국, 프랑스, 러시아, 세르비아, 이탈리아, 일본)의 전쟁→초기 동맹국 우세→독일 의 무제한 잠수함 작전→미국 참전→연합국의 승리

	결과	– 베르사유 체제: 파리 강화회의(윌슨의 14개조 원칙–민족자결주
		  의), 베르사유 조약 체결(독일 군비 제한, 막대한 배상금, 식민지
		  포기)
		– 국제연맹 탄생: 침략 행위를 막을 제재 장치 없음, 미국 불참)
		– 독립국 탄생: 폴란드, 체코, 유고, 오스트리아, 헝가리
		– 민주주의 확산: 공화정(독일, 러시아, 오스만 제국, 오스트리아)
		– 부전 조약 체결: 프랑스 외상 브리앙과 미국 국무장관 켈로그가
		  체결, 전쟁을 외교 수단으로 사용하지 않음, 효과 없음

러시아 혁명	배경	전제정치의 지속, 산업혁명으로 노동자 증가, 레닌의 사회주의 정 당 출현
	전개	피의 일요일 사건→두마(의회) 개설 약속의 불이행→제1차 세계대 전→국민의 불만 증가→3월 혁명(노동자·병사의 소비에트 결성, 혁 명 추진, 아래로부터의 혁명)→케렌스키 정부 출범→제1차 세계대 전의 독일 공격 실패로 무장시위 격화→레닌(프롤레타리아 중심의 소비에트 정권 수립, 1922)

	레닌의
	정책
		– 공산화 이후 토지와 공장의 국유화, 공산주의 결속 추진
		  (Comintern)
		– 경제가 어려워지자 신경제정책(NEP)을 추진하여 자본주의 경제
		  정책의 추진
		– 스탈린 집권 후 독재 체제 강화, 신경제정책을 철폐하고 중공업
		  중심의 경제개발 5개년 계획 추진

민족운동	중국	– 신문화운동(1917~1921): 천두슈, 후스 등–민주주의와 과학의
		  수입→자강 운동
		– 5·4운동(1919): 파리 강화회의에서 일본의 21개조 요구 승인에
		  반발→베이징 대학생 중심의 반일 운동

민족운동	중국의 공산화	공산당 결성(천두슈, 장궈타오)→초기 공산당(도시 노동자 중심)→공산주의 확대(제1차 국공합작을 통해)→장제스의 반공정책으로 우한으로 피신(세력 위축)→시안 사건(장쉐량의 장제스 감금)→공산당 재기(중일전쟁으로 제2차 국공합작)→중국 북쪽의 일본군 무기 입수→베이징 함락(중화인민공화국 수립, 1949)→소련과의 대립 후 독자 노선(1956)→문화대혁명→덩샤오핑 체제 이후(정치: 공산주의, 경제: 자본주의)
	인도	영국의 롤럿법 제정으로 제1차 세계대전에 협조→전쟁 후 영국의 식민정책 강화→간디의 비폭력·불복종 운동(스와데시: 국산품 애용, 스와라지: 자치)→네루(완전 독립 요구, 파업)→신인도통치법(완전 자치)
	오스만 제국	케말 파샤의 쿠데타(왕정 종식)→독일과 동맹(패전국: 엔베르 파샤 축출)→케말 파샤 집권(터키 초대 대통령, 그리스와의 전투에서 승리, 관습혁파)
대공황	배경	미국의 경제 활황에 따른 과잉 생산→소비 약화, 생산 감소, 실업자 증가→주식시장 폭락
	미국	뉴딜 정책, 퇴직금 제도, 실업보험 실시
	영국	영국 연방 결성, 블록 경제
	프랑스	프랑 블록(아시아·아프리카의 프랑스 식민 국가를 하나로 묶음)
전체주의 등장	특징	경제공황 해결 과정에서 등장, 국가 지상주의 일당독재 군국주의
	독일	전후 바이마르 공화국 성립→배상금 지불에 따른 경제 불안→나치당의 총선 승리(1932)→나치당의 일당독재(극단적 인종주의)→국제연맹 탈퇴, 베르사유 조약 파기(1933)→프랑스와의 완충지대인 라인란트 점령(1936)
	이탈리아	무솔리니의 파시스트당 조직(1919)→검은 셔츠단과 함께 로마 점령(1922)→의회 선거에서 파시스트당 승리(1924)→무솔리니의 일당독재 확립(1926)→알바니아 보호국화, 에티오피아 침략→국제연맹 탈퇴 및 독일과 강철동맹(1937)
	일본	다이쇼 데모크라시 시대→경제 대공황 발생→군부 쿠데타(1932)→만주사변(1931)→국제연맹 탈퇴(1933)→3국 방공협정 체결(독일, 이탈리아, 일본)→중일전쟁(1937)→제2차 국공합작으로 전쟁의 장기화
제2차 세계대전	태평양전쟁	미국의 금수 조치에 따른 일본의 지하자원 수입 어려움→동남아시아 침략→미국의 압박→일본은 대동아공영권 주장→미국의 진주만 기습(1941)→미드웨이 해전 승리로 미국이 승기를 잡음, 원폭 투하(히로시마·나가사키)→일본 항복(1945. 8)
	유럽 전선	− 배경: 전체주의와 민주주의의 대립 − 발단: 독일의 폴란드 침입(1939) − 경과: 독일의 침략 확대(프랑스 점령)→프랑스 망명정부와 영국 항전→독일의 발칸 국가 및 소련 침략→소련의 참전→소련은 유럽 동부전선에서, 미국과 영국은 아프리카에서 승리→이탈리아 항복(1943)→연합군의 반격(노르망디 상륙)→프랑스 해방→독일 항복(1945. 5)

제2차 세계대전	전후 처리	– 얄타 회담(1945. 2, 미·영·소): 독일은 미·영·프·소의 군정 실시, 일본은 미군의 군정 실시, 한반도는 38도선을 경계로 미·소가 일본 무장해제 – 카이로 선언(1943.11, 미·영·중): 한국의 독립 약속 등 전후 처리 논의 – 포츠담 선언(1945, 미·영·중·소): 카이로 선언 재확인, 일본의 무조건 항복 요구 – 국제연합(UN) 창설: 대서양 헌장(기초: 샌프란시스코 회의에서 창설), 강대국 참가(안전보장이사회 상임이사국의 거부권), 무력 사용시 유엔군 파견으로 제재	
미국과 소련의 냉전 체제	자유주의(미국 중심)와 공산주의(소련 중심)의 대립		
		군사	경제
	자유주의	북대서양조약기구(NATO), 트루먼 독트린	마셜 계획(유럽 부흥 계획)
	공산주의	바르샤바조약기구(WTO), 코민포름(국제공산당 조직 강화)	상호 경제 원조 회의 (COMECON)
제3세계 대두	제국주의와 식민주의 반대, 비동맹 중립주의 노선		
	콜롬보 회의	평화 5원칙(영토·주권의 상호 존중, 상호 불가침, 상호 내정 불간섭, 호혜 평등, 평화 공존)	
	반둥 회의	평화 10원칙(기본적 인권 및 유엔 헌장의 목적과 원칙의 존중, 국가의 주권 및 영토 통합의 존중, 인종과 국가 간의 평등, 내정 불간섭, 단독 또는 집단적 자위권의 존중, 집단 방위협정을 대국의 특수 이익을 위해 사용치 않고 다른 나라에 압력을 가하지 말 것, 어떤 나라의 영토권 및 정치적 독립에 대해서도 침략 행위, 침략 위협, 병력 사용을 피할 것, 국제 분쟁의 평화적 해결, 상호 이익과 협력 증진, 정의와 국제 의무의 존중)→아시아·아프리카 민족해방운동에 영향	
	베오그라드 회의	제1차 비동맹회의, 미국 및 소련과 동맹을 맺지 않은 제3세계 국가의 단결 모색→국제사회의 다극화(자유사회, 공산사회, 제3세계, 유고·중국의 독자 노선): 자국의 이익을 우선하는 사회로 변화	
냉전 완화	– 독일 수상 빌리 브란트의 동방 정책: 동독의 국가 인정 – 닉슨 독트린: 공산권과의 관계 개선 – 미·중 외교: 소련의 팽창주의 견제 위해 핑퐁 외교를 통해 외교 관계 수립 – 군비 축소: 무기 경쟁 제한(SALT, START)		
신생 국가 탄생	– 베트남: 호치민의 베트남 독립연맹의 베트남 민주공화국 수립→프랑스의 월남국 수립→북위 17도선을 경계로 분단(북: 공산 정권, 남: 미국의 지원, 베트남)→베트남 전쟁→베트남의 공산화 – 필리핀: 1946년 미국으로부터 독립 – 인도네시아: 1946년 네덜란드로부터 독립 – 말레이시아: 1957년 영국 연방에서 독립 – 인도의 분열: 영국에서 독립한 인도는 종교 문제로 인도(힌두교), 파키스탄·방글라데시(이슬람교), 스리랑카(불교)로 분리		

신생 국가 탄생		– 중동: 이스라엘의 건국으로 중동전 발생→1979년 캠프 데이비드 협정으로 종 식[팔레스타인 해방기구(PLO) 성립]→지금도 국지전 전개 – 아프리카: 아프리카 통일기구(OAU) 조직–자국의 권익 주장, 이집트(나세르의 수에즈 운하 국유화), 남아프리카공화국(인종 차별–만델라의 당선으로 철폐) – 라틴아메리카: 먼로 선언(아메리카에 대한 다른 국가의 침략은 곧 모든 아메리 카에 대한 침략)에 입각하여 미주 기구(OAS) 조직 – 쿠바: 쿠바 위기 이후 미주 기구에서 축출
사회주의 국가의 해체	소련	– 고르바초프: 페레스트로이카(개혁: 시장경제 도입), 글라스노스 트(개방)→공산당 해체→고르바초프의 대통령 당선→쿠데타 발생 →옐친의 집권(소련 해체, 독립국가연합 결성)→최근 민족 갈등으 로 내전 발생
	동유럽	동유럽 사회주의 붕괴: 헝가리, 폴란드, 루마니아, 체코의 민주화
	독일	베를린 장벽 붕괴(1989)→통일(1990)
20세기 사회와 문화		– 철학: 반지성주의(프로이트의 정신분석학, 파블로프의 조건반사설), 실존주의 (하이데거·키르케고르·야스퍼스·사르트르), 실용주의(듀이) – 경제학: 케인스(수정자본주의: 정부의 간섭 인정)→뉴딜 정책의 근거 – 역사학: 슈펭글러(순환사관), 아널드 토인비(도전과 응전) – 문학: 실존주의(헤밍웨이, 카뮈, 사르트르) – 미술: 야수파(마티스), 입체파(피카소) – 음악: 전통이 아닌 새로운 음악 추구(시벨리우스, 드뷔시, 쇼스타코비치)
과학기술 발전· 자본주의 성장	과학	아인슈타인(상대성이론), 하이젠베르크(양자역학), 유전자 지도 완성 등 유전공학과 생명공학 발달
		컴퓨터·통신기술 발달 → 장점(생활의 편의와 풍요), 단점(공동체 문화 쇠퇴, 인간 소외 현상, 물질만능주의)
	경제 블록화	– 경제자유화: 브레턴우즈 회의(자유무역, 경제협력 결의)–국제부 흥개발은행(IBRD), 국제통화기금(IMF), 관세무역일반협정(GATT), 세계무역기구(1995) – 신자유주의에 따른 경제 블록화: 유럽 통합[유럽 경제 공동체 (EEC)→유럽 공동체(EC)→유럽 연합(EU), 북미 자유무역협정 (NAFTA), 아시아·태평양 경제협력체(APEC), 아시아 자유무역 지대(AFTA: 동남아시아 국가연합의 기능 보완) – 미·중 중심의 경제 블록: 미국(환태평양 경제동반자협정: TPP) 과 중국(역내 포괄적 경제동반자협정: RCEP)

I

고대 문명과 고대 국가

큰 강 유역에서 기름진 농토를 배경으로 발생한 인류의 문명은 많은 사람들이 모여 촌락을 이루고 도시를 형성하다가 국가로 발전했다.

우선 고대 동양의 역사를 살펴보면, 중국에서는 기원전 8000년~기원전 6000년경에 황허 문명이 발달하면서 국가가 나타나, 기원전 1600년경 중국 최초의 국가인 상(은)나라가 세워졌다.

상나라는 제정일치의 신권국가로 갑골문자와 은허의 유적을 남겼으며, 주나라에 이르러 봉건제도라는 국가 통치 체제가 성립되었다.

한편 인도에서는 인더스 문명 이후 아리아인의 이주로 사회 제도가 발달했으며, '카스트'라는 계급제도와 이를 반대하는 불교가 생겼다. 중국과 인도에서 발달한 문명은 아시아 각국의 문화 성립에 큰 영향을 끼쳤다.

그 후 중국은 주나라의 지방 분권적인 봉건제도 때문에 제후들 간의 다툼으로 춘추전국시대라는 혼란기에 접어들었다. 이 시기 동안 철기 문화와 제자백가의 사상적 발전이 거듭되다가 한나라에 이르러 중국 문화의 역사적 전통이 확립되었고, 이로써 중국 민족을 한족漢族이라고 부르게 되었다. 이후 중국은 삼국시대를 거쳐 남북조의 분열기를 맞았다.

고대 서양의 역사는 지중해에서 비롯되었다. 서양 최초의 문명인 에게 해의 미노아 문명을 원천으로 그리스에서 도시국가가 성립되면서 서양 문명이 시작된 것이다. 그리하여 민주정치를 비롯하여 문학·철학·역사 등 학문과 예술 분야의 발전을 선도했고, 뒤를 이은 헬레니즘 시대는 아시아·아프리카·유럽에 걸친 대제국을 건설하면서 동서 문화 교류에 크게 이바지했다.

헬레니즘 세계를 정복하고 지중해의 세력으로 등장한 로마는 그리스 문화를 모방하면서 민주정치를 발전시키는 한편, 도로나 건축, 법률 등 각 분야에 실용적인 문화를 발달시켰다. 또한 크리스트교를 공인하여 유럽 세계의 정신을 지배하면서 문화 발전의 원동력이 되었다.

그러나 게르만족이 이동하면서 서로마가 무너지고, 지중해 중심의 문화는 게르만족이 활동하는 유럽으로 건너가게 되었다.

01 | 인류의 등장

　390만 년 전, 아프리카에서 살았던 오스트랄로피테쿠스(남쪽의 원숭이)가 지구에 처음 등장한 사람이다. 이 당시 얼음으로 뒤덮인 지구는 빙하기였다. 하지만 아프리카만은 날씨가 비교적 따뜻해 과일과 나무, 초원으로 이루어져 있었다. 그러므로 오스트랄로피테쿠스는 비교적 평탄한 지형인 넓은 초원에 살아도 먹을 것을 얻는 데 큰 불편이 없어서 나무에 오르기보다는 땅 위를 걸어다녔다. 이것이 네 발로 생활하는 유인원類人猿과 차이가 생긴 원인이며, 두 발로 서서 걷는 직립보행直立步行이 가능해진 이유다. 직립보행의 영향으로 여유가 생긴 두 손으로 생활에 필요한 도구를 만들게 되었다. 이들은 먹을 것을 구하기 쉽고 기후가 따뜻한 곳을 찾아, 아프리카를 떠나 유럽과 아시아 대륙으로 이동하게 되었다.

　180만 년 전, 오스트랄로피테쿠스보다 좀 더 진화한 인류의 조상인 호모 에렉투스(곧바로 선 사람)가 나타났다. 호모 에렉투스 인류는 자바원인과 베이징원인이 있다. 호모 에렉투스는 동물을 사냥하기 위해 돌도끼를 만들고, 잡은 동물을 익혀 먹고 추위를 막기 위해 불을 사용했다. 호모 에렉투스의 불의 발견은 인류 생활에 커다란 변화를 가져왔다. 불은 빙하기의 추위를 이겨낼 수 있게 해주었으며, 맹수로부터 몸을 보호하고 음식을 익혀 먹는 데 유용했다. 또한 불의 사용으로 이동 생활이 활발해졌으며, 인구도 증가하면서 거주 지역을 넓혀 나갔다. 이들은 간단한 언어도 사용했다.

　약 40만 전에는 좀 더 진화해 지능이 발달한 호모 사피엔스(지혜로운 사람)인 네안데르탈인이 살았다. 네안데르탈인들은 '뗀석기'를 더욱 사용하기 좋게 만들고, 사람이 죽으면 꽃과 음식을 바치고 장례도 치렀다. 장례를 치른다는 것은 내세에 대한 생각을 가지면서 종교를 생각할 수 있을 정도로 지혜가 발달했다고 하겠다.

약 20만 년 전에 현생인류의 조상인 호모 사피엔스 사피엔스가 나타났는데, 프랑스에서 발견된 크로마뇽인과 중국의 상동인이 대표적이다. 크로마뇽인은 기후와 풍토에 적응하면서 신체 형질상의 특징을 갖추게 되어 뇌의 크기와 겉모습, 지능이 현재 우리와 거의 비슷하게 되었다. 동굴 벽에 자신들의 기원을 담은 벽화를 그렸으며 조개나 동물의 뼈로 멋진 장신구도 만들고 석기와 골각기를 사용했다.

인구가 증가하면서 아시아·아프리카·유럽으로 거주 지역을 넓혀 나갔는데, 기후와 풍토에 따라 생김새와 피부색이 달라져 다양한 인종이 생기게 되었다. 이들은 동굴에서 살면서 수렵·채집·어로 생활을 했고, 먹을 것을 찾아 이동 생활을 했으며, 돌을 깨거나 떼어내어 만든 뗀석기를 사용했다. 뗀석기로 주먹도끼, 찍개 등을 사용했던 시대를 '구석기 시대'라고 부른다. 구석기 시대는 다산과 풍요의 기원을 담아 만든 빌렌도르프의 비너스나 사냥의 성공을 비는 주술적 의미의 동굴 벽화를 제작했다.

빌렌도르프의 비너스

＊오스트랄로피테쿠스(남쪽의 원숭이) – 약 390만 년 전
  최초의 인류로 남아프리카에서 발견. 겉모습은 유인원과 비슷하나 직립보행.
＊호모 하빌리스(솜씨 좋은 사람) – 약 250만 년 전, 간단한 돌도구 사용.
＊호모 에렉투스(곧바로 선 사람) – 약 180만 년 전
  완전한 직립보행. 불과 언어 사용. 자바원인, 베이징원인 등이 있다.
＊호모 네안데르탈인 – 약 40만 년 전
  장례를 지냄. 네안데르탈인, 솔로인 등이 있다.
＊호모 사피엔스 사피엔스 – 약 20만 년 전
  현생인류의 조상. 정교한 뗀석기 사용. 동굴 벽화 남김.
  크로마뇽인, 상동인, 그리말디인 등이 있다.

02 | 농업과 목축의 시작

신석기 시대는 기원전 1만 년 전 빙하기가 끝나고 기온이 올라가면서 시작되었다.

신석기 시대에 들어와 이전의 수렵·채집·어로 생활에서 벗어나 한곳에 정착해 농경 생활과 가축을 기르는 '신석기 혁명'이 일어났다.

신석기 시대에는 뗀석기에서 한 단계 발전하여, 용도에 따라 돌을 갈아서 만든 간석기가 사용되었으며, 뼈 도구가 이용되었다. 농기구로는 돌로 만든 석기인 돌괭이, 돌삽, 돌보습, 돌낫과 나무로 만든 농기구가 사용되었다. 신석기 혁명으로 농경 생활이 이루어지면서 보관과 음식을 조리할 목적으로 토기가 널리 사용되었다.

신석기 시대 사람들은 씨족을 중심으로 20명
~30명씩 무리를 지어 한곳에 마을을 형성했다.
이들은 다른 씨족과 혼인을 통하여 부족을 이루
며 몇 개의 씨족이 모여 생활했는데, 경험이 많은
사람을 부족장으로 뽑아 사회를 이끌게 하면서도
평등한 사회였다.

떼석기

신석기 시대 사람들은 해, 달, 산, 강, 큰 나무
등에 영혼이 있다는 자연숭배 신앙(애니미즘)과
특정 동물을 자기 부족의 수호신으로 삼아 숭배하는 토테미즘, 사람과 하
늘을 연결해주는 무당과 그 주술을 믿는 샤머니즘도 있었다. 신석기 시대
후기에 큰 돌을 숭배하는 거석 숭배 사상이 나타났으며, 영국의 스톤헨지
가 대표적이다.

신석기 혁명으로 식량을 생산하는 단계로 발전했는데, 인류가 농사를 지
은 흔적은 이라크, 터키, 시리아 등에 남아 있다. 농경지는 농사를 짓는 데
필요한 물을 얻기 위해 큰 강을 끼고 발달했으며, 이 지역에 큰 강인 티그리
스 강과 유프라테스 강이 흘렀다. 티그리스 강과 유프라테스 강 '두 강 사이
에 넓은 평야'가 발달하여 메소포타미아라고 불렀다.

관개농업으로 생산력이 증대되고 식량이 풍부해지자, 인구가 늘어나면
서 마을은 점점 커져서 도시가 성립되었다. 도시의 성립은 문명의 발전을
가져와 청동기의 사용, 신전의 의식, 조세 징수가 이루어졌고, 교역 등의 필
요에 따라 문자를 사용했다. 사람들이 농사짓기 좋은 땅을 차지하기 위해
경쟁을 하면서 계급이 생겨났고, 사유재산이 나타났으며, 국가로 발전했
다. 고대 인류의 문명은 티그리스 강과 유프라테스 강 유역의 메소포타미
아 지방, 이집트의 나일 강 유역, 인도의 인더스 강 유역, 중국의 황허 강 유
역에서 발생했다.

신석기 혁명

구석기 시대 인류는 이동을 하면서 채집·사냥·어로 생활을 한 반면, 신석기 시대에 접어들면서 곡식을 재배하고 야생동물들을 집에서 기르면서 정착 생활을 하게 되었다. 생활 방식이 이동 생활에서 정착 생활로, 채집 경제에서 생산 경제로 바뀐 사회 변화를 '신석기 혁명'이라고 부른다. 농사와 목축으로 정착 생활이 시작되었고 사유재산과 계급이 생기면서 문화가 생겨나게 되었다.

03 | 고대 문명 탄생

인류 최초의 문명은 기원전 3500년경 티그리스 강과 유프라테스 강이 흐르던 메소포타미아 지역에서 시작되었다. 이곳은 토지가 비옥하고 지형이 개방적이어서 농업이 발달했고, 이민족의 침입이 잦아 왕조 교체가 빈번한 대신 교역이 활발히 이루어졌다.

메소포타미아 남부에 살던 수메르인들은 최초로 도시국가를 만들어 여러 제도와 법을 만들고 주변 지역을 다스렸다. 천연자원이 부족한 메소포타미아 지역에서는 남는 식량을 이웃 나라와 교환하는 무역을 했다. 물건을 나르기 위해 바퀴 달린 수레와 넓은 길을 만들고, 무역을 하면서 거래 내용을 적고 날씨의 변화를 알 수 있는 달력을 만들기 위해 인류 최초로 문자를 만들었다. '쐐기문자(설형문자)'라고 부르는데, 점토판 위에 갈대의 뾰족한 끝으로 글자를 점토판에 새겨 건조시킨 것이다. 문자의 발명으로 많은 정보를 기록하게 되었고 이는 교역과 농사, 정치에 커다란 도움을 주었다. 또한 달의 움직임을 관찰하여 만든 달력인 태음력을 사용하고, 별의 움

우르의 지구라트

직임을 관측한 천문학(점성술)이 발달했다. 무역을 하면서 숫자를 나타내는 셈법인 60진법을 사용했다. 여러 신을 섬기는 다신교를 믿었으며, 현세를 중시하는 종교관이 발달했다. 수메르인들은 도시마다 신전을 세워 각 도시의 수호신으로 삼았으니, 이를 '지구라트'라고 한다.

메소포타미아 문명은 바빌로니아 왕국이 들어서면서 더욱 발전했다. 바빌로니아 왕국의 전성기는 기원전 18세기 함무라비 왕 때로, 메소포타미아 전 지역을 통일하고 정복지에는 총독을 파견했으며, 〈함무라비 법전〉을 편찬했다. 정복지를 다스리기 위해 도로와 운하를 정비하고 도량형을 통일했다. 바빌로니아 왕국은 기원전 17세기 후반 히타이트인의 침입으로 기원전 1500년경 멸망했다.

수메르 문명이 발달하던 시기에 아프리카 북부의 나일 강 근처에서는 이집트 문명이 일어났다. 나일 강 유역의 비옥한 지역에 도시국가가 일어났다가, 나일 강의 범람을 해결하고자 치수와 관개 사업을 하기 위해 강력한 공동체의 필요에서 기원전 3000년경 통일 왕국이 이루어졌다. 이집트 문명은 사막과 바다로 막혀 있는 폐쇄적 지형 덕분에 오랫동안 외침을 받지 않고 왕조를 유지할 수 있었다. 이집트인들은 왕을 태양신 '라'의 아들이라 하여 '파라오'라 부르면서 절대 권력을 행사하는 신권정치를 했다.

이집트인들은 태양신 라를 비롯해 여러 신을 숭배했고, 영혼 불멸과 사후 세계를 믿어 미라, '사자의 서(죽은 자를 위한 안내서)'를 만들었다. 이집트인들은 파피루스로 종이를 만들어 그림문자(모양을 본떠 만든 문자)를 발명하여 왕과 나라를 찬양하는 글을 기록했다. 나일 강이 자주 넘치는 것이 태양의 움직임과 관계있다는 사실을 안 이집트인들은 1년을 365일로 정확히 계산한 태양력을 만들었다. 또한 천문학, 기하학, 측량술이 발달해 이를 바탕으로 한 건축 기술이 뛰어나서 왕의 무덤인 거대한 피라미드도 만들었다.

기원전 2500년경 인도의 인더스 강 상류 펀자브 지방의 비옥한 평야 지대에 인더스 문명이 일어났다. 계획도시인 모헨조다로와 하라파를 중심으로 포장 도로, 하수 시설, 목욕탕, 창고 등을 건설했다. 청동으로 만든 생활 도구를 사용했으며, 그림문자·인장을 사용하고, 메소포타미아 문명과 교류했다.

기원전 1500년경 중앙아시아에서 유목 생활을 하던 아리아인들이 신드와 펀자브를 중심으로 서북 인도 지방에 정착했다. 이들은 원주민을 정복하고 기원전 1000년경에는 갠지스 강까지 진출했다. 아리아인은 철제 농기구를 사용해 벼농사를 짓기 시작했고, 정복한 원주민들을 지배하기 위해 카스트 제도를 만들어 개인의 사회적 지위와 신분, 직업을 엄격히 제한했다. 또한 지배층의 특권을 유지하기 위해 경전인 베다의 신앙을 중심으로 태양, 물, 불과 같은 자연현상을 신격화하여 브라만교를 만들었다.

기원전 8000년~기원전 6000년경 황허 강 유역에서 중국 문명이 일어났다. 초기 신석기 문화(양사오 문화)는 황허 강 중상류 지역에서 일어났고, 채도를 사용했다. 후기 신석기 문화(룽산 문화)는 황허 강 하류 지역에서 일어났으며, 흑도를 사용했다.

기원전 2000년경 황허 강 중하류 지방에서 농사짓기에 적합한 황토 지대를 중심으로 초기 국가가 등장했다. 이들은 문자를 사용하고 성벽을 쌓았으며 정치조직도 갖추었다.

중국 최초의 왕조는 상商 왕조다(기록에만 존재하는 최초의 왕조는 하 왕조다). 기원전 1600년경 도시국가 연맹에서 출발한 상 왕조의 탕왕은 타락한 하나라의 걸왕을 내치고 황허 강 일대를 차지했다. 도읍을 은허에 정하여 '은나라'라고 불리기도 하지만 상나라가 맞는 표현이다. 제정일치의 신권 국가로서 도읍지인 은허의 중심에는 제사를 지내는 제단, 왕의 궁전, 청동기와 토기

갑골문 탁본

등을 만드는 터, 장인들 주거지가 있고, 바깥쪽에는 평민들의 집과 왕·귀족의 무덤이 있었다. 나라의 중요한 일을 점을 쳐서 결정하는 과정에서 '갑골문'을 만들었다. 갑골문은 사물의 모양을 본떠서 만든 상형문자로 4000자가 넘는데 이는 오늘날 한자의 기원이 되었다. 상 왕조는 구리와 주석을 녹여서 만든 금속인 청동으로 무기와 제사 도구, 왕과 귀족들의 생활용품을 만들고, 돌과 나무로 농기구를 제작했다. 전쟁에서는 바퀴 달린 전차를 사용했으며, 누에에서 실을 뽑아 비단을 만들어 옷을 지어 입기도 했다. 제사와 농사를 짓기 위해 태음력을 사용했으며, 지배자가 죽으면 주변인들을 함께 묻는 순장의 풍습이 있었다.

기원전 11세기경 주나라가 상나라를 멸망시키고 도읍을 호경(현재의 시안)에 정하면서 화베이 지방과 창장 강(양쯔 강) 일대까지 지배했다. 봉건제를 실시하여 왕은 도읍을, 나머지 지역은 가족과 공신에게 나누어주고 제후로 삼아 다스리게 했다. 왕으로부터 임명된 제후는 왕에게 해마다 공물을 바치고 전쟁이 나면 군대를 보내는 대신 제후들은 왕의 간섭을 받지 않고 자신의 영토를 다스릴 수 있었다. 후에 중화사상으로 발전한 천명사상(천자가 덕이 없으면 혁명을 해도 된다는 사상으로, 덕을 천명으로 내세움)과 덕

치주의를 내세워 국왕이 백성을 다스리게 했다. 공동체적 농경 생활인 정전제를 실시해 농지를 우물 '정#' 자 모양의 9개 구역으로 나누어 경작하고, 중앙의 한 구역을 공동으로 경작해 수확물을 지배층에게 세금으로 납부했다.

tip1 **함무라비 법전**

〈함무라비 법전〉윗부분

〈함무라비 법전〉은 높이 2.25m의 돌기둥에 새겨져 있다. 위에는 태양신인 샤마시가 함무라비에게 법전을 주는 장면이 새겨져 있는데 신의 뜻에 따라 세상을 지배하는 권리를 상징하고 있다. 아래에는 앞뒤쪽에 쐐기문자로 법전의 각 조항이 새겨져 있는데 그 내용을 몇 가지 살펴보자.

* 남을 고발한 자가 죄를 밝히지 못하면 사형에 처한다.
* 임신한 여성을 때려서 유산시킨 사람은 자기 자식의 목숨을 바쳐야 한다.
* 돈을 빌리고 갚지 못하면 자식과 함께 3년 동안 노예로 일해야 한다.
* 의사가 수술을 하다가 사람을 죽게 하면 손을 자른다.
* 가축을 훔친 자는 10배로 보상하거나 사형에 처한다.
* 귀족이 귀족의 눈을 멀게 하면 그의 눈도 멀게 한다.

〈함무라비 법전〉은 '눈에는 눈, 이에는 이'라는 보복주의와 신분에 따른 형벌의 차별 적용이 특징이다. 현재 프랑스 루브르 박물관에 소장되어 있다.

tip2 **피라미드**

이집트인들은 태양이 뜨고 지는 것을 보면서 사람도 죽으면 다시 부활한다고 믿었다. 그래서 다시 태어날 영혼을 위해 몸을 미라로 만들어 보관하고 살았을 때와 똑같이 쓰던 물건들을 함께 묻어 무덤을 만들었다. 고왕국 시대 왕의 무덤을 '피라미드'라고 한다.

고왕국 시대 제4왕조 전성기를 이끌었던 쿠푸 왕은 자신의 힘을 과시하기 위해 거대한 피라미드를 만들었다. 쿠푸 왕의 대피라미드는 나일 강 서쪽 기제(오늘날 카이로 서쪽)에 높이 146m, 한 변 길이 230m의 규모로 쌓았는데, 밑면이 정확이 동서남북을 가리키며 하늘로 올라가는 계단 모양으로 210단을 쌓았다. 평균 2.5t의 돌 230만 개 정도가 사용되었으며, 10만 명의 사람이 20년이나 걸려 완성했다. 쿠푸 왕은 피라미드를 지키는 수호신인 스핑크스도 함께 만들었다. 스핑크스는 '지평선의 태양신'이라는 뜻으로 사자의 몸에 파라오의 얼굴을 하고 있다. 왕의 몸은 영원히 죽지 않는 미라로 만들어 황금 관으로 장식하여 미로처럼 연결된 방에 모셨다. 벽에는 수많은 벽화와 상형문자(그림문자)를 그려 장식했는데 고대 이집트인들의 생활 모습이 담겨 있다.

tip3
이집트 왕조

고왕국 시대(1~10왕조):	중왕국 시대(11~17왕조):	신왕국 시대(18~26왕조):
기원전 2700~기원전 2200년 거대한 피라미드 건설	기원전 2100~기원전 1800년 수로와 운하 건설	기원전 1700~기원전 1100년 신전과 오벨리스크 건설

04 | 아테네 민주정치

기원전 800년경 지중해 근처에 있던 그리스는 많은 산과 섬, 복잡한 해안선 때문에 마을 단위로 폴리스라는 작은 도시국가를 만들었다. 그들은 자신들을 방어하기 위해 높은 언덕에 성과 요새를 쌓고 신전 겸 군사시설을 세웠는데, '높은 도시'라는 뜻의 아크로폴리스라고 불렀다. 폴리스의 시민들은 직접 무기나 갑옷을 사서 마을을 지키며 시장이나 집회 장소인 아고라에 모여 나랏일을 의논하면서 공동체 생활을 했다.

아테네의 민주정치는 왕정→귀족정→금권정→참주정→민주정으로 발전했다. 기원전 8세기 왕정은 투키디데스의 《역사》에 "아테네 초기 왕정 시대에 아테네인은 여기저기 흩어져 각기 관청과 관리를 두고 있었다."라고 기록한 것으로 알 수 있다.

기원전 6세기 초 금권정은 아리스토텔레스의 《아테네의 국제》에서 "재산 평가에 따라 모든 사람을 전에 나누었던 것처럼 4등급, 즉 펜타코시오메딤노이pentakosiomedimnoi, 히페이스hippeis, 제우기타이zeugitai, 테데스thetes

로 나누었다. 그가 펜타코시오메딤노이, 히페이스, 제우기타이에게 할당한 관직은 9명의 아르콘, 신전관리직, 폴레타이poletai(sellers), 콜라크레타이 kolakretai(financial officials)로, 그는 평가된 재산 규모에 따라 각 등급에 맞게 이 관직들을 할당했다. 그러나 테데스 층으로 분류된 시민들에게 그는 단지 민회와 법정에 참석할 권한만 주었다."라고 기록한 것으로 알 수 있다.

기원전 6세기 말의 참주정은 헤로도토스의 《역사》에서 "페이시스트라토스가 그러한 참주의 한 사람이다. 그는 아테네 전쟁 영웅으로서의 높은 인기를 이용하여 가난한 아테네 시민들을 자기편으로 끌어들여 권력을 잡았다. 반대파에 의해 두 차례나 추방당했지만 다시 돌아와 죽을 때까지 아테네를 통치했다."라고 한 데서 알 수 있다.

평민들은 귀족과 함께 전쟁에 참여하면서 자신들의 권리를 찾게 되었다. 기원전 6세기 말 클레이스테네스의 개혁으로 500인 평의회가 조직되면서 평민들도 폴리스의 시민이 되어 점차 나라의 중요한 일을 귀족과 함께 결정했다. 나아가 독재정치를 막기 위해 도편추방제를 실시했다. 도편추방제는 장차 참주가 될 위험성이 있는 인물을 도자기 파편에 적어 6000표 이상 나오면 10년 동안 국외로 추방하는 제도였다.

평민들이 본격적으로 정치에 참여한 것은 기원전 5세기 중엽으로 아테네의 민주정치가 이루어졌다. 페리클레스는 민주정의 전성기를 이끈 인물로 모든 성인 남자는 민회에 참석할 수 있게 했다. 가난한 시민도 정치에 참여할 수 있게 수당제를 실시하고, 특수직을 제외한 모든 관직을 추첨제로 임명했다.

아테네의 민주정치는 시민이 직접 폴리스의 문제를 투표로 결정하기 때문에 '직접 민주정치'라고 부른다. 하지만 땅을 가지고 있는 성인 남자만 참여할 수 있었고, 외국인(다른 민족)이나 여자, 노예의 참정권은 인정되지 않아 '제한적 직접 민주정치'라고 한다.

아테네와 달리 도리아인에 의해 건설된 스파르타는 다수의 원주민을 지배하기 위해 도리아인에게는 엄격한 군사훈련을 통해 군국주의 정치를 하게 했으며, 원주민은 농업을 통한 생산 활동을 담당하게 했다. 정치는 귀족정과 민주정을 합친 형태로 두 명의 왕이 있었으나, 행정의 실권은 1년 임기로 선출된 5명의 행정관(에포로이)에게 있었고, 시민들의 회의인 민회가 최종적인 결정권을 가졌으며, 입법권은 원로원이 가지고 있었다.

그리스인은 신도 인간의 모습과 감정을 지녔다고 생각했기 때문에 그들이 발전시킨 문화도 인간 중심적이며 합리적이었다. 조화와 균형미를 강조한 미술은 신전 건축과 조각을 발달시켜 파르테논 신전과 아테네 여신상을 남겼다. 철학은 아르케(실체)를 추구한 자연철학(탈레스, 데모크리토스 등)에서 인간이 경험에 의지하지 않고 이성에 의하여 인식하고 설명하는 인간 철학이 발달했다. 대표적으로 소피스트(진리의 상대성과 주관성 강조)의 일인자인 프로타고라스와 소크라테스가 있다. 헤로도토스는 《페르시아 전쟁사》를 저술하여 역사의 아버지라 불리며, 투키디데스는 《펠로폰네소스 전쟁사》에서 비판적 역사 서술로 후대 역사가들에게 큰 영향을 미쳤다. 호메로스는 전해 내려오던 트로이 전쟁의 영웅과 신들의 이야기를 그리스 알파벳으로 적은 〈일리아스〉와 〈오디세이아〉를 남겼다. 히포크라테스는 '의학의 아버지'라 불릴 정도로 의술 발전에 기여했다.

루벤스, 〈히포크라테스〉

I
고대 문명과 고대 국가

파르테논 신전

신의 나라인 그리스는 모든 자연이 신과 연결되어 있다고 생각했다. 12명의 신들이 올림포스 산에 살고 있는데, 그중 제우스가 신들의 왕이었다. 신들은 인간처럼 사랑하고 분노하며 자식을 낳았다. 그리스 신화는 그리스 12신을 다룬 이야기다. 그리스인은 절대적인 존재인 신을 믿었으며, 도시의 가장 높은 곳에 신전을 세우고 신에게 제사를 지내 인간 세상의 평화를 기원했다.

올림피아에서 12신 중에서 제우스 신에게 바치는 제사를 올림피아 제전이라고 한다. 4년마다 올림피아에 모인 각 폴리스의 시민들은 제사를 마친 뒤 연설, 시낭송, 5종 경기(멀리뛰기, 달리기, 창던지기, 원반던지기, 레슬링), 경마, 전차 경기 등을 펼쳤다. 이는 그리스인들의 단결을 높이기 위해 시작되었다.

플라톤	이데아의 세계와 이상 국가 건설
아리스토텔레스	그리스 철학 완성, 인문·사회·자연 각 방면에 걸친 학문적 체계 완성

05 | 중국의 춘추전국시대

혈연 중심인 주나라의 봉건제도는 시간이 흐르면서 혈연관계가 점점 멀어져 충성심이 떨어졌다. 나라가 혼란한 틈에 이민족이 침입하면서 주나라는 도읍을 호경에서 낙읍으로 옮기면서 왕의 권위가 떨어졌고, 지방의 제후들은 더 많은 영토를 차지하기 위해 전쟁을 벌였다. 이 시기를 '춘추전국

시대'라고 한다. 제후들은 세력 경쟁이 치열한 약육강식의 시대가 되면서 유능한 인재가 필요했다. 많은 선비들이 자신의 학문을 발전시키며 정치에 참여하게 되었다. 실력과 능력을 갖춘 사대부들은 어지러운 세상을 다스리기 위해 함께 모여 토론하면서 사상을 발전시켰고 수많은 학파들이 생겨났으니, 이를 '제자백가'라고 한다. '제자諸子'란 여러 학자들이란 뜻이고 '백가百家'란 백 가지 학문이라는 뜻으로, 이 시기를 중국 학문의 황금시대라고 일컫는다.

중국의 문화와 사회에 가장 큰 영향을 끼친 공자는 '인'과 '예'를 중심으로 하는 유가사상을 주장했다. '인'은 사람을 사랑하는 어진 마음이고 '예'는 그것을 표현하는 인간의 도리를 뜻한다. 봉건제도를 옹호하는 사상으로 춘추전국시대의 혼란을 맞이한 것이 제후들이 주나라를 섬기는 예 정신을 잃었기 때문이며, 예를 바로 세워야 나라가 태평해진다고 주장했다. 공자의 정신은 맹자와 순자에 이르러 더욱 발전하면서 중국뿐만 아니라 우리나라, 일본 등에도 영향을 끼쳤다. 맹자는 성선설을 기초로 왕도정치를 주장했으며, 순자는 공자의 예를 비판하고 사회질서 유지를 위한 현실론을 주장해 후에 법가사상의 기초를 이루었다.

노자와 장자는 무위자연無爲自然을 주장했다. 자연과의 조화를 추구하는 사상으로, 인간이 욕심을 버리고 자연으로 돌아가서 살아야 한다고 강조했다. 자연을 따르는 도가는 신선사상으로 발전했다. 법가는 정치권력 강화와 부국강병을 위한 사상으로, 한비자·상앙·이사가 주장했다. 형벌을 엄격히 할 것을 주장해 진나라가 통일하는 기반이 되었다. 묵자는 모든 사람을 차별 없이 대해야 한다는 겸애설兼愛說을 주장하여 사해동포주의를 내세웠다. 제자백가 사상의 발전은 세상을 다스리는 것이 하늘과 신의 뜻이 아닌 인간의 의지와 노력이라는 생각을 갖게 했다.

춘추전국시대는 사회·경제적으로 발전한 시기였다. 각국의 부국강병책 및 철제 농기구의 사용으로 농업생산력이 늘어났으며, 잉여 농산물로 인한 상업 발달로 무역이 확대되면서 도시가 발달했다.

06 | 인도, 불교의 탄생

아리아인들이 인도를 지배하면서 자신들의 권력을 지키기 위해 만든 제도가 카스트 제도와 브라만교다. 카스트 제도(바르나)는 신에게 제사를 지내는 사제인 브라만 계급이 제1계급, 그 아래 크샤트리아(귀족, 장군), 바이샤(평민), 수드라(노예) 계급이 있었다. 당시 인도에서는 브라만과 크샤트리아가 모든 권력과 부를 가졌으며, 아래 계급은 심한 차별을 받았을 뿐만 아니라 무거운 세금을 내야 했다. 브라만교를 비판하면서 우파니샤드 철학(브라만과 인간은 동일한 것으로 인간이 공부를 하면 깨달음을 얻을 수 있다는 철학)을 바탕으로 자이나교와 불교가 나타났다.

자이나교는 바르다마나가 브라만교에 반대하여 창시한 종교로, 깨끗한 마음을 얻기 위해 철저한 고행과 금욕을 강조했다. 그러나 지나치게 철저함을 강조하다 보니 크게 융성하지 못했다.

불교는 기원전 6세기경 인도 북부(네팔 근처) 조그만 나라의 왕자 싯다르타가 궁궐에서 나와 출가해 여러 스승을 만나서 가르침을 받아보고, 6년 동안 힘든 고행을 하다가 큰 깨달음을 얻은 데서 비롯되었다.

"모든 고통의 원인은 헛된 욕심과 애착 때문이니라. 욕심을 버리고 바르게 자신을 다스리면 깨달음을 얻게 되며 누구나 부처가 될 수 있느니라."

깨달음을 얻은 싯다르타는 자신의 깨달음을 백성들에게 가르쳤고, 사람들은 그를 '깨달음을 얻은 자'라고 하여 '석가모니(석가족의 깨달은 자)'라고 불렀다. 석가모니는 세상을 뜰 때까지 45년 동안 자신의 깨달음을 사람들에게 전했다. 그는 모든 생명을 중요시하며 폭력을 반대하면서 신에게 의존하지 않고 스스로 깨달음을 얻어야 한다고 가르쳤다. 브라만교와 카스트 제도에 불만이 많은 사람들은 신분 차별이 없는 불교를 믿게 되었다.

> ### tip 탑은 부처의 몸이다?
>
> 석가모니 부처가 고통받는 백성들에게 널리 자비 사상을 가르치고 80세를 일기로 열반에 들었다. 부처가 열반 후에 다비식(화장법)을 거쳐 사리를 부처와 관계있는 8부족에게 나누어 봉안한 곳이 바로 탑이다. 아소카 왕은 이 사리를 가루 내어 8만 4000과를 만들었다.
>
> 헬레니즘 미술이 전래되기 전에는 탑이 불교의 경배 대상이었다. 탑을 만들 때 부처의 사리를 비롯한 각종 불교 장구를 넣어 만들었기 때문이다. 불교 신자들이 탑돌이를 하며 소원을 비는 것도 이 때문이다.
>
> 석탑은 대개 사각이나 팔각으로 만들었다. 사각은 불교의 사성제四聖諦를, 팔각은 불교의 팔정도八正道를 뜻한다. 사성제는 불교에서 말하는 영원히 변하지 않는 네 가지 진리인 고제苦諦, 집제集諦, 멸제滅諦, 도제道諦를 이른다. 팔정도는 깨달음과 열반으로 이끄는 올바른 여덟 가지 길인 정견正見, 정사유正思惟, 정어正語, 정업正業, 정명正命, 정정진正精進, 정념正念, 정정正定을 이른다.
>
> 탑의 층수는 대개 3층이나 5층, 7층 등 홀수다. 이는 사각이나 팔각과의 조화, 바로 음양의 조화를 상징한다.

07 | 페르시아 전쟁

개방적인 메소포타미아를 비롯한 서아시아 지역은 왕조가 자주 바뀌었다. 분열의 서아시아를 최초로 통일한 나라는 기원전 7세기에 철제 무기와 기마 전술을 쓰던 아시리아였다. 서아시아를 통일한 아시리아는 정복지에 총독을 파견하고 도로와 교역로를 만들고, 왕립 도서관을 설치해 학문 발전을 꾀했다. 그러나 피지배 민족을 강압적으로 통치한 탓에 각지에서 반란이 일어나 멸망했다.

서아시아를 재통일한 국가는 페르시아 제국이었다. 키루스 왕이 기원전 539년에 바빌로니아를 정복함으로써 서아시아(메소포타미아, 이집트, 인더스 강 등) 대부분 지역을 판도로 하는 거대한 제국을 세웠다. 페르시아 제국의 전성기를 이끈 이는 다리우스 1세로, 제국을 20개 지역으로 나누고 행정관을 파견해 다스렸다. 세금만 내면 그 지방의 종교와 언어, 법 등을 존중했기 때문에 사람들은 거부감 없이 페르시아의 통치를 받아들였다. 다리우스 1세는 2600km에 이르는 왕의 길을 만들어 지방에 보낸 행정관들에게 왕의 명령을 전달하고 문제를 보고하게 함으로써 반란이나 전쟁도 빨리 진압할 수 있었다. 이를 두고 그리스 역사가 헤로도토스는 "세상에서 페르시아 전령보다 빨리 이동하는 것은 없다."라고 평가했다. 화폐도 통일하여 각 지방마다 상업과 교역이 발달했고 세금을 걷기도 훨씬 쉬워졌다. 그러나 지중해 동쪽에 있었던 그리스 식민도시들은 페르시아 때문에 무역이 어려워졌다. 자유까지 빼앗긴 도시들은 밀레투스를 중심으로 반란을 일으켰으며, 이때 지중해 패권을 노리던 아테네가 반란군을 도와주었다.

"아테네를 용서할 수 없다."

기원전 492년, 페르시아 제국의 다리우스 1세는 아테네를 공격했지만 폭풍이 불어 실패했다. 2년 뒤 페르시아와 아테네가 마라톤 평원에서 다시 전쟁을 벌였는데, 군사 수가 훨씬 적었던 아테네는 밀티아데스의 작전으로 크게 이기고 페르시아를 물리쳤다(마라톤 전투).

다리우스 1세의 아들 크세르크세스 1세가 30만 명의 군대를 이끌고 바다와 육지로 다시 그리스를 공격했다. 그리스는 스파르타를 중심으로 연합군을 만들어 페르시아에 대항했다. 그러나 첫 해전에서 크게 패한 그리스는 살라미스 섬에 모여 최후의 전쟁을 준비하게 되었다. 테미스토클레스는 페르시아의 큰 배를 좁은 물길로 유인하고 그리스의 작고 뾰족한 배로 돌격하여 부수는 작전을 펼쳤다. 결국 배들은 물길에 갇혀 움직이지 못했고 페르시아는 다시 후퇴하게 되었으니, 이 싸움이 '살라미스 해전'이다.

다음 해 그리스가 미칼레에서 또다시 페르시아를 물리치면서 20여 년에 걸친 전쟁은 그리스의 승리로 끝났다. 이후 그리스 도시들은 페르시아로부터 도시를 지키기 위해 연합 해군을 만들었다. 기원전 478년, 아테네를 중심으로 '델로스 동맹'을 맺어 동맹에 가입한 폴리스는 돈이나 군함, 해군을 보냈으며 아테네는 점점 강해지면서 그리스 최고의 도시로 성장하게 되었다.

그리스와의 전쟁에서 패배하고 속주 총독들의 반란으로 쇠퇴한 페르시아는 알렉산드로스(알렉산더)의 침공으로 기원전 4세기 말에 멸망했다. 그러나 넓은 지역을 통치한 페르시아는 다양한 문화와 국제성을 지녔다. 즉

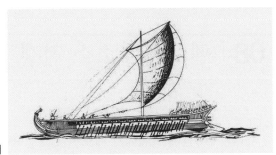

고대 그리스 함대의 배

페르시아는 피정복민의 문화와 종교, 언어를 존중하면서 아시리아·이집트·그리스 등 여러 민족의 문화를 융합할 수 있었다. 아랍어를 공용어로 쓰면서도 페르시아어를 쐐기문자로 표기한 페르시아 문자를 사용했다. 페르시아의 사상적 기반은 조로아스터교이다. 왕에 대한 절대적 복종을 강요한 조로아스터교는 선과 악의 대결에서 선이 이겨 천국으로 간다는 사상을 내세웠기에 유대교·크리스트교·이슬람교에 영향을 주었다.

tip 이후의 서아시아 국가

국가	특징
박트리아	기원전 3세기경 그리스인이 건국, 중앙아시아와 인도 지역에 헬레니즘 문화 전파
파르티아	기원전 2세기경 메소포타미아에서 인더스 강에 이르는 지역 지배, 중국의 한과 로마 제국 간 중계무역으로 번성, 사산조 페르시아에 멸망(226)
사산조 페르시아	3세기 초 이란계 민족이 아케메네스 왕조의 부흥을 내걸고 건국, 이란에서 메소포타미아에 이르는 지역 지배, 중계무역으로 번성, 중앙집권 체제, 국교는 조로아스터교, 공용어는 페르시아어-이슬람 세계와 비잔틴 제국, 동아시아 지역에 영향

08 | 펠로폰네소스 전쟁

기원전 478년에 아테네가 페르시아의 침략에 대비하여 에게 해 일대의 여러 나라들과 델로스 동맹을 맺은 뒤, 아테네가 이를 패권 확장에 이용하면서 그리스 최강의 도시국가로 성장하자 스파르타는 위협을 느끼게 되었다.

아테네가 민주적으로 나라를 이끈 데 비해 스파르타는 소수의 지배자가 다수의 정복민을 다스리기 위해 군국주의적으로 나라를 이끌었다. 스파르타는 어려서부터 김나지움에서 철저한 교육과 군사훈련을 받았으며 엄격한 규율과 복종을 가르쳐 국가에 충성심을 요구했다. 여자들도 강한 아이를 낳고 기르기 위해 혹독한 훈련을 받아야 했다. 허약하게 태어난 아이는 버렸으며, 7세부터 30세가 될 때까지 공동생활을 통해 강한 군인으로 키움으로써 스파르타 군대는 세계 최강의 군대가 되었다.

아테네의 국력이 커가는 것을 지켜본 스파르타는 펠로폰네소스 동맹을 맺어 아테네를 견제했다. 그러나 아테네는 스파르타를 의식하지 않고 거만해지면서 펠로폰네소스 동맹국까지 지배하려고 했다. 이에 스파르타는 전쟁을 선포했다. 이 전쟁을 스파르타가 위치한 펠로폰네소스 반도의 이름을 따서 '펠로폰네소스 전쟁'이라고 한다. 아테네의 지도자인 페리클레스는 "우리는 돈이 많다. 그러므로 전쟁을 오래 끌면 이길 수 있다."라고 생각하여 시민들을 성 안으로 이주시킨 후 싸움을 하는 척만 했다. 하지만 스파르타는 끊임없이 아테네를 공격했고, 아테네에 전염병이 퍼지면서 페리클레스가 세상을 떠났다. 페리클레스의 죽음으로 지도자를 잃은 아테네는 점점 힘을 잃어 기원전 404년 스파르타에 항복했다.

스파르타는 27년간의 전쟁 끝에 그리스의 주인이 되었지만, 폴리스의 통합을 이루는 데 실패하고 분열의 길을 걸으면서 점차 쇠퇴해 기원전 338년에 마케도니아에 멸망당했다.

09 | 알렉산드로스 대왕의 동방 원정

　가난하고 작은 나라였던 마케도니아는 펠로폰네소스 전쟁 이후 폴리스 간의 분열로 국력이 약해진 그리스를 정복하면서 국력이 커졌다. 20세의 나이로 마케도니아의 왕이 된 알렉산드로스는 그리스의 철학자 아리스토텔레스에게 과학, 철학, 문학 등을 배우면서 그리스 문화의 우수함을 알게 되었고, 호메로스의 〈일리아스〉를 읽으며 '영웅들처럼 세계를 정복하고 말겠다.'라는 큰 꿈을 가지게 되었다.

　알렉산드로스는 그리스인들을 이끌고 페르시아 제국을 정복하기 위해 원정길에 나섰다. 기원전 334년, 알렉산드로스 왕이 이끄는 그리스 군대는 이소스에서 페르시아 왕 다리우스 3세가 이끄는 60만 대군을 물리치고 페르시아를 정복했다. 그 여세를 몰아 동쪽의 인더스 강까지 진출한 알렉산드로스 군대는 더 동쪽으로 나아고자 했지만 기원전 326년에 인도의 왕이 이끄는 코끼리 부대에 밀려 더 이상 나아가지 못하고 철수해야만 했다. 그리고 1년 후에 열병에 걸려 33세의 젊은 나이에 세상을 떠났다.

　알렉산드로스가 죽은 뒤 대제국은 마케도니아, 시리아, 이집트로 분열했다가 로마 제국에 멸망했다. 그러나 중앙아시아를 넘어 인도까지 세력을 넓힌 알렉산드로스 왕은 세계의 정복자로 이름을 떨쳤다.

　알렉산드로스 왕의 가장 큰 업적은 동서 융합 정책이었다. 그는 동방의 전제군주제를 채택하고 그리스인과 페르시아인의 혼인을 장려했으며, 정복지에 알렉산드리아를 건설하고 그리스인을 이주시켜 그리스 문화를 전파했다. 그리고 그리스 언어와 화폐를 사용했다.

　알렉산드로스의 동방 원정부터 로마가 지중해를 차지할 때까지를 '헬레니즘 시대'라고 한다. 헬레니즘 시대는 문화가 발달했다. 헬레니즘 문화의

〈라오콘 군상〉

특징은 개방적, 세계 시민주의, 개인주의적 경향을 띠었다. 철학으로는 감정을 억제하면서 이성적인 삶을 추구하는 스토아학파와 마음의 안정과 만족을 추구하는 에피쿠로스학파가 있다. 자연과학도 발달했는데, 실제 생활에 필요한 것이었다. 부력의 원리를 발견한 아르키메데스, 기하학의 체계를 세운 유클리드, 지구의 자오선을 측정한 에라토스테네스, 태양중심설을 주장한 아리스타르코스, 인체 해부를 시도한 헤로필로스 등이 있다. 현실적인 아름다움을 추구한 미술에서는 〈밀로의 비너스〉를 비롯하여 〈라오콘 군상〉, 〈니케 상〉 등이 있으며 간다라 미술에 영향을 미쳤다.

tip 헬레니즘 문화

알렉산드로스 대왕은 동방 원정으로 유럽, 아프리카, 아시아에 걸친 대제국을 건설했다. 알렉산드로스는 그리스 문화만 강요한 것이 아니라 각 지역의 문화도 존중하면서 그들의 관습도 따르게 했다. 다른 민족도 차별하지 않고 군사나 관리로 뽑았으며 언어의 사용도 허용했다. 그 후 오리엔트 문화와 그리스 문화가 서로 섞여서 '헬레니즘 문화'가 만들어졌다. 인간 중심적인 그리스의 영향을 받아 얼굴과 몸을 섬세하게 표현하는 조각은 인도의 불상에 영향을 주었고 이는 간다라 미술로 발전했다.

10 | 마우리아 제국의 인도 통일

인도에서는 기원전 321년 찬드라굽타가 그리스 군대를 몰아내고 북인도를 통일하면서 마우리아 제국을 세웠다. 마우리아 왕조는 아소카 왕 때 인도를 최초로 통일하면서 전성기를 이루었다. 마우리아 왕조는 오늘날 인도 전체와 아프가니스탄, 네팔, 파키스탄까지 지배했다. 아소카 왕은 중앙집권적 행정조직을 정비하고 자신의 통치 이념을 돌기둥(석주石柱: 오늘날 인도의 국기, 지폐, 여권 등에 석주의 머리 부분이 인쇄되어 있다)에 새겨 곳곳에 세웠다. 저수지와 관개시설을 정비해 농업 생산을 늘렸으며, 물자의 원활한 수송과 군사들의 이동을 위해 1600km의 도로망을 확충했다. 지방마다 관리를 보내 백성들을 살폈으며 영토 확장을 위해 많은 전쟁을 치렀다. 그러나 칼링가 지역을 정복하면서 전쟁터에서 사람들이 죽고 고통받는 모습을 보면서 전쟁으로 진정한 통일을 이룰 수 없음을 깨닫고 불교를 국교로 삼아 정치를 하면서 불교를 전파하기 시작했다.

불교를 널리 알리기 위해 석가모니의 사리를 모신 8개의 탑을 8만 4000개로 나누어 국내는 물론 이웃 나라에까지 전해주어 사원과 탑을 세우고, 승려를 섬 등에 보냈다. 아소카 왕이 강조한 불교의 가르침은 폭력과 살인을 금하고 윗사람을 공경하고 아랫사람을 존중하라는 내용이었다. 아소카 왕의 불교는 페르시아와 동남아시아까지 퍼져나가 불교가 세계적인 종교로 발전하는 데 커다란 공헌을 했다. 아소카 왕 때 발달했던 불교는 혼자만의 깨달음을 중요하게 여기는 상좌부 불교(소승불교)로 동남아시아의 스리랑카, 타이, 미얀마 등지에 퍼져나갔다.

마우리아 왕조는 아소카 왕이 죽은 후 다시 분열되었다. 분열된 인도를 재통일한 것은 쿠샨 왕조이다. 1세기경 이란 계통의 쿠샨족이 북인도의 대부분을 통일하면서 성립된 쿠샨 왕조는 중국, 인도, 페르시아를 연결하는 무역로를 차지하면서 중계무역으로 번성했다. 쿠샨 왕조의 전성기는 2세기 중엽 카니슈카 왕 때다. 카니슈카 왕은 북인도와 중앙아시아 일대에 걸친 대제국을 건설하여 파르티아, 갠지스 강 유역, 중앙아시아, 후한 등과 국경을 맞대었고 로마와 교류했다. 문학과 예술의 후원자로서 불교를 장려하고 불경을 수집하면서 수도인 페샤와르에 불교 사원과 탑을 건축했다. 쿠샨 왕조는 3세기 초 사산조 페르시아에 멸망했다.

　카니슈카 왕 때의 불교는 많은 사람을 함께 구원의 길로 이끄는 대승불교로, 사막 길을 거쳐 동북아시아의 중국, 우리나라, 일본으로 전해졌다. 쿠샨 왕조 시대에는 헬레니즘 문화의 영향을 받아 간다라 미술이 발달했다. 간다라 지역은 파키스탄 북부에 있는 페샤와르 지방으로, 이 지역에서는 신을 인간의 모습으로 조각한 헬레니즘 문화의 영향을 받아 부처의 모습을 인간의 모습으로 제작했다. 간다라 미술은 대승불교와 함께 중앙아시아를 거쳐 중국, 우리나라로 전파되었다.

아소카 왕의 석주

11 | 로마의 이탈리아 통일, 지중해 제해권 장악

지중해의 서쪽 이탈리아 반도에는 소아시아에서 건너온 에트루리아인들이 농사를 지으며 도시국가를 형성하고 있었다. 기원전 8세기 중엽 라틴족이 에트루리아인을 내쫓고 테베레 강 하류에 도시국가 로마를 건설했다. 로마는 테베레 강변 언덕을 중심으로 시작되었는데, 전설에 따르면 늑대 젖을 먹고 자란 로물루스가 세웠다고 한다.

라틴족은 시민군을 바탕으로 강력한 군사들을 키워 주변의 켈트족, 라티움족 등과 싸워 이탈리아 반도를 통일했다.

로마 초기에 시민들은 왕을 쫓아내고 자신들의 대표를 뽑아 정치를 하는 공화정 제도를 도입했다. 나랏일은 임기 1년의 집정관 두 명이 담당했는데, 이들 집정관은 전체 시민 병사들의 모임인 민회民會에서 선출했으나 그 자격은 귀족에게만 있었다. 가장 강한 권한을 지니면서 사실상의 최고 의결 기관은 원로원으로 국가의 중요한 일을 의논하고 지도했다.

그러나 귀족만이 집정관이 될 수 있다는 정책에 군대의 주력이라고 할 수 있는 평민들의 불만이 커져 반란이 일어났다. 평민 병사들은 자신들의 개혁 요구가 귀족들에게 거절당하자 성산Monte Sacro으로 가서 농성을 벌였다. 그들이 두 명의 호민관이 이끄는 조직을 만들어 귀족들을 압박하자 결국 귀족들은 평민들로 구성된 '평민회'와 평민들이 뽑은 '호민관'이 정치에 참여할 수 있도록 하는 법을 만들었다. 평민회에서 선출된 호민관은 집정관의 결정이나 원로원에서 결정한 사항을 거부할 수 있었다.

시민들이 정치에 참여하게 되었지만 법을 집행하는 데는 여전히 차별이 존재했다. 이에 평민들은 '12표법'을 만들어 귀족들이 마음대로 법을 해석

하지 못하도록 했다. 12표법은
로마 최초의 성문법이다. 평민
들은 주변 국가와 전쟁이 많았
던 로마에서 갑옷과 무기를 가
진 중장보병으로 전쟁에 참여
하면서 힘을 키워나갔다. 시민
군에 의지해야 했던 귀족들은
어쩔 수 없이 나라를 지키기 위
해 평민들의 요구를 들어주었다.

로마 원로원을 재현한 19세기 프레스코화_
로마 공화정 말기, 키케로가 카틸리나를 탄핵하는 장면이다.

　기원전 367년에는 리키니우스·섹스티우스법을 제정해 두 명의 집정관
중 한 명은 평민으로 선출했다. 이어서 기원전 287년에 호르텐시우스법을
제정해 평민회에서 만든 법안이 원로원의 의견과 관계없이 법으로 효력을
가지게 됨으로써, 평민도 귀족과 동등한 권리를 가지게 되었다.

　로마는 이탈리아 반도를 차지해 국토가 넓어지면서 많은 돈이 필요해지
자 다른 나라와 교역을 하게 되었다. 교역을 하기 위해서는 지중해를 이용
해야만 했다. 이때 지중해를 차지한 나라는 카르타고였다. 카르타고를 넘
어야 지중해를 손에 넣어 무역의 중심 국가가 될 수 있었다. 기원전 264년
에 이탈리아 남부의 시칠리아 섬을 사이에 두고 로마와 카르타고가 전쟁을
벌였는데 이것이 포에니 전쟁이다. '포에니'란 페니키아를 뜻하는 라틴어
로, 카르타고가 옛날 페니키아가 세운 식민 도시 중 하나였기 때문에 로마
인이 포에니라고 부른 것이다.

　1차 포에니 전쟁은 지중해 한가운데 있던 시칠리아 섬을 카르타고가 전
부 차지하려고 하자 로마가 이를 저지하면서 일어났다. 전쟁 초기 해군력
이 강력한 카르타고가 유리했다. 카르타고의 배는 배 앞부분에 단단한 쇠
붙이를 달아 당파(배의 중간을 들이받아 두 동강 내는 싸움 방법)로 로마군을

곤경에 처하게 했다. 이에 해군보다 육군이 강력한 로마는 바다에서 싸움이 불리해지자, 가까이 접근하는 카르타고 해군의 배에 갈고리를 연결해 다리를 만들어 공격하는 전법을 구사했다. 다리를 이용해 카르타고군의 배로 건너가서 중장보병들이 백병전을 전개하니 카르타고는 로마에 항복하고 막대한 배상금을 물었으며, 시칠리아도 로마가 차지하게 되었다.

2차 포에니 전쟁에서 카르타고를 이끈 사람은 세계 4대 영웅 중 한 명인 '한니발 장군'이다. 1차 포에니 전쟁에서 패배한 경험을 교훈삼아 한니발 장군은 에스파냐 총독이 된 후 로마를 공격하기 위해 4년에 걸쳐 준비를 했다. 기원전 218년, 마침내 10만 명의 군대와 코끼리 부대를 이끌고 로마로 향했다. 이때 한니발은 5만의 군대를 이끌고 눈 덮인 알프스 산을 넘어 이탈리아로 진격하여 로마군이 혼란에 빠진 틈을 타 쉽게 이겼다. 칸나에 전투에서도 4만 명의 카르타고군이 8만 명의 로마군을 크게 무찔렀다. 칸나에 전투에서 로마군은 전멸했고 한니발은 로마 정복을 눈앞에 두고 있었다. 그러나 로마는 카르타고에 한니발이 이끄는 군대 이외에 별다른 군사력이 없음을 알고 카르타고의 수도를 공격했다. 위기를 맞은 카르타고에서는 한니발에게 철수하라고 통지했으나, 오랜 전쟁에 지친 한니발의 군사들은 로마군에 패배하기에 이르렀다. 이로써 카르타고는 에스파냐를 비롯한 식민지와 많은 돈을 로마에게 빼앗겼고, 로마는 지중해 세계를 통일하여 크게 발전하는 계기가 되었다.

tip 로마의 발전

왕정→귀족 공화정(집정관, 원로원)→민주 공화정(호민관 제도, 12표법)→평민과 귀족의 권한 동일(리키니우스·섹스티우스법, 호르텐시우스법)

12 | 로마의 삼두정치

기원전 2세기 중엽 카르타고와 싸운 포에니 전쟁에서 최후의 승리를 거둔 로마는 지중해 중심의 세계를 장악했다. 포에니 전쟁 후에 라티푼디움이라는 대농장의 경영이 나타났다. 전쟁에서 중심 역할을 한 농민들은 대농장에서 힘들게 일을 했지만 오히려 농토가 줄고 점점 가난해졌다. 호민관으로 선출된 그라쿠스 형제가 몰락한 농민층을 다시 일으키기 위한 개혁을 실시했다. 티베리우스 그라쿠스는 농지법을, 가이우스 그라쿠스는 곡물법을 만들었으나 귀족들의 반대로 실패하고, 결국 귀족들에게 피살되면서 사회 혼란은 더욱 심해졌다.

사회 혼란 속에서 인간적인 대우를 받지 못하는 계층 가운데 노예가 있었다. 당시의 로마 인구 150만 명 중 약 90만 명이 노예였다. 로마 사람들은 노예를 '말하는 도구'라 지칭했다. 당시 로마 사람들은 일할 때 사용하는 도구를 세 가지로 분류했다. 삽이나 수레 따위는 '소리 내지 않는 도구'라 했고, 소나 말 등의 가축은 '소리 내는 도구', 그리고 인간의 형상을 한 노예는 '말하는 도구'라 했다.

이들은 라티푼디움에서 온종일 일을 하고, 밤에는 창고에 갇혀 인간 이하의 생활을 했다. 그리고 밀가루를 만들 때는 굶주린 노예들이 훔쳐 먹을까 염려하여 노예들의 목에 크고 무거운 나무칼을 씌웠다. 노예주는 눈 밖에 난 노예를 죽을 때까지 때리고 그것도 모자라 불에 달군 쇠꼬챙이로 살을 지졌다. 노예들은 대농장 일 외에도 광산 노동, 일반 가정의 가사일, 이발, 의료 일 등을 맡아 했고, 젊고 튼튼한 노예들은 검투사 양성소로 보내져 콜로세움 경기장에서 목숨을 걸고 검투 시합을 벌여야 했다.

황제는 귀족들의 불만을 누그러뜨리기 위해 잔인한 검투 시합을 벌였다.

헤르만 보겔, 〈스파르타쿠스의 죽음〉

검투사 중 스파르타쿠스가 반란을 일으키자 수많은 노예들이 동참하면서 로마를 위협했다. 이 반란에는 노예제 대농업 경영의 보급으로 몰락한 영세농민들도 가담했다. 트라키아인, 갈리아인, 켈트인, 게르만인 노예들과 다수의 영세농민이 합세하여 봉기군의 수는 12만 명으로 급증했다.

로마군을 잇달아 무찌른 스파르타쿠스의 봉기군은 마침내 이탈리아 북부의 포 강 유역에 이르렀으나 폼페이우스와 크라수스에 의해 진압되었다. 이들은 이 공을 바탕으로 에스파냐에서 공을 세우고 돌아온 율리우스 카이사르(시저)와 힘을 합쳐 로마를 다스리게 되었으니, 이것을 '삼두정치'라고 부른다. 삼두정치는 원로원과 민회의 의견은 무시하면서 세 명의 실력자가 서로 힘을 합쳐 권력을 나누는 정치다.

제1회 삼두정치는 카이사르가 중심이 되어 집정관으로서 개혁을 주도했다. 카이사르는 갈리아 지방(이탈리아 북쪽, 현재 프랑스와 벨기에 지역)을 정복하면서 시민들의 인기를 얻었다. 부하들을 사랑하고 전쟁에서 용감하게 싸우는 카이사르를 따르는 사람들이 늘어나자 폼페이우스와 원로원은 카이사르를 몰아내려고 했다. 기원전 49년에 카이사르는 오히려 원로원과 폼페이우스를 몰아내고 로마의 권력을 모두 차지했다. 그러나 이집트로 간 카이사르는 이집트 여왕인 클레오파트라를 만나 사랑에 빠지면서 원로원의 제안을 받은 브루투스에게 암살되었다. 이후 로마는 카이사르를 따르던 안토니우스와 카이사르의 양아들인 옥타비아누스, 카이사르파에 속했던 레피두스가 나누어 다스리면서 제2회 삼두정치가 시작되었다.

13 | 로마 제국 건설

카이사르가 죽은 후 삼두정치를 행한 세 명은 각각 지역을 분할하여 통치했다. 안토니우스는 로마의 동쪽인 그리스와 이집트를, 옥타비아누스는 서쪽 갈리아 지방을, 레피두스는 아프리카를 다스렸다. 그러나 안토니우스가 이집트 왕인 클레오파트라와 사랑에 빠지면서 로마의 식민지를 그녀에게 선물하자 이에 분노한 로마 시민들이 안토니우스를 공격했다. 기원전 31년 벌어진 악티움 해전에서 옥타비아누스가 안토니우스와 클레오파트라의 연합군을 격파하자 안토니우스는 스스로 목숨을 끊었고, 클레오파트라도 독사로 가슴을 물게 하여 자살함으로써 이집트도 로마의 지배를 받게 되었다.

이집트 정복에 성공한 옥타비아누스는 원로원과 로마 시민들에게 '프린켑스(제1시민, 원수)'를 자처했다. 또한 원로원으로부터 '가장 존엄한 자'라는 뜻으로 존경하는 신이나 인간을 부를 때 쓰는 '아우구스투스'라는 칭호

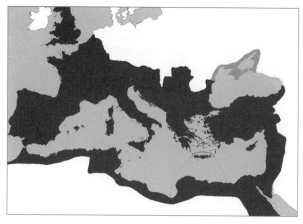

150년경의 로마 제국

를 얻으며 행정, 군사, 종교, 사법 등을 다스리는 모든 권한을 얻었다.

지배권을 확립한 아우구스투스가 통치하던 이 시기는 로마 문화의 발전기였다. 그는 로마의 법을 정리하여 사회질서를 바로잡았다. 군대를 정비하고 시민을 지키는 경찰대와 소방대를 만들었으며 세금 제도도 다듬어 나라의 재정을 튼튼히 했다. 아우구스투스는 이렇게 내치에 힘써 '벽돌의 로마를 대리석의 로마'로 만들었다고 스스로 평가했다. 아우구스투스 통치 시기부터 로마는 '황제'가 다스리는 '제정 시대'로 접어들었고, 그는 로마 제국을 연 첫 황제가 되었다.

이후 다섯 명의 황제, 즉 5현제가 200년간 '로마의 평화 시대(팍스 로마나)'를 이끌었다. 이때 로마는 최대의 영토를 확보했으며, 도로·화폐·도량형을 정비했다. '모든 도로는 로마로 통한다'는 말처럼 로마는 동서 교역의 중심으로 상공업이 발달하고 도시가 발달했다.

5현제 이후 50년간 26명의 황제가 군대에 의해 교체되면서 군인황제 시대가 이어졌다. 이 시기 권력투쟁에 몰두한 군대는 변경 방어를 소홀히 함으로써 식민지에서 반란이 일어났고, 게르만족과 사산조 페르시아의 침입을 받으면서 농촌은 어려움에 빠지고 도시와 상공업은 쇠퇴했다. 정복 전쟁의 중단으로 노예를 더 늘릴 수 없게 되어 라티푼디움의 경영이 어려워지면서 콜로누스가 등장했다. 이들은 법적으로는 자유민이지만 대토지의 지주에 얽매여 거주지 이전의 자유가 없었다. 이들 콜로누스가 농사를 짓는 농장을 콜로나투스라고 한다.

14 | 밀라노 칙령

군인황제 시대 이후 혼란에 빠진 로마를 중흥하려는 노력이 이루어졌다. 디오클레티아누스 황제는 전제군주제를 확립하여 황제권을 강화했으며, 로마 제국을 4등분하여 다스렸다. 이어 콘스탄티누스 황제는 이제까지 탄압을 받아오던 크리스트교를 공인했다. 크리스트교는 유일신 하나님만을 믿어야 했으므로, 다양한 신을 믿고 황제를 신처럼 받드는 로마에서 대대적으로 탄압을 받았다. 많은 신자들이 십자가에 못 박혀 죽었고, 죽음을 면한 신자들은 감시를 피해 로마의 지하 묘지(카타콤)에서 활동을 했다. 그러나 심한 탄압에도 크리스트교를 믿는 사람은 점점 늘어나, 마침내 황제와 가족까지 믿게 되었다.

로마를 중흥하려던 콘스탄티누스 황제는 크리스트교를 인정해야 시민들의 지지를 받을 것으로 생각하여, 313년 '밀라노 칙령'을 발표하여 종교의 자유를 허락하는 원칙에 따라 크리스트교를 인정한다는 내용의 편지를 식민지의 총독들에게 보냈다. 이로써 콘스탄티누스 황제는 로마에서 최초로 크리스트교를 인정한 황제가 되었다. 그는 교회의 재산을 모두 돌려주었고, 교회에 재판권을 주는 등 크리스트교를 보호하고 전폭적으로 지지했다. 325년에는 크리스트교 안에서 계속되었던 다툼을 해결하기 위해 니케아에서 교회의 대표들을 모아 종교회의를 열었다. 이 회의에서 '하나님과 예수 그리스도와 성령은 하나(삼위일체설)'라는 결론에 따라 그동안 계속되던 성경에 대한 논쟁이 정리되면서 크리스트교는 크게 발전하게 되었다.

이후 콘스탄티누스 황제는 북쪽에 있는 이민족의 침입을 막고 다른 나라와 교역을 편리하게 하기 위해 로마의 수도를 옮겼다. 로마에는 다른 신을 모시는 신전과 사람들이 너무 많았기 때문에 크리스트교를 중심으로 하는 새로운 도시를 건설하기 위해 수도를 비잔틴으로 옮기게 된 것이다. 이후 비잔틴은 크리스트교의 중심 도시가 되었다. 330년에는 이 도시의 이름을 콘스탄티누스의 도시라는 뜻의 '콘스탄티노플'로 바꾸었다.

콘스탄티누스 황제는 로마인으로 구성된 둔전병으로 방어를 하고, 변방은 사르마티아인과 게르만족을 이주시켜 주변 민족의 침입에 대비했다. 경제적으로는 왕실의 권위를 높이기 위해 대규모 건축 사업을 벌였는데, 이를 위해 세금을 금으로 납부하게 했으며 화폐도 금화 위주로 바꾸었다. 그는 무엇보다도 혼란기의 로마 제국을 크리스트교라는 종교를 통하여 부흥시킨 주역이었다.

크리스트교는 이후 더욱 발전하여 테오도시우스 황제가 392년 로마의 국교로 반포했다. 이를 계기로 크리스트교는 로마 제국과 맞먹는 거대한 조직으로 발전하여 오늘날 세계 인구의 3분의 1이 믿는 종교로 발전했다. 그러나 395년 테오도시우스 황제가 죽은 뒤 로마 제국은 동서로 나누어졌다. 동로마 제국은 비잔틴 제국으로 불리며 1453년 오스만 제국에 멸망할 때까지 1000여 년간 지속되었다. 반면 서로마 제국은 게르만족의 침입으로 476년 멸망했다.

tip1 기원전과 기원후?

예수가 태어난 시기를 기준으로 해서 태어나기 이전을 '기원전', 태어난 이후를 '기원후'라고 부르며 '서기 ○○년'으로 표시한다. '기원전 50년'은 예수가 태어나기 50년 전이라는 뜻이며 '서기 50년(기록할 때는 서기라는 말은 쓰지 않고 50년이라 함)'은 예수가 태어난 후 50년이 지났다는 것이다. 이 기준이 생겨난 것은 로마가 크리스트교를 국교로 받아들이고 유럽까지 크리스트교가 퍼지면서부터다. 이후 유럽의 여러 나라들이 세계를 장악하면서 예수 탄생 시기를 세계의 연대 기준으로 삼았으며 우리나라도 이 기준을 사용하고 있다.

tip2 로마의 문화

특징	그리스와 헬레니즘 문화의 영향: 실용적, 종합적 문화로 서양 고전 문화의 완성
건축	아피아 가도와 수도교를 비롯한 도로 건설, 경기장인 콜로세움, 공중목욕탕, 개선문, 판테온 신전 등 실용적인 건축 문화 발달
법률	12표법(최초의 성문법)→시민법(로마 시민에게만 적용)→만민법(로마 제국의 지배를 받는 모든 사람에게 적용)→《로마법 대전》(6세기 유스티니아누스 황제가 로마법 집대성)
역사	리비우스《로마 건국사》, 카이사르《갈리아 전기》, 타키투스《게르마니아》
문학	라틴 문학(베르길리우스〈아이네이스〉)
윤리	키케로《의무론》
과학	프톨레마이오스의 천동설, 플리니우스《박물지》
철학	스토아 철학: 이성을 중시, 마르쿠스 아우렐리우스, 세네카 등

로마 제국 시대의 수도교

로마 제국 시대의 콜로세움

성립	예수가 세계적인 사랑과 평등을 강조하면서 발전
박해	황제숭배를 우상숭배라고 거부하여 황제의 박해를 받음
공인	313년 콘스탄티누스 황제의 밀라노 칙령으로 공인
국교화	325년 니케아 종교회의에서 아타나시우스파의 삼위일체설[예수의 아버지인 신(성부), 그 아들인 예수(성자), 성령은 본래 하나라고 주장]을 정통으로 삼음, 392년 테오도시우스 황제가 로마의 국교로 삼음

15 | 시황제의 중국 통일

전국시대에 중국은 제, 초, 위, 연, 조, 한, 진나라로 나뉘어 약육강식의 시대를 맞이했다. 철제 무기의 보급으로 전쟁이 활발해지면서 중국 대륙은 혼란에 빠지게 되었다. 전국시대의 혼란을 수습하고 중국 대륙을 통일한 것은 진나라다. 진나라의 영정은 13세에 임금이 되어 상앙을 관리로 채용하면서 엄격한 법가사상을 바탕으로 강력한 국가를 만들었다. 또한 위나라의 소금 산지를 점령하여 경제적 지배권을 강화하면서 부국강병책을 추구했다. 그리하여 10년 만인 기원전 221년에 여섯 나라를 모두 정복하고 최초로 중국을 통일했다. 영정은 자신을 세계의 유일한 통치자임을 나타내기 위하여 '황제'라 칭했다. 그리하여 중국 최초의 황제라 하여 '시황제始皇帝'라 불리게 되었다.

중국을 통일한 시황제는 전국을 36개의 군과 현으로 나누어, 각 군현에 직접 관리를 임명하여 파견하면서 황제 지배 체제를 확립하는 한편, 행정·군사·감찰의 삼권분립으로 중앙집권 체제를 정비했다. 특히 상앙의 법가 사상에 따라 엄격한 법을 만들어 왕족이든 평민이든 법을 어긴 사람은 신분을 가리지 않고 엄하게 다스렸다. 마차의 바퀴도 통일하여 물건을 빠르게 운반할 수 있었고, 문자·화폐·도량형도 통일하여 지역 간 교류를 활발하게 했으며, 이는 중국을 하나로 묶는 계기가 되었다.

흉노족이 진나라로 쳐들어올 것이라는 소문에 따라 시황제는 흉노족을 막기 위해 만리장성을 증축하여 국경을 튼튼히 했다. 그러나 만리장성을 쌓기 위해 약 150만 명의 사람들이 10년이나 강제로 동원되었다. 많은 사람들이 추위와 굶주림에 죽어갔고, 성을 쌓다가 돌에 깔려서 죽기도 했다. 성을 쌓기 위해 많은 세금을 걷어서 백성들의 생활은 점점 어려워졌고, 이에 백성들의 불만이 커지면서 진나라가 멸망하는 원인이 되었다. 시황제는 법가사상을 중심으로 사상을 통일하는 정책을 시행하여 법가와 실용서를 제외한, 시황제의 정책을 비판하는 제자백가와 관련된 책들을 불태우고(분서焚書), 유학자 460명을 생매장했다(갱유坑儒).

시황제가 중국을 정치·경제·문화 등을 하나로 통일하는 정치를 했지만, 분서갱유 등 가혹한 통치와 만리장성과 아방궁 등 대규모 토목공사, 광둥성과 베트남 정벌을 위한 무리한 대외 원정으로 백성들의 불만을 샀다. 기원전 210년 시황제가 50세에 세상을 떠난 뒤 농민들의 분노가 폭발해 진승·오광의 난 등 나라 곳곳에서 반란이 일어나 진나라는 중국을 통일한 지 15년 만에 멸망했다.

시황제의 통일 정책

1. 화폐의 통일: 도전(연·제·조나라에서 사용), 포전(한·위·조나라에서 사용), 동패전(초에서 사용)→반량전으로 통일
2. 시황제의 통일 정책의 결과: 통일 정책은 황제권을 강화하는 중앙집권 체제의 강화로 이어졌고, 지방으로 황제의 명령 전달이 수월해졌으며, 지역마다 다른 문화와 전통이 하나가 되어 한나라가 중국 문화의 기본을 이루는 바탕이 되었다.

여산릉驪山陵

아방궁이 지상의 궁전이라면 여산릉은 지하의 궁전이다. 13세의 나이에 황제로 즉위하면서 산시성 임동에 자신의 묘를 만들기 시작한 시황제는, 죽을 무렵이 되어 무덤을 완성하니 만 36년이 걸린 필생의 작품이었다. 여산릉은 높이 116m(현재는 76m), 둘레 2.5km, 사방이 각각 약 600m에 이르는 대규모의 능이다. 시황제의 관은 구리로 만들어졌고 지하수 층을 세 번이나 통과하도록 깊이 판 곳에 안치했다.

묘실 위쪽에는 시황제의 권위를 나타내기 위하여 일월성신이 그려져 있고, 아래에는 중국의 강과 하천, 산하가 수은으로 그려져 있다. 여기에 묘의 도굴을 막기 위하여 침입자가 있을 경우에 자동으로 발사되는 화살 장치가 되어 있다. 이 묘에서 동쪽으로 1500m 떨어진 지점에는 여산릉을 지켜주는 시황제 병마용 갱이 있다. 순장의 풍습에서 유래한 이 토용들은 1974년 5월 우물 공사를 하던 인부들이 우연히 발견한 것으로 시황제 근위병 토용을 비롯하여 전차를 끄는 말, 완전 무장한 병사에 이르기까지 약 6000여 점에 이른다. 이러한 규모의 여산릉을 공사하는 데 약 75만 명의 죄수가 동원되었다고 한다.

여산릉의 토용

16 | 한 무제의 즉위

진나라가 멸망한 후 유방이 이끄는 한나라와 항우가 이끄는 초나라로 다시 분열되었다. 군사력은 강했지만 용인술이 부족했던 항우에 비하여 친화력이 있는 유방이 주변 호족들의 협력을 받아 항우를 물리치고 전국을 통일했지만, 이는 표면상의 통일일 뿐이었다.

기원전 206년 유방은 한신, 장이, 팽월 등의 추대로 황제로 즉위하니 이가 곧 한 고조이다. 황제로 즉위한 고조는 개국공신들의 공훈을 갚는다는 의미에서 이들을 왕으로 봉했다. 즉 한왕 신, 초왕 한신, 조왕 장이, 회남왕 영포, 양왕 팽월, 연왕 장다, 장사왕 오예를 왕으로 봉한 것이다. 군왕으로 임명된 공신들은 각기 독자적인 기년법을 썼으며, 독립된 관료기구가 있었다. 따라서 이들은 독립 국가나 다름없었으며, 영토는 한나라 전체의 3분의 2를 차지했다.

유방이 이들을 군왕으로 임명할 수밖에 없었던 이유는 두 가지다. 첫째는 진나라가 지방제도로 채택한 군현제도로 말미암아 반란이 일어났을 때 울타리 구실을 하는 집단이 없었기 때문이다. 둘째는 유방이 항우와 싸움에서 이길 수 있었던 것은 전국시대부터 존재했던 군왕들의 협조 때문이기에 군왕제도를 채택할 수밖에 없었다. 이러한 한 고조의 지방제도를 군국제도라고 한다. 군국제도는 수도를 비롯한 중앙은 군현제도로 다스리고, 지방은 봉건제도로 다스리는 제도로 진나라에 비하여 왕권이 약하다고 할 수 있다.

한나라의 왕권을 강화한 사람은 기원전 141년에 즉위한 무제다. 무제는 전국을 군과 현으로 나누어 관리를 직접 파견했으며, 유교를 통치 이념으로 채택했다. 흉노를 정벌했으나 흉노의 군사력은 여전히 한나라를 위협했

Ⅰ 고대 문명과 고대 국가

67

다. 이에 무제는 장건을 대월지국으로 보내 동맹을 맺고 흉노를 막고자 했다. 서역에 있는 대월지국으로 가기 위해서는 초원과 사막을 거쳐야만 했다. 장건은 톈산 산맥 북쪽 길을 거쳐 파미르 고원을 넘어 대월지국에 도착했으나 대월지국과 동맹을 맺는 데 실패했다.

장건은 귀국 도중 흉노에 잡혀 13년간 포로 생활을 하다가 탈출하여 한나라로 돌아와 자신이 여행한 서역 지방의 정보를 전해주었다. 이 정보에 따라 장건이 여행했던 길은 중국과 서역을 이어주는 무역 통로가 되었다. 유럽과 중앙아시아, 중국을 잇는 이 길을 '비단길(실크로드)'이라고 부르는데, 이 길을 통해 중국의 특산품인 비단이 로마로 전해졌기 때문이다. 무제는 이어서 한나라와 한반도 남부 지역의 교역을 방해하던 고조선과 남월을 정복했다.

무제는 대외 전쟁을 하느라 많은 재정이 필요했다. 그리하여 소금·철·술을 나라에서만 전매하는 전매제를 실시하고, 각 지방의 특산물을 세금으로 거두어 물자가 부족한 지방에 팔아 물자의 유통을 원활하게 한 균수법을 실시했다. 물가가 쌀 때 나라에서 사두었다가 물가가 비싸지면 내다 팔아 물가를 조절하는 평준법을 실시했고, 나라에서 오수전을 주조하여 유통시키기도 했다.

한나라는 무제가 죽은 후 외척과 환관의 권력투쟁으로 기원후 8년에 왕망이 신나라를 세우면서 멸망했다. 왕망은 토지의 국유화와 노예 매매를 금지하는 등 급진적인 정책을 펼치다가 나라가 혼란에 빠져 각지에서 반란이 일어났다.

이때 호족의 지원을 받은 유수(후에 광무제)가 후한을 건국했다. 광무제는 전한의 제도를 계승하고 유학을 국가 이념으로 채택했다. 그러나 광무제를 도왔던 호족들이 넓은 토지를 가져 빈부의 격차가 심해졌고, 외척과 환관들의 권력 다툼으로 왕권이 약화되었다. 약화된 왕권을 틈타 장각이 태평도를 이끌고 일으킨 황건적의 난을 비롯해 각지에서 농민들이 반란을 일으켰다. 황건적의 난을 진압하는 과정에서 쓰촨 지방의 촉(유비), 화베이 지방의 위(조조), 강남 지방의 오(손권) 삼국으로 분열되었다.

한나라는 철제 농기구의 보급과 농업기술이 발달하여 농업생산력이 증대하고 토지의 사유화가 확대되었다. 그리고 한나라 건국에 많은 공을 세운 호족들이 대토지를 소유하면서 농민을 자신의 수하로 거느려 지역을 지배하게 되었다. 호족들은 원래 지방관의 추천으로 인재를 관리로 선발하던 향거리선제를 독점하여 권력과 경제력을 함께 갖추게 됨으로써 황제도 이들을 무시할 수 없게 되었다. 호족의 대토지 소유로 농민들이 몰락하자, 개인의 토지 소유를 제한하는 한전제와 농업을 중시하고 상업을 억제하는 중농억상책을 실시했으나 실패했다.

한나라의 문화는 진나라 시황제의 통일 정책을 발판 삼아 중국 전통문화의 바탕이 되었다. 무제는 동중서의 건의로 유학을 정치 이념으로 채택하고 오경박사를 두었으며, 수도에 태학을 세워 유학을 교육하고 관리를 선발했다. 공자의 가르침을 해석하고 주석을 다는 유학인 훈고학도 이 시기에 비롯되었다. 후한 말 도가사상과 신선사상과 합쳐져 태평도·오두미도가 나타났는데 이는 도교의 원류가 되었다. 후한 초에는 비단길을 통해 불교가 전래되었다.

사마천은 기전체의 효시인 역사책《사기》를 썼으며, 반고는《한서》를 저술했다. 후한 초 채

사기를 저술한 사마천

한서를 저술한 반고

륜이 종이를 발명하여 서적의 보급이 원활해지면서 학문과 사상이 발전하는 토대가 되었다. 한 무제 때는 농업 발전에 힘을 기울였고, 황제가 하늘과 통하여 시간을 지배한다는 생각으로 태양력과 태음력을 합쳐 달력을 만들기도 했다.

17 | 삼국지의 시대와 분열의 시기

    중국 후한 시대는 환관과 외척의 대립으로 혼란스러웠고, 농민들은 살기가 더욱더 힘들어졌다. 이때 장각이 농민들과 힘을 합쳐 '황건적의 난'을 일으켰다.

    "무능한 황제와 부패한 관리를 몰아내고 농민들을 위한 나라를 세우자!"

    이들은 머리에 노란색 띠를 둘렀으므로 황건적이라고 불렀다. 황제는 자신의 힘으로 황건적의 난을 진압할 수 없자 지방의 호족들에게 도움을 청하여, 전국의 영웅들이 뤄양(한나라 수도)으로 몰려와 황건적과 싸움을 벌였다. 이때 큰 공을 세웠던 사람이 조조와 손권, 유비다. 이들은 각기 지역을 분할하여 황제의 지배에서 벗어나 독자적 세력을 만들었다. 그들 중 조조가 가장 먼저 힘을 키워 중국 대륙의 절반을 장악했다. 손권도 지방 호족들과 힘을 합쳐 양쯔 강 동쪽에 자리 잡았다. 기반이 부족했던 유비는 그 시대 가장 똑똑하다는 제갈공명을 세 번 찾아 도움을 청한 삼고초려三顧草廬 끝에 자신의 책사로 삼았다.

    208년 조조는 백만 대군을 일으켜 남쪽으로 내려오니, 제갈공명은 싸움을 준비하면서 손권과 연합 작전을 전개했다. 손권과 유비의 연합군은 조조의 군사들이 수전水戰에 약한 것을 이용하여 양쯔 강 연안의 적벽에서 조조의 군대와 일전을 벌였다. 손권의 부하는 조조의 배들이 모두 쇠고리로 연결되어 있는 것을 알아내 항복하는 척하면서 기름을 가득 실은 배를 조조군의 배 가까이로 몰았다. 그리고 배에 불을 붙여 조조의 배를 모두 불태우니 조조군은 혼란에 빠졌으며 이 틈에 총공격을 퍼부은 연합군은 적벽대전에서 큰 승리를 거두었다.

    이후 손권은 강남 지역을 차지하고 오나라를 건국했으며, 유비는 형주와

익주를 차지하여 촉나라를 세웠다. 또한 조조가 죽으면서 그의 아들 조비는 한나라를 멸망시키고(220) 위나라를 세웠다. 중국은 위, 오, 촉의 삼국시대로 분열되었다. 삼국시대는 사마염이 위나라를 몰아내고 세운 진나라에 의해 280년 통일되었다.

그러나 북쪽에 있던 유목민들인 5호(흉노, 갈, 선비, 저, 강)가 화베이 지방을 침입하여 16개의 나라를 세우면서, 진나라는 유목민에 쫓겨 강남으로 이주했다. 이로써 북쪽의 5호16국과 남쪽의 한족이 세운 국가로 분열되는 남북조시대가 시작되었다. 한나라가 멸망한 220년부터 삼국시대를 지나 수나라가 다시 중국을 통일하는 589년까지 혼란기를 '위진남북조시대'라고 한다.

화베이 지방의 북조는 선비족이 세운 북위가 439년에 5호16국을 통일했다. 북위의 효문제는 뤄양으로 서울을 옮기고 선비족에게 한족의 성씨를 따르도록 하면서 한족과의 결혼을 장려하는 등 한족의 문물을 적극적으로 받아들이는 한화 정책을 펼쳤다. 또한 농민들의 생활을 안정시키기 위하여 농민에게 균등하게 토지를 나누어주면서 호족의 대토지 소유를 방지하려고 했다.

효문제가 죽고 나서 100년 동안 5명의 황제가 교체되는 등 혼란의 시대를 거쳐 동위와 서위로 분열되었다(534). 이후 동위에서는 고환의 아들 고양이 재상이 되어 550년에 효정제로부터 제위를 빼앗아 북제를 건국했다. 서위에서는 우문태의 아들 우문각이 556년에 공제를 폐위하고 다음 해 북주를 세웠다.

강남으로 이주한 한족은 왕조 교체가 빈번하게 이루어져 동진→송→제→양→진으로 이어졌다.

18 | 위진남북조시대의 사회와 경제

북조에서는 인재 등용을 목적으로 9품중정제가 실시되었다. 그러나 힘이 있는 호족이 상품上品으로 분류되어 높은 관직을 독점하면서 문벌 귀족으로 성장했다. 문벌 귀족은 대토지(장원)를 소유하여 정치권력을 독점하면서 지배계급의 중심에 서게 되었다. 그 결과 농민들이 몰락하자 효문제는 균전제를 실시하여 자영농을 육성하고 국가 재정을 확보하고자 했다. 이 제도는 수나라와 당나라로 계승되었다.

한족의 강남 이주로 만들어진 남조는 강남 개발을 활발하게 했다. 벼농사를 위해 적극적으로 땅을 개간하여 경제력이 늘어나고 인구도 증가했다.

19 | 위진남북조시대의 문화

화베이 지역에서 쫓겨난 한족이 강남으로 이주하면서 강남은 중국 전통 문화의 중심이 되었다. 한족의 남조 문화는 우아하면서도 자유분방하고 귀족적이었다. 반면 북조 문화는 유목민의 강건하고 소박한 문화를 바탕으로 한족 문화를 받아들였다. 더욱이 한족을 차별하지 않아 한족들의 협조를 받아 문화를 꽃피울 수 있었다.

남조에서 발달한 귀족 문화는 4글자 또는 6글자를 나란히 짝을 맞추어 화려하고 아름답게 만드는 4·6변려체가 유행했다. 노장사상의 영향을 받

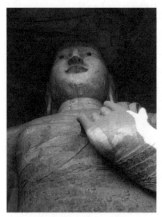
윈강 석굴사원의 석불

은 문학에서는 도연명의 〈귀거래사〉와 같은 귀족풍의 시문이 발달했고, 그림에서는 고개지의 〈여사잠도〉가 있다.

남북조시대에 본격적으로 받아들인 불교는 서역 승려 구마라습이 불교 경전을 한문으로 번역하면서 많은 사람들이 불교 경전을 접하게 되었다. 특히 북조에서는 왕권을 강화하기 위해 불교를 널리 후원했다. 이때 인도 간다라 미술의 영향을 받은 윈강·룽먼 등의 석굴사원이 만들어졌다.

남조에서는 혼란한 정치 현실을 반영한 도교가 성립되었다. 도교는 신선사상과 도가사상이 결합하여 노장사상과 청담사상으로 발전하여 유행했고, 죽림칠현 등이 나타났다.

---

tip 남북조시대의 대표적 문학 작품인 도연명의 〈귀거래사歸去來辭〉

......
돌아가련다
세상 사람과 교류를 끊고
세상과 나는 서로 잊고 말지니
다시 한 번 관리가 되어도 거기 무슨 구할 것이 있으리
친척과 정겨운 이야기를 나누며 기뻐하고
거문고와 책을 즐기며 시름을 지우련다
......
맑은 강물 흐르는 곳에서 시를 짓는다
하늘에 맡겨 죽으면 죽으려니
천명을 즐기며 살면 그뿐 근심할 일이 아무것도 없지 않은가

20 | 인도의 굽타 왕조

　쿠샨 왕조가 멸망한 후 북인도는 혼란과 분열이 이어져 여러 소국으로 나뉘었다. 찬드라굽타 1세는 320년에 굽타 왕조를 세워 인더스 강 유역까지 영토를 넓혔다. 전성기인 찬드라굽타 2세 때는 북인도를 통일하고 벵골 지역과 남인도 지역까지 영토를 넓혔다. 중앙 및 지방의 행정조직을 정비하고 농지를 개간했으며, 중국·동남아시아·중앙아시아는 물론 로마와도 비단길과 바닷길을 통해 활발한 무역이 이루어져 금화와 은화를 사용할 정도로 경제적으로 번영했다. 이러한 경제적 부를 바탕으로 학문과 예술을 적극 장려하여 현대 인도 문화의 근간을 이루었다. 그러나 찬드라굽타 2세가 죽은 후 왕위를 둘러싼 내분이 일어나 중앙아시아의 유목민인 에프탈의 침입으로 550년 멸망했다.

　굽타 왕조 때에는 유목민과 이민족의 침입으로 전쟁을 하면서 인도의 민족의식이 생겼다. 다른 민족을 몰아내는 전쟁을 하면서 인도 안에서 같은 민족이라는 공동체 의식이 생긴 것이다. 이러한 공동체 의식은 인도의 민

창조의 신 브라흐마,
세계 보호신 비슈누,
파괴의 신 시바

아잔타 석굴사원 입구

족종교를 만들었다. 이는 브라만교를 중심으로 인도의 민간신앙과 불교 등 여러 신앙이 결합된 다신교다. 지역에 따라 다양한 신들을 모셨는데, 창조의 신인 브라흐마, 세계 보호신인 비슈누, 파괴의 신인 시바를 주된 신으로 모셨다. 사람이 죄를 짓고 다시 태어난다는 윤회사상과 전생에 지은 죄인 업을 강조했다.

힌두교는 모든 사람의 영혼을 구원한다는 불교의 사상과 비슷했다. 하지만 《마누 법전》을 기초로 카스트 제도에 따른 의무를 강조하는 등 사회질서를 존중하고 신분 차별을 인정한다는 점에서 불교보다 쉽게 인도의 사회와 맞아떨어져 왕실이 적극적으로 후원했고, 백성들에게도 널리 전파되었다. 그러나 힌두교는 신분제도인 카스트 제도를 강화시켰고, 브라만에게 땅과 토지를 주어 신분을 높여주었으며 힌두교의 제사를 지내는 권리까지도 주었다.

찬드라굽타 2세의 후원으로 문화도 융성했다. 문학에서는 브라만 계층의 언어인 산스크리트어가 공용어로 쓰여 산스크리트 문학이 발달했다. 인도의 전설과 설화를 담은 서사시인 〈마하바라다〉와 〈라마야나〉, 칼리다사의 희곡 〈샤쿤탈라〉 등이 있다. 미술에서는 굽타 양식이 발달했다. 간다라 미술과 인도 고유의 양식이 결합된 아잔타 석굴사원과 엘로라 석굴사원의 불상과 벽화가 대표적이며, 중앙아시아와 중국을 거쳐 우리나라와 일본에 영향을 주었다. 자연과학에서도 큰 발전을 이루었다. 수학의 십진법과 지구의 자전, 공전도 밝혀냈다. 수학에서 가장 중요한 숫자 '0'을 발명하여 나중에 아라비아 사람들에게 전해지면서 현재 우리가 쓰고 있는 아라비아 숫자가 되었다.

> **tip** 《마누 법전》에 언급된, 카스트 신분에 따른 의무
>
> 창조주는 모든 창조물을 보호하기 위해 그의 입, 팔, 무릎, 발에서 나온 자들에게 각기 그 업을 정했다. 브라만에게는 '베다'를 가르치고 배우며 제사 지내는 일을, 크샤트리아에게는 백성을 보호하고 다스릴 것을, 바이샤에게는 농사를 짓고 짐승을 기를 것을 명령하셨다. 마지막으로 수드라에게는 앞선 세 신분에 속한 사람들에게 봉사하는 임무를 명령하셨다.

II

중세 시대

중세의 중국은 삼국시대와 남북조시대를 거치면서 분열과 통일을 반복하다가 수나라에 의해 통일이 되고, 당나라에 이르러 정치제도 등 각종 제도가 완비되어 우리나라와 일본에 영향을 끼쳤다.

당이 망하고 50여 년간 5대10국의 분열을 거친 중국은 송나라에 의해 다시 통일되어 귀족 중심의 사회가 서민 중심으로 바뀌고, 유학의 한 파인 성리학이 나타나 정치 이념으로 발전했다. 그러나 국방력의 약화로 거란과 여진 등 북방 민족에게 남쪽으로 쫓겨 내려가 남송 시대를 열었다.

몽골 고원을 기반으로 한 몽골이 송을 멸망시키고 아시아는 물론 유럽 일부까지 점령하는 대제국을 건설하면서 동서 문화의 교류가 활발히 이루어지기 시작했다.

우리나라는 중국과 대립하거나 교류하면서 국가의 기반을 확립했다. 신라에 의해 통일 정부가 수립되었고, 신라를 계승한 고려는 북방 민족과 투쟁하면서 뛰어난 문화유산을 남겼다.

일본은 중국과 우리나라를 거쳐 선진 문물을 받아들여 독특한 문화를 발전시켰으며, 12세기 이후 귀족정치를 대신하여 무사 계급에 의한 막부 정치를 실시했다.

서아시아에서는 이슬람교가 일어나 오늘날까지 서아시아를 비롯한 많은 나라에 이슬람 문화의 전통을 심어가고 있다.

유럽은 게르만족이 이동하여 크리스트교로 개종한 프랑크 왕국을 비롯해 많은 국가가 성립되었다. 교회의 주교 선임권을 둘러싸고 국왕과 교황의 대립이 있었으나 '카노사의 굴욕'을 계기로 신 중심 사회가 되었다.

한편 프랑크 왕국은 동프랑크·서프랑크·이탈리아로 분열되었고, 노르만족 같은 이민족이 침입해옴으로써 보호와 방어의 필요성에서 봉건제도가 생겨났다.

중세의 서양은 바로 이 봉건제도를 사회적 기반으로 하면서, 크리스트교를 정신적 바탕으로 한 신 중심의 사회였다. 신 중심의 사회인 중세가 끝나게 된 것은 십자군 원정으로, 이 전쟁에서 패하고 교황권이 약화되면서 시민과 국왕의 연합에 의한 새로운 통치 체제가 성립되어 근대로 발전하게 되었다.

21 | 게르만 민족의 대이동

게르만족은 유럽의 북부와 스칸디나비아 반도 근처에서 부족 생활을 했다. 이들은 농사와 가축을 기르고 사냥을 하며 생활을 했다. 전사戰士들의 모임에서 중요한 일들을 결정했고, 한 무리의 전사들이 힘이 있는 우두머리에게 충성을 바치는 대가로 그의 보호와 부양을 받는 종사제로 종족을 유지했다. 인구가 증가하면서 식량을 얻기 위한 농경지를 찾거나 필요한 물건을 얻기 위해 로마 제국으로 들어오기도 했다.

4세기 후반부터 중앙아시아에 살던 유목 민족으로 흉노의 일파로 알려진 훈족이 게르만족이 사는 서쪽으로 물밀듯이 쳐들어왔다. 훈족은 주로 전쟁을 통해서 다른 사람의 재산을 빼앗는 약탈 민족이었다. 여러 곳에 흩어져 살던 게르만족은 훈족에게 밀려 남쪽으로 이동을 해야만 했다.

게르만족의 이동은 약 200년 동안 계속되었다. 처음에는 노예로 들어오거나 돈을 받고 전쟁으로 참여하기 위해 들어오는 등 로마에서 게르만족과 로마인들은 평화를 유지했다. 당시 로마는 인구가 많이 줄고 군인이 많이 부족했기 때문에 게르만족을 용병으로 받아들인 것이다. 게르만족은 로마가 내부의 분열로 혼란해지고 약해진 틈을 타 곳곳에 자신들의 왕국을 세우며 로마를 위협했다.

게르만족 중에 가장 먼저 나라를 세운 부족은 서고트족이다. 서고트족은 테오도시우스 황제와 평화협정까지 맺으면서 서고트 왕국을 세운 후 동맹국의 이점을 살리며 에스파냐까지 영토를 넓혀갔다. 이 밖에 이탈리아에는 동고트 왕국, 갈리아 북부에는 프랑크 왕국, 영국에는 앵글족과 색슨족이 7왕국을 세웠다. 반달족은 아프리카까지 내려가 반달 왕국을 세웠다.

게르만족이 이탈리아로 이동하면서 뒤따라오는 훈족과의 싸움은 계속되었다. 훈족과 게르만족의 싸움은 451년 카탈라우니아 평원에서 훈족 왕 아틸라를 죽이면서 끝을 맺었다. 그러나 훈족의 침입을 막았다고 서로마 제국의 몰락을 막을 수는 없었다. 게르만족 출신의 용병 대장 오도아케르는 다수의 로마군을 형성하고 있는 게르만 군대에 의해 476년 왕으로 추대된 후 서로마 제국의 황제 자리를 없애버렸다.

게르만족은 소수이기에 로마계 민족과 비교해 인구 면에서나 문화적으로 열세였다. 그래서 로마계 주민들을 지배하기가 힘들었고, 종교적으로는 아리우스파를 받아들였기 때문에 정통 가톨릭의 로마계 주민과 어울리기가 어려웠다.

22 | 프랑크 왕국 건설

게르만족이 세운 나라들은 주변 국가의 침입으로 오래가지 못하고 멸망했다. 그중 프랑크족은 원래 거주하던 갈리아 북쪽을 바탕으로 로마 가톨릭교를 정통으로 받아들여 로마계 주민과 어울릴 수 있는 프랑크 왕국을 세웠다. 프랑크 왕국은 로마 가톨릭교회의 협조를 얻어 서로마 제국을 다시 일으키고 서유럽 사회에 새로운 질서를 세우기 위해 게르만 문화와 로마 문화를 결합한 새로운 유럽 문화의 기초를 마련하려고 했다.

이러한 기초를 닦은 사람은 클로비스였다. 클로비스는 프랑크 왕국 최초의 왕조인 메로빙거 왕조를 창시하고 도읍을 파리로 정하였으며 주변 부족을 정복하여 통일 국가를 이루었다. 프랑크 왕국은 유럽의 중앙에 있어서 비잔틴이나 이슬람 세력이 직접 공격하기 힘든 위치였기에 내치에 힘쓸 수 있었다. 그는 법과 제도를 세우고 정복한 로마인을 다스리기 위해서는 크리스트교와 협력하는 것이 중요하다고 판단하고 3000명의 군사를 이끌고 갈리아 주교로부터 세례를 받으면서 로마 가톨릭교 신자가 되었다. 이로써 클로비스 왕은 로마 교회와 귀족들의 도움을 받아 가톨릭을 믿지 않는 서고트족을 몰아내면서 오늘날 벨기에와 프랑스 지역 대부분을 차지하게 되었다.

교황은 클로비스 왕에게 콘술(집정관)의 칭호를 주면서 서로마 황제의 관을 주었다. 클로비스 왕은 게르만족 중 유일하게 로마와 융화하는 데 성공하고 로마 게르만 문화를 만들었다. 프랑크 왕국은 전쟁에 이겨 땅이 넓어질 때마다 교회에 많은 선물을 주었고 세금 중 10분의 1을 교회에 바쳤다. 이에 교회와 교회를 이끄는 주교의 힘이 커지기 시작하면서 로마의 대주교와 교황은 점점 큰 힘을 갖게 되었다.

궁재 카롤루스 마르텔은 732년 투르·푸아티에 전투에서 이슬람 세력을 무찔렀다. 이슬람 세력인 우마이야 왕조가 북아프리카를 장악하고 이베리아 반도를 거쳐 프랑크 왕국을 침입하자 로마 교황청은 투르와 푸아티에 사이에서 이슬람 세력을 무찔러 가톨릭교회의 보호자 역할을 했으며, 로마 가톨릭교회도 프랑크 왕국을 동로마 제국을 대신할 보호자로 여겨 프랑크 왕국과 제휴하게 되었다.

피핀 3세는 747년 프랑크 왕국의 최고 통치자가 되었고, 751년에는 왕위만 유지하고 있던 프랑크 왕 힐데리히 3세를 폐위하고 왕위에 올랐다. 교황으로부터 왕위 찬탈의 정당성을 인정받은 피핀 3세는 카롤링거 왕조를 열었다. 롬바르드의 침입으로부터 교황을 보호하고 이탈리아 중부의 라벤나 지역을 로마 교황에게 기증하면서 로마 가톨릭과의 유대를 더욱 강화했다.

클로비스는 부르군트 왕국의 공주이며 크리스트교도인 클로틸데를 왕비로 맞았다. 클로비스는 전쟁이 끝난 후 왕비에게 자신이 어떻게 예수의 이름으로 전쟁에 승리했는지 말해주었다. 그러자 왕비는 주교를 불러 왕에게 복음서를 가져다주기를 청했다. ─그레고리우스, 《프랑크 역사》 중에서

→ 로마 교회의 지지를 얻음으로써 메로빙거 왕조의 기틀을 튼튼히 하기 위해 개종한 것이다.

23 | 카롤루스 대제의 대관식

피핀 3세의 뒤를 이어 프랑크 왕국의 왕이 된 카롤루스는 영토를 넓히는 일에 힘을 기울여 두 배나 넓은 땅을 차지했다. 또한 이탈리아 반도에서 교황을 괴롭히던 롬바르드 왕국을 몰아내고 로마 교황을 구했다. 그는 정복한 땅마다 크리스트교를 전파하고 유럽 세계를 하나로 만들었다. 특히 이슬람군과의 전쟁에서 승리하여 로마 교회를 비롯한 서유럽으로 진출하려는 이슬람 세력을 막아냈다.

이 시기 로마 교황과 동로마 제국 황제는 서로 대립하고 있었다. 로마의 교황은 베드로가 순교한 곳인 로마에 자신들이 있으므로 교회의 중심이라고 생각했다. 그리고 글을 모르는 미개한 게르만족을 로마 가톨릭교로 개종시키기 위해서는 동상이나 상징물(성상)을 만들어야 한다고 주장했다. 그러나 동로마 제국 황제는 로마의 계승자는 자신이며 정치와 종교를 모두 지배하려고 했다. 또한 로마 교회의 성상 숭배를 반대했다. 이에 크리스트교는 로마 가톨릭과 동로마 제국을 중심으로 한 그리스정교회(동방정교회)

Ⅱ 중세 시대

83

로 분리되었다.

　동로마 제국과 대립하면서 군사력이 필요했던 로마 가톨릭 교황은 카롤루스 왕과 연합 작전을 펼쳐야만 했다. 800년 교황 레오 3세는 크리스마스 미사에 참석하기 위해 로마 성당에 온 카롤루스 왕의 머리 위에 서로마 제국 황제의 왕관을 씌워주어 서로마 황제의 후계자로 삼았다. 카롤루스 왕을 서로마 제국의 황제인 동시에 크리스트교 나라의 지배자로 인정한 것이다. 이때부터 '카롤루스 대제'라고 불리었다.

　정치적으로 안정을 찾은 카롤루스는 문화의 황금기를 만들었고, 이 시기를 '카롤루스 르네상스'라고 부른다. 794년 카롤루스는 독일 남서부의 아헨에 궁정과 왕실 교회를 짓고 수도로 삼았고, 교회 신부들의 책과 고대 작가들의 작품을 보관할 수 있는 왕실 도서관을 세웠다. 궁정 학교를 세워 유럽의 유명 학자들을 불러 모아 젊은 기사들을 키워냈으며, 수도원 학교와 성당 학교에서 라틴어와 라틴 문학을 가르치도록 했다. 다양한 게르만족과 로마인의 전통적 권리를 존중하면서 그들의 기록을 남기게 했다. 이로써 카롤루스 르네상스 시대는 로마의 고전 문화와 크리스트교, 게르만 문화가 합쳐진 새로운 서유럽 문화가 만들어지는 기초가 되었다. 카롤루스 대제는 서로마 제국이 망한 이후 유럽에서 가장 큰 제국을 세우는 데 성공하여 '유럽의 아버지'라 불린다.

tip　카롤루스 대제의 서로마 제국 황제의 대관 의미

　서로마 제국 황제의 대관은 게르만 민족 이동 후의 혼란을 극복하고 새로운 사회 질서와 새로운 서유럽 문화를 만드는 기초가 되었다. 로마 교회는 동로마 제국의 지배에서 벗어나, 크리스트교가 동로마 제국 중심의 그리스정교와 로마 교황 중심의 가톨릭으로 분리되는 계기가 되었다.

24 | 프랑스, 독일, 이탈리아의 출발점 – 베르됭 조약

카롤루스 대제가 죽은 후 루트비히 1세가 즉위했다. '경건왕' 또는 '자비왕'이라 불리는 루트비히 1세는 교회와 수도원 등을 짓는 데 많은 재정을 지출하고, 심지어 수도원과 성당에는 세금을 부과하지 않아 국가 재정에 막대한 손해를 입혔다. 성직자를 관리로 등용하면서 나라는 제대로 돌아가지 못했다. 오직 신앙만을 추구한 채 정치에는 관심이 없던 루트비히 1세는 신앙생활만 열심히 한 채 26년 만에 세상을 떠났다.

루트비히 1세가 죽자 프랑크 왕국의 영토를 나누는 문제로 세 명의 아들이 서로 싸우게 되었다. 루트비히 1세는 큰아들에게 나라를 맡기려고 했으나, 왕이 죽으면 아들들이 똑같이 영토를 나누어 가지는 왕국의 전통 때문에 문제가 발생했다. 큰아들 로타르가 형제들과 조카들의 영토에 대한 권리를 주장한 것이다. 이에 동생인 루트비히 2세와 대머리왕 카를이 서로 손잡고 형을 공격하여 승리함으로써 세 사람은 프랑스 북부의 베르됭에서 영토를 셋으로 나누어 갖는 조약을 맺으니, 이것이 베르됭 조약(843)이다.

이 조약으로 첫째인 로타르는 프랑크 왕국의 중앙인 이탈리아 왕국(이탈리아 반도의 북쪽 절반에 해당)을 차지하고 중프랑크 왕국으로 불렀다. 또한 로마 제국 황제라고 부르되 이름만 가질 뿐이어서 형제들의 왕국은 지배할 수 없었다.

둘째인 루트비히 2세는 제국의 동쪽 부분인 라인 강 동쪽에서 이탈리아 북동쪽에 이르는 지역을 차지하고 동프랑크 왕국이라고 불렀다.

셋째인 대머리왕 카를은 제국의 서쪽 지역을 차지하고 서프랑크 왕국으로 불렀다.

869년에 첫째인 로타르가 적법한 후계자가 없이 죽자 870년 동프랑크의 왕 루트비히와 서프랑크의 왕 카를은 네덜란드의 메이르선에서 이탈리아를 제외한 중부 프랑크(로트링겐)를 다시 나누는 메이르선 조약을 맺었다. 이로써 오늘날 독일, 프랑스, 이탈리아의 원형이 마련되었다.

나라가 분열되면서 왕권은 약화되고 공작·백작 등 지방 유력자가 실권을 장악하게 되었다. 그 결과 이탈리아는 왕조가 가장 먼저 끊어져 혼란이 지속되었다. 동프랑크(독일)에서는 제후들의 선거에 의해 왕위가 계승되었다. 하인리히의 아들 오토 1세는 제후들의 반란을 진압하고 헝가리에 침입한 마자르인과 슬라브족을 격퇴하고 이탈리아의 롬바르디아를 정복하면서 교황권을 안정시켰다. 이 공을 인정받아 로마 교황은 서로마 황제의 관을 수여하면서 962년 신성로마 제국이 성립되었다. 그러나 제후권이 더욱 강화되면서 분열과 혼란이 계속되었다. 서프랑크(프랑스)에서는 위그 카페가 국왕으로 선출되어 10세기 말 카페 왕조를 열었으나 정치의 실권은 제후들에게 있었다. 서프랑크는 가장 전형적으로 봉건제가 발달한 나라이다.

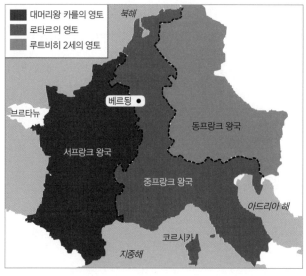

프랑크 왕국의 분열

25 | 노르만족의 세력 확장

유럽에 가장 오랫동안 큰 타격을 준 이민족은 노르만족이다. 노르만족은 스칸디나비아 반도에 살던 게르만족으로 바이킹족이라고도 불리는데, 바이킹은 '항해자'라는 뜻이다. 다른 민족과 달리 20m에 이르는 배의 뱃머리를 높게 만들어 위협적으로 보이게 하면서 대서양과 지중해를 누비고 다니며 약탈을 했다. 먹을 것을 찾으려 항해를 하다 보니 신대륙을 발견하기도 했다. 그린란드와 아이슬란드를 발견했고, 콜럼버스보다 500년이나 앞서 아메리카 대륙을 발견했다. 훈족의 침입으로 다른 게르만족이 이탈리아 등 남쪽으로 대이동할 때도 이동하지 않고 스칸디나비아 반도에 그대로 머물렀으나 인구가 늘어나면서 먹을 것이 부족해지자 남쪽으로 내려와 잉글랜드나 프랑크 지역을 침략하여 약탈하기 시작했다.

프랑크 왕국이 3국으로 분열된 뒤 힘으로는 노르만족과 대결할 수 없었던 서프랑크 왕국의 샤를 3세는 911년 롤로가 이끄는 노르만족에게 프랑스 서북부 땅에 정착 생활을 하도록 허락했다. 이 지역을 노르망디 지역이라고 했으며 롤로는 '노르망디 공'이라고 불리었다. 노르망디 공은 서프랑크 왕국 왕의 여동생과 결혼하면서 프랑스 문화에 동화되었다. 결국 해상 민족인 노르만족이 농사를 지으며 주변 국가와 무역을 하는 민족성으로 바뀌어 더 이상 서프랑크 왕국을 위협하지 않았다.

1066년 윌리엄 공이 노르망디 지역의 지배자가 되면서 앵글로색슨족이 다스리는 잉글랜드(영국)를 공격했다. 잉글랜드의 에드워드 왕이 후계자가 없이 죽어 해럴드가 왕위를 계승하자 에드워드 왕의 친척인 윌리엄 공이 자신에게 왕위계승권이 있다고 주장하며 공격한 것이다. 그러나 잉글랜드의 성은 견고했다. 이에 윌리엄 공은 거짓으로 달아나는 척하면서 잉글랜드의 성을 공격하여 하루 만에 잉글랜드를 정복하고 노르망디 왕조를 세운 후 '정복왕 윌리엄'이라는 호칭을 얻으며 왕이 되었다.

윌리엄 공은 잉글랜드의 모든 땅을 자신의 땅이라고 선포하고 자신에게 충성을 맹세하는 귀족을 봉신으로 삼아 토지를 나누어주는 봉건제도를 실시했다. 그리고 '둠즈데이 북'을 작성하여 토지 파악과 세금 징수를 위한 토지조사를 실시했다. 잉글랜드의 왕이 된 윌리엄 공은 런던의 템스 강 북쪽 기슭 타워 힐이라고 불리는 낮은 땅에 런던탑을 세웠다. 처음에는 적을 막기 위한 성이었지만 17세기에는 왕궁으로 쓰여 대관식이 거행되었다. 그후 신분이 높은 귀족이나 지식인을 가두던 감옥으로 사용하다가 고문장과 사형장으로 사용했다.

지중해 방면으로 진출한 노르만족은 이탈리아 반도와 시칠리아 일대에 나폴리 왕국과 시칠리아 왕국을 세웠다. 862년에는 동유럽으로 가서 러시아의 기원이 된 노브고로드 왕국을 건설했다. 노르웨이, 스웨덴, 덴마크 등도 노르만족이 세운 나라이다.

26 | 봉건사회의 성립과 발전

동프랑크 왕국이 분열되자 이민족이 침입해도 방어할 능력이 없었다. 이슬람 세력, 노르만족, 마자르족의 침입으로 사회가 혼란해지자 안전을 확보하고 질서를 유지하기 위해 무사들의 보호가 필요해지면서 자생적으로 봉건제도가 생겨났다. 봉건제도의 특징은 군사제도에 바탕을 둔 주군과 봉신 사이의 계약에 따른 주종 관계이다. 이 제도는 게르만의 종사제와 로마의 은대지제도가 결합된 것이다.

종사제는 게르만의 힘 있는 사람들이 충성을 맹세하고 무기·말·식사 등을 제공받으며 보호를 받으며 살다가 전쟁이 나면 주군을 위해 싸우는 종사를 거느리는 제도이다. 은대지제도는 고대 로마에서 3세기 이후 황제가 국경 방어를 하는 병사에게 토지를 내주었던 제도로, 프랑크 왕국에서 왕 등이 관리나 소귀족에게 충성과 봉사, 정치·군사적 결속을 위해 땅을 빌려주는 제도로 발전했다.

봉건제도의 정치적 특징은 기사 계급에 의한 지방분권적 통치 체제이다. 쌍무적 계약에 따른 군신 관계로서 봉신은 주군에게 봉사와 조언, 재정적 원조의 의무를 지는 대가로 주군으로부터 보호와 봉토를 받았다. 봉신은 징세, 치안 유지, 재판 등의 권한이 있었고 주군은 이에 개입할 수 없었다.

봉건제도의 경제적 특징은 장원제이다. 영주에게 지대에 해당하는 노역 (1주에 3~4일)을 제공하며 신분적으로 예속된 농노에 의해 유지되는 자급자족적 폐쇄경제이다. 공유지를 이포제나 삼포제(춘경지, 추경지, 휴한지)에 의해 농사를 지었으며, 공동 경작이 이루어졌다. 농노는 영주에게 예속된 부자유민으로 결혼해서 독립된 생활을 할 수 있으며, 경작지의 수입으로 자신의 생계를 꾸렸다. 장원의 오랜 관습에 의해 보호되었으나 영주에게 신분적으로 예속되어 경제외적으로 간섭을 받았다. 이들은 장원 내 시설을 이용하는 비용, 인두세, 사망세, 혼인세 등을 납부했다.

tip 쌍무적 계약 관계에 따른 군신 관계

타인의 권력에 몸을 의탁한 자로서. …… 나는 다음과 같이 처신한다. 나의 봉사와 나의 공로에 따라 당신은 나에게 음식과 의복을 내려 나를 돕고 부양해야 한다. …… 만일 우리 둘 가운데 한 사람이 계약을 파기하고자 한다면 그는 상대방에게 얼마간 돈을 지불해야 할 것이며, 그로써 계약은 모든 효력을 상실할 것이다.　　　　　　 - 메로빙거 왕조와 카롤링거 왕조 시대의 계약서 중에서

27 | 카노사의 굴욕

962년 독일의 오토 1세가 로마 교황으로부터 황제의 관을 받아 신성로마 제국이 성립된 뒤로 로마 교황도 황제가 임명하거나 마음대로 바꿀 수 있게 되고 성직자도 황제가 정했다.

이때 바이킹이나 이슬람 등 외적의 침입이 많아 교회나 교황은 왕이나 영주들의 보호를 받아야 했다. 보호의 대가로 수도원의 수입과 성직 임명권을 왕과 영주에게 주었고, 왕과 영주들은 성직 임명권을 돈을 주고 사고 팔았다. 또한 성직자들이 결혼을 하는 등 교회의 부정부패가 심해졌다.

클뤼니 수도원에서는 교회의 세속화에 반대하여 개혁 운동이 일어났다. 토지를 소유하지 않으면서 국왕이나 제후의 통제에서 벗어나 수도원을 교황의 지배 아래 두었다.

교황도 개혁 운동을 추진했다. 교황 그레고리우스 7세는 교회 개혁 운동을 추진하면서 성직자의 결혼과 성직 매매를 금지하고 교황이 성직자들을 임명하도록 했다. 그러자 성직 임명권을 가졌던 국왕과 영주들이 반발했다. 성직 임명권을 교황에게 완전히 넘겨준다는 것은 군주로서 지배권을 잃는 것이나 마찬가지였다. 이에 신성로마 제국의 하인리히 4세는 1076년 1월 보름스에서 국회를 소집하여 교황을 폐위한다는 결의안을 채택했고, 분개한 교황은 같은 해 부활절 직전 하인리히 4세를 파문했다. 교황의 명령에 대부분의 제후들이 동조함으로써 1077년 2월까지 황제에 대한 파문 선고가 취소되지 않으면 쫓겨날 수밖에 없는 상황이 되었다. 제후들의 움직임에 당황한 하인리히 4세는 제후들과의 신뢰 회복을 위하여 교황에게 탄원서를 제출할 수밖에 없었다.

하인리히 4세가 카노사 성에서
그레고리우스 7세에게 용서를 구하는 모습

　교황 폐하의 뜻을 잠시 거스른 점을 깊이 뉘우치면서 지난 1월에 냈던 교황 파면의 명령을 취소합니다. 그러하오니 교황께옵서 저에 대한 사면 결정을 내려주신다면 교황 폐하께 충성을 다하겠나이다.

　하인리히 4세는 교황으로부터 아무 연락이 없자 1076년 크리스마스를 앞두고 독일을 탈출하여 알프스 산맥을 넘어 롬바르디아에 이르러 교황의 면담을 요청했다. 교황은 하인리히 4세의 방문을 허락하는 대신 거친 털로 짠 수도의만 입고 모자와 양말도 없이 맨발로 눈 속에 서 있게 했다. 하인리히 4세는 추위에 아랑곳하지 않고 교황을 만날 날만 기다리며 용서를 청하니 3일 만에 그레고리우스 7세 교황이 허락했다. 이를 '카노사의 굴욕'이라고 한다. 이 사건은 교황권의 절대적 우월성을 보여준 사건이면서 중세를 신 중심의 사회로 이끌어 정치·경제·사회 전반을 크리스트교가 지배하도록 했다. 그러나 문화적으로는 그리스 로마 문화에서 퇴보하는 암흑기를 맞이하게 되었다.
　이후 1122년 신성로마 제국의 하인리히 5세와 칼리스투스 2세 교황 사이에 타협이 이루어져 보름스 협약을 맺었다. 이 협약으로 국왕은 성직 임명권을 포기하는 대신 주교는 국왕의 봉신이 되기로 했다.

tip1 **카노사의 굴욕**

마침내 하인리히 4세가 두어 명의 수행원만 거느리고 내가 머물고 있던 카노사에 찾아왔소. 황제는 적대적이거나 오만한 기색이 전혀 없이 성문 앞에서 사흘 동안 사면을 빌었다오.

－그레고리우스 7세 〈서한집〉

＊ 황제권이 교황권에 굴복했음을 알려주는 문서이다.

tip2 **중세 서유럽의 문화**

특 징	크리스트교 중심의 문화: 정치·학문·사상·예술에 영향 봉건 귀족적 성격	
철학	철학은 신학의 시녀(신학의 보조 학문) 초기: 아우구스티누스의 교부철학(크리스트교를 학문적으로 설명) 십자군 전쟁 이후: 스콜라 철학(이성보다 신앙 중시－ 토마스 아퀴나스 《신학대전》: 신앙과 이성의 조화 추구)	
대학 발달	12세기경 파리(프랑스), 볼로냐·살레르노(이탈리아), 옥스퍼드·케임브리지(영국): 7개의 교양과목과 전공과목 교수 교회나 세속적 권력에서 벗어나 자치적 운영	
과학	연금술 전래, 새 약품·화학 약품 제조, 안경 발명	
건축	로마네스크 양식 (11세기)	돔과 원형의 아치, 두꺼운 벽: 피사 대성당
	고딕 양식 (12세기)	뾰족한 탑, 아치형 천장, 스테인드글라스: 쾰른·사르트르 성당
기사도 문학	봉건 기사들의 모험담과 사랑이 주제: 영국 〈아서 왕 이야기〉, 프랑스 〈롤랑의 노래〉, 독일 〈니벨룽겐의 노래〉	
자국어 문학	이탈리아어: 단테 〈신곡〉	

피사 대성당

28 | 십자군 전쟁

크리스트교는 로마 교회를 중심으로 하는 로마 가톨릭교 교황이 우위를 차지하여 안정되면서 발전했다. 유럽이 안정되자 다른 세계로 팽창하고자 하는 욕심이 생겨났다. 나아가 크리스트교에 대한 신심이 두터워졌으며 교황권이 더욱 강해졌다.

이때 셀주크튀르크가 예루살렘 순례자를 박해하고 지중해 무역권을 놓고 경쟁하던 동로마 제국의 수도 콘스탄티노플을 위협하자 동로마 제국 황제가 교황 우르바누스 2세에게 구원을 요청했다.

교황 우르바누스 2세는 1095년 11월 28일 클레르몽 종교회의에서 연설했다.

에루살렘과 콘스탄티노플의 형제들로부터 빈번히 하소연을 듣고 있습니다. 페르시아에서 온 침입자, 튀르크인이 무력으로 크리스트 교도를 추방하고 약탈하며 마을을 불태우고 있다는 것입니다. 신의 교회는 사라지고 신앙은 유린당하고 있습니다. …… 이와 같은 악을 차단하고 그 땅을 회복하는 것은 우리 모두의 의무입니다.

우르바누스 2세의 연설에 동로마 제국의 크리스트 교도들을 동정하고 그들을 박해하는 이슬람의 튀르크인에 분노하는 여론이 높아지자, 교황 우르누스 2세는 이를 이용하여 예루살렘을 탈환하자는 목소리를 높였고 많은 사람들이 열렬히 호응했다. 교황의 호소에 유럽의 많은 왕과 귀족, 농민, 상인들로 이루어진 대규모 군대가 꾸려졌다. 이들은 크리스트교를 상징하는 십자가 모양을 어깨와 가슴에 달았으므로 '십자군'이라고 불렀다.

Ⅱ 중세 시대

예루살렘 전투

1차 십자군은 예루살렘을 향해 출발하여 2년 만에 셀주크튀르크를 물리치고 예루살렘을 정복하는 큰 성공을 거두고, 그곳에 예루살렘 왕국을 건설했다. 그러나 살라딘이 이끈 이슬람 부대의 반격으로 1187년에 예루살렘을 잃었다. 교황은 2차, 3차 십자군을 보냈지만 모두 크게 패했다. 3차에는 영국의 리처드 왕이 많은 무기와 배를 이끌고 싸웠지만 살라딘과 3년간의 휴전 협정을 맺으면서 물러났다. 이때 용감하게 싸운 리처드 왕에게는 '사자왕'이라는 별명이 붙었다.

4차 십자군 원정은 우르바누스 2세 교황의 처음 뜻과는 완전히 배치되는 결과를 가져왔다. 배를 움직일 비용이 없어 베네치아 상인의 재정 지원에 의지했다. 베네치아 상인들은 성지 탈환이 아니라 지중해 상업권을 따내기 위한 목적으로 전쟁을 일으켰다. 그리하여 자신들의 경쟁자인 헝가리의 자다르를 공격한 후 예루살렘이 아닌 콘스탄티노플을 공격했다. 이제 십자군 전쟁은 세속의 욕심으로 흐르게 된 것이다.

결국 200년 동안 8차에 걸친 십자군 원정은 패배로 끝나고 유럽에는 많은 변화가 생겼다. 정치적으로는 교황권이 약화되고 제후와 기사 계층이 몰락하여 봉건제는 흔들렸으며 오히려 왕권이 강화되었다. 경제적으로는 동방과의 교역이 활발하게 되었으며, 이탈리아 도시들이 지중해 제해권을 장악하여 무역을 주도하면서 상공업이 발달하고 도시가 성장하는 계기가 되었다. 문화적으로는 이슬람 문화와 비잔틴 문화가 전파되어 서유럽 문화 발전에 자극이 되었다. 십자군 전쟁으로 말미암아 중세가 막을 내리고 근대가 시작되는 계기가 되었다.

29 | 도시의 성장과 장원제의 해체

　농업생산력이 증대하고 인구가 늘어나 상업이 발달하면서 상인과 수공업자가 근거지에 몰려들어 도시가 발달했다. 특히 지중해의 항구도시인 베네치아, 제노바, 피사 등지에서 아랍 세계를 대상으로 한 원거리 무역이 활발해졌다. 경제적으로 부유해진 도시민들은 일정한 금액을 지불하고 영주에게 특허장을 취득하여 자유를 획득했다. 이들은 독자적 법을 제정하고 자치적으로 재판과 세금 징수 등 도시 행정을 운영했다.

　상공업의 발달로 상인과 수공업자들은 자신들의 이익과 안전을 도모하면서 특권적 자유를 독점하기 위해 조합을 만들었다. 상인 길드와 수공업자 길드가 있었는데, 수공업자 길드는 주인과 직인, 도제 사이에 엄격한 신분 관계를 유지하면서도 조합원 사이에는 평등이 존중되었다. 도시 사이에서도 공동의 이해를 위해 단결하는 도시동맹이 생겼다. 이탈리아의 롬바르디아 동맹과 북부 독일의 한자 동맹이 대표적이다.

　시민의 성장은 장원제의 붕괴를 가져왔다. 특히 상공업의 발달로 화폐경제가 중심이 되면서 농노들은 지대를 현물 대신 화폐로 납부하는 지대의 금납화가 이루어졌다. 농노의 지위가 올라간 결정적 계기는 14세기에 유럽을 휩쓴 흑사병 때문에 노동력이 감소한 것이었다. 농노들의 지위가 올라갈수록 영주들이 속박을 강화함으로써 영국에서는 와트 타일러의 난이, 프랑스에서는 자크리의 난이 일어났다.

흑사병 희생자를 옮기는 사람들

30 | 교황권의 쇠퇴와 중앙집권 국가의 등장

왕권과 교권의 권력 쟁탈전, 무리한 전쟁, 영주들의 욕심에 따른 농업생산력의 급격한 감소, 갖가지 질병 등으로 수백 년에 걸쳐 중세 유럽의 하늘에는 먹구름 걷힐 날이 없었으며 14세기에 들어와서 그 양상은 더욱 심각했다.

대체로 14세기 유럽에서는 왕의 권위가 높아지고 반대로 신을 대리한다며 절대 권력을 휘두르던 교황의 힘이 축소된 시기였다. 프랑스 왕 필리프 4세가 교황 보니파키우스 8세와 대립하여 승리하면서(아비뇽 유수) 신권을 누르게 된 국왕들은 중앙집권적인 정책을 취하면서 지방분권적인 봉건제도를 무력화했고, 지방 제후들에게 더 많은 세금을 징수했다. 왕권을 강화하려면 군사력과 관료제를 유지해야 했고, 그러기 위해서는 더 많은 돈이 필요했기 때문이다.

영국에서는 존 왕이 무거운 세금을 부과하자 귀족들은 이에 반발하여 왕권을 제한하고 제후의 권리를 확인하는 문서인 마그나 카르타(대헌장)를 승인하게 했다(1215). 시간이 흐른 후에 대헌장은 국민의 권리와 인권을 보호하는 것으로 넓게 해석되었다. 왕권을 제한한 영국에서는 성직자, 기사, 귀족, 시민이 참여한 모범의회를 만들어 양원제의 기틀을 마련했다. 프랑스와 벌인 백년전쟁과 왕위 계승을 둘러싼 장미전쟁을 거치면서 귀족 세력은 약화되어 중앙집권 국가가 되었으며, 헨리 7세의 튜더 왕조가 열렸다.

프랑스도 12세기 말 필리프 2세부터 왕권이 강화되었으며, 백년전쟁의 승리로 통일된 영토를 확보하면서 중앙집권 국가로 발전했다.

독일은 신성로마 제국의 통치하에 있었으나 황제는 명목상 통치자에 불과하고 실제는 대제후가 실권을 장악하는 연방국가로 분열되었다. 이탈리아도 교황령, 베네치아, 피렌체 등 도시 국가와 나폴리 왕국으로 분열되었다.

이베리아 반도에 있던 에스파냐와 포르투갈도 통일 국가로 성장했다. 에스파냐는 카스티야와 아라곤을 통합하고 이슬람 세력을 몰아내 1492년에 통일 국가가 되었다. 포르투갈은 12세기에 카스티야로부터 독립하여 15세기 후반 통일 국가가 되었고, 인도 항로를 발견하여 독점함으로써 번성했다.

교황권이 약해지자 교회의 세속화를 비판하고 성서에 기초한 신앙을 강조한 영국의 위클리프와 보헤미아의 휘스에 의해 개혁 운동이 일어났다. 그리고 콘스탄츠 공의회를 소집하여 아비뇽 유수 이후에 로마 교황청과 파리 교황청으로 분열되었던 교회를 로마 교황청으로 통합하고 이곳의 교황을 단일 교황으로 인정했다.

31 | 비잔틴 제국

테오도시우스 황제가 죽은 후 로마 제국은 동로마와 서로마로 분열되었다. 서로마는 476년 게르만족에게 멸망했지만 동로마는 비잔틴 제국으로 불리며 약 1000년간 더 존속했다. 수도를 콘스탄티노플로 정하고 과거 로마의 법과 제도, 전통을 그대로 이어받았다. 비잔틴 제국은 이민족의 침입을 막기 위해 수도 북쪽에 3중의 거대한 성을 쌓고, 바다에는 쇠사슬로 방어막을 쳤다. 정치적으로는 강력한 힘을 가진 황제가 교회를 지배한 황제 교황주의 국가였다.

비잔틴 제국은 흑해와 지중해가 만나는 교통의 요지였기에 상공업 중심지로서 중세 최대의 도시였다. 비잔틴 제국의 전성기는 유스티니아누스 황제 때이다. 유스티니아누스 황제(483~565)는 마케도니아 농민의 아들로 태어나 36세가 되던 518년에 그를 키워준 숙부가 뜻하지 않게 황제로 추대되면서 525년에 부제副帝가 되었다. 527년에 숙부가 사망하자 황제 자리를 이어받은 그는 사산조 페르시아와 평화조약을 체결하여 동방에 대한 우려를 제거한 후 아프리카의 반달과 이탈리아의 동고트를 멸하고 영토를 넓혔으며, 서고트에서는 에스파냐 동남부를 공격하여 함락시켰다. 그 결과 지중해를 다시금 로마의 내해內海로 만들면서 과거 로마 제국의 영토를 거의 수복했다.

로마 제국을 부흥시키려는 생각으로 유스티니아누스 황제는《로마법 대전》을 만들었다. 방대한 양의 로마 법률을 모두 4부로 정리한 이 법전은 중세 유럽 여러 나라의 법률에 큰 영향을 주었다. 그리스정교의 대본산인 성 소피아 대성당도 이 시기에 건축되었다. 그 거대한 돔 지붕과 성당 안의 눈부신 모자이크 그림은 동로마의 문화, 곧 비잔틴 문화의 상징이 되었다.

그러나 유스티니아누스 황제가 죽은 후 비잔틴 제국은 계속된 외침으로 어려움에 빠졌다. 군사력을 강화하고 자영농을 육성할 목적으로 군관구제(이슬람 민족 등 이민족의 침입을 효과적으로 막기 위해 전국을 31개 군관구로 나누고, 황제가 직접 임명한 사령관에게 군사·행정·사법권을 부여한 제도)와 둔전병제(군관구제를 위해 나눈 지역에 사는 농민들에게 사령관에게 충성을 맹세한다는 조건으로 땅을 나누어주고, 만일 전쟁이 일어나면 사령관과 함께 전쟁에 참여하는 제도)를 실시했으나, 오히려 지방 권력자들의 대토지 사유화가 심해져서 왕권을 약화시키게 되었다.

비잔틴 제국은 셀주크튀르크의 침입과 십자군 전쟁 등으로 국력이 약화된 상태에서 오스만 제국의 침략으로 1453년 콘스탄티노플이 함락되면서 멸망했다.

비잔틴 제국은 이슬람 세력으로부터 크리스트교를 방어하는 방파제 구실을 하면서 고대 그리스·로마 문화를 보존하여 근대 유럽에 이어주었다.

비잔틴 문화는 그리스정교를 바탕으로 그리스·로마·헬레니즘 문화가 결합되었다. 공용어는 그리스어를 사용했으며, 근대 르네상스에 많은 영향을 미쳤다.

성 소피아 대성당으로 대표되는 비잔틴 건축은 웅장한 돔과 내부의 화려한 모자이크 벽화가 특징이다. 비잔틴 문화와 그리스정교는 슬라브족에 전해져 러시아와 동유럽 문화 발전에 이바지했다.

tip 성 소피아 대성당

대표적인 초기 비잔틴 건축으로 537년 유스티니아누스 황제가 콘스탄티노플에 세웠다. 아야 소피아 성당, 하기야 소피아 성당으로 불린다. '성스러운 지혜의 성당'이라는 뜻을 가진 성 소피아 대성당은 비잔틴 건축의 아름다움을 가장 잘 보여주는 건물이다. 크고 둥근 지붕은 가운데 기둥을 받치지 않았고 40개의 창문이 뚫려 있어서 마치 지붕이 하늘에 떠 있는 듯 보인다. 주변에는 마리아나 예수의 모자이크가 아름답게 장식되어 있다.

성 소피아 대성당

32 | 수나라의 중국 통일

　화베이 지방을 지배했던 북조 최초의 나라로, 선비족이 세운 북위가 439년에 5호16국을 통일했다. 효문제는 뤄양으로 서울을 옮기고 선비족에게 한족의 성씨를 따르도록 하면서 한족과의 결혼을 장려하는 등 한족의 문물을 적극 받아들이는 한화 정책을 펼쳤다. 또한 농민들의 생활을 안정시키고자 농민에게 균등하게 토지를 나누어주면서 호족의 대토지 소유를 방지하려고 했다.

　그러나 효문제가 죽고 나서 100여 년간 5명의 황제가 교체되는 등 혼란의 시대를 거쳐 534년 동위와 서위로 분열되었다. 동위의 정권은 고환의 아들 고양이 재상이 되어 550년에 효정제로부터 제위를 빼앗아 북제를 건국했다. 서위에서는 우문태의 아들 우문각이 556년에 공제를 폐위하고 다음 해 북주를 세웠다.

　강남으로 이주한 한족은 왕조 교체가 빈번하게 이루어져 동진→송→제→양→진으로 이어졌다.

　중국 대륙의 중심부인 중원 땅을 놓고 370년에 걸친 위진남북조시대 내전의 소용돌이에 종지부를 찍은 사람은 북주의 외척 출신인 양견이었다. 양견의 큰딸이 북주 선제의 황비가 되면서 실권을 장악했고, 579년 선제가 재위 1년 만에 세상을 떠나고 7세의 정제가 임금이 되자 이해 정월에 건강을 점령하면서 370년에 걸친 분열기에 종지부를 찍고 중국 천하를 통일했다. 581년 선양을 받아 수나라를 건국하니 이가 곧 수 문제이다. 중국 역사상 가장 쉽게 역성혁명을 이룬 것이다.

　중국을 통일한 수 문제는 3성 6부의 통치 조직을 마련하면서 중앙집권적 정치 체제를 확립하는 한편, 9품중정제를 폐지하고 문벌 귀족을 견제하

대운하의 수문을 지나는 배들

고자 선거제도(과거제도)를 실시했다. 백성들의 생활을 안정시키기 위해 백성들에게 토지를 나누어주고 병역 의무를 지게 하는 균전제와 부병제를 실시했다. 균전제에 따라 토지를 지급받은 농민은 전세(조), 군역(용), 특산물(조)을 부담해야 했다. 이로써 수나라는 정치적·경제적으로 안정되면서 군사력은 강화되었다.

문제가 죽은 후 아들 양제는 남북 간 물자 유통과 경제 통합을 강화하기 위해 백성들을 1억 명이나 동원하여 '대운하'를 건설하고 궁궐을 무리하게 다시 지으면서 많은 백성들이 목숨을 잃었다. 백성들의 살림은 다시 어려워진 가운데 612년에는 113만 명을 이끌고 고구려를 정복하기 위해 원정을 떠났다. 그러나 을지문덕 장군이 이끄는 고구려군에게 살수에서 대패하고 무리한 공사로 재정이 어려워지면서 건국 38년 만에 멸망했다.

tip 수나라가 대운하를 만들었다?

605년에서 610년에 걸쳐 수나라 양제가 만든 뱃길이다. 중국 북부의 베이징과 항저우를 연결한 1515km의 운하로 원래 길이는 1782km이다. 운하 주변에는 수십 개의 궁을 짓고 물놀이를 즐겼으며 화려한 유람선을 만들었다. 운하를 만드는 데 매월 약100만, 모두 1억 2000만 명가량이 동원되었다. 이 토목공사로 수많은 백성이 죽고 높은 세금에 시달렸다. 대운하는 수나라가 멸망한 큰 원인 중 하나가 되었지만 중국의 상업을 발달시키는 역할을 하게 된다.

Ⅱ 중세시대

33 | 이슬람교 창시

세계의 3대 종교는 크리스트교, 불교, 이슬람교이다.

그중에서 이슬람교는 마호메트가 창시한 종교로, 회교 또는 마호메트교라고도 한다. 마호메트는 메카의 명문 집안에서 570년 8월 20일에 아버지 압달라와 어머니 아미나 사이에서 유복자로 태어났다.

6세 때 어머니마저 세상을 떠났기에 할아버지 압둘 무탈리브 밑에서 성장하다가, 할아버지가 세상을 떠나자 큰아버지 아부 탈리브의 슬하에서 자라났다. 아브 탈리브는 대상을 거느리고 다니며 장사를 하는 상인이었다. 청년으로 성장한 마호메트는 큰아버지에게 간청을 하여 장사를 배웠다. 마호메트는 모든 일에 정성을 다하여 장사는 점차 기반이 잡혀 메카의 부잣집들이 마호메트에게 일을 맡겼다.

25세가 된 마호메트는 메카의 재산을 거의 한 손에 쥐고 흔드는 카디자라는 과부를 만났다. 15세 연상인 카디자와 마호메트는 나이를 초월해 사랑을 싹틔웠으며 결국 결혼을 했다.

마호메트는 행복한 가정생활을 꾸려나가면서 생활고에서도 벗어나자 고독에 빠지고 자연의 진리에 대해 생각하게 되었다. 사람은 무엇으로 사는지, 어떻게 해야 무한한 진리를 깨달을 수 있는지 고민하던 끝에 마호메트는 메카의 동굴을 찾았다. 단식을 하면서 기도와 명상을 하던 마호메트에게 하늘의 계시가 내렸다.

"마호메트야! 나는 천사 가브리엘이다. 너는 신이 보낸 예언자이니 인간을 올바르게 인도하여라."

"천사님이시여, 어떻게 해야 인간을 바른 길로 인도할 수가 있습니까?"

"사람들을 타일러라. 신을 찬송하라. 그리고 신을 위하여 고통을 참아라."

"예, 잘 알겠습니다."

하늘의 계시를 받은 마호메트는 집으로 돌아왔다. 남편을 오랜만에 맞아들인 카디자는 전과 달리 마호메트에게 위엄이 서려 있음을 깨닫고 무릎을 꿇었다.

"카디자, 나는 신을 만나 큰 깨달음을 얻었으니 그대는 나에게서 신의 예언을 들으시오."

"예, 잘 알겠습니다."

정성을 다하여 마호메트를 받들던 카디자는 이슬람교의 첫 번째 신도가 되었다.

마호메트는 때와 장소를 가리지 않고 이슬람교 전파에 노력을 기울여 얼마 안 되어 신도 수가 40명으로 늘어났다. 마호메트는 이슬람교 전파와 더불어 신으로부터 받은 계시를 정리하니, 이것이 곧 이슬람교의 경전인 《코란》이다.

신도 수가 많아지자 마호메트는 다양한 종교가 분포하고 있는 아라비아반도에서 종교의 통일을 꿈꾸며 이슬람교 전파에 박차를 가했으나 곧 메카의 관리와 귀족들의 비난과 박해에 부딪혔다. 날이 갈수록 관리와 귀족들의 박해가 심해져 생명을 위협받는 지경이 되자 마호메트는 622년에 메디나로 향했다. 그곳에서 마호메트는 상당한 정치 세력을 장악하게 되었다.

히즈라Hijra 또는 헤지라Hegira(아랍어로 '출발'의 뜻)라고 부르는 이 도피행은 마호메트와 이슬람교에 커다란 전환점이 되었으며, 훗날 이해를 '성스런 도망'으로 기념하기 위해 이슬람력의 기원 원년으로 쓰게 되었다.

박해를 피해 메디나로 간 마호메트는 신도들의 수를 크게 늘리면서 사실상 독재자가 될 정도의 세력을 형성했다. 그리고 메카와 메디나 사이에 몇 차례의 전쟁도 있었는데, 마호메트는 이렇게 외쳤다.

"칼은 천국과 지옥의 열쇠이다. 신의 가르침에 따르지 않는 자는 용서 없이 정벌하라. 자! 이슬람교도여, 한 손에는 칼을, 다른 또 한 손에는 코란을 들고 나서면 거룩한 보답을 받을 것이다."

632년 마호메트는 마침내 이슬람교로써 아라비아 반도를 통일했으나 메카 순례를 마치고 메디나로 돌아와 3개월 뒤인 632년 6월 8일에 흉막염으로 세상을 떠났다.

34 | 당 태종이 이룬 정관의 치

타이위안의 지방관이었던 이연이 새로운 왕조를 건설할 수 있었던 것은 아들 이세민의 공로 때문이었다. 이연에게는 이건성·이세민·이원길 등 세 아들이 있었는데, 특히 둘째 아들 이세민은 늘 크나큰 야심에 가득 차 있었다.

결정적인 시기를 놓치지 않고 이연에 황제의 자리에 오를 수 있었던 것도 사실 이세민의 야심과 예리한 상황 판단 능력에 기인한 것이다. 수나라가 대규모 토목공사와 고구려 원정의 실패로 혼란에 빠졌을 때 이세민은 아버지 이연을 설득하여 617년 이건성을 좌령군대도독, 자신은 우령군대도독이 되어 군사 3만으로 수나라의 수도인 장안을 점령하고 양제의 손자인 유를 공제로 옹립함으로써 혼란에 빠졌던 시대를 평정했다. 이연은 대승상 당왕이 되어 실권을 장악한 뒤 양제가 피살되자 국호를 당으로 고치고 황제로 즉위하니, 곧 당 고조이다.

그러나 이세민이 곳곳에 흩어져 세력을 다투던 크고 작은 군웅들의 반란을 평정하자 황태자인 이건성과 동생 이원길은 이세민을 제거하려고 했다. 이세민은 이를 눈치채고 그들을 먼저 제거했는데, 당나라 황궁의 정문인 현무문에서 일어났기에 '현무문의 변'이라고 한다.

현무문의 변이 일어난 두 달 뒤 마침내 고조가 물러나고 이세민이 황위를 물려받으니, 그가 곧 당의 2대 황제 태종이다. 황제에 오른 태종은 신하들의 의견에 귀를 기울이고 인재를 발굴하여 등용했다. 신하들과 자주 정치에 대하여 논의했으며, 이를 정리한 것이 《정관정요貞觀政要》이다.

태종은 무엇보다도 백성들의 부역을 줄이는 데 힘을 쏟아 많은 제도를 개혁하여 동아시아 통치 제도의 모범 답안이 되었다. 조세제도는 조용조제도를 시행하여 양인 정남에게 균등하게 세금과 부역, 특산물을 부과했다. 토지제도로는 균전제를 시행했다. 21~59세까지의 모든 성인은 0.06㎢의 토지를 받았으며, 이 가운데 5분의 1을 영구적으로 소유했다. 이 토지에서 난 산물의 일정량은 곧바로 현물로 정부에 납부해야 했다. 토지 분배의 최고 한도는 6만㎢로 제일 높은 지위에 있는 가문만이 이 정도 넓이의 땅을 소유할 수 있었다. 군사제도는 부병제를 실시하여, 균전 농민에서 군인을 뽑아 부병으로 하고 농한기에 훈련을 시킨 후, 군역의 의무를 수행하는 동안에 조용조 등 조세를 면제해주었다. 이러한 제도는 수양제 시절의 가혹한 부역과 착취에 비하면 상당히 가벼운 제도였으므로 백성들의 환영을 받았다.

또한 3성과 6부를 두는 등 행정기구도 개편하여 효율적인 통치의 기반을 닦았다. 밖으로 세력을 뻗쳐 돌궐, 위구르, 거란을 복속하여 영토를 넓혀 그 판도가 북쪽으로 바이칼 호 부근, 남쪽으로 베트남, 서쪽으로는 아랄 해에 이르렀다. 태종은 영토 확장을 하면서도 복속민들에게 선정을 베풀어 복속된 여러 민족의 장로들로부터 천가한天可汗이라는 존호를 받았다.

세계 제국을 이룬 태종 이세민은 늘 폭군 수 양제의 실패를 거울로 삼았다. 명신, 위징 등 충신의 건의를 받아들여 사심을 누르고 백성을 불쌍히 여기는 공정한 정치를 펴려고 노력했던 것이다. 그런 연유로 후대 사람들이 그의 통치술을 가리켜 '정관貞觀의 치'라고 칭송했다(태종은 즉위하면서 연호를 정관이라 했다).

형과 동생을 죽이고 임금이 되었던 태종이 이렇게 후세 사람들에게 칭송을 받는 이유는 첫째, 신하를 예로써 대했기 때문이다. 신하에게 항상 경어를 사용하면서 예로써 대우하니 신하들도 황제와 나라를 위해 헌신했다.

둘째, 백성들을 진정 사랑했다. 백성들에게 부당하게 세금을 거두거나 전쟁에 백성들을 동원하지 않는 등 폭정이나 백성들을 괴롭히는 정치를 하지 않아 만백성의 존경을 받았다.

셋째, 외국에 개방적인 생각을 가지고 있었다. 외국에 당나라의 문호를 열어놓고 그들이 당나라에서 마음껏 능력을 발휘할 수 있는 기회를 제공했던 것이다. 그리하여 외국인들이 스스로 당나라에 와서 목숨을 걸고 싸울 수 있는 바탕을 마련했고, 이들이 당나라와 자기 조국의 가교 역할을 함으로써 태종은 자연스럽게 국제 사회의 리더가 되었던 것이다.

35 | 당의 쇠퇴

기원전 1600년경 중국에서 왕조가 열린 이래로 중국의 역사는 분열과 통일을 거듭하면서 발전해 나갔다. 중국의 긴 역사 중에 가장 크게 중국을 변화시킨 시기는 바로 당나라에서 송나라로 바뀌는 시기라 할 수 있다.

이른바 '당송 변혁기'라고 부르는 이 시기는 907년 중세 국가에 해당하는 당나라가 자체 모순에 빠져 멸망한 뒤, 중원中原을 중심으로 한 다섯 왕조와 중원 이외 지방에 할거했던 열 나라가 흥망성쇠를 거듭하는 시기를 거쳐서, 960년 근대적 성격이 강한 송나라가 성립하여 979년 전국을 통일하기까지의 시기이다.

이러한 변화의 원동력은 무엇보다도 대대적인 농민반란에서 비롯되었다. 당나라 붕괴의 방아쇠를 당긴 '안사의 난'(755)에서부터 당나라 붕괴의 종지부를 찍은 '황소의 난'에 이르기까지 치열하게 전개된 각지의 반란으로 당나라는 마침내 설 자리를 잃고 만 것이었다.

8세기 전반까지만 하더라도 당나라는 전성기를 누리고 있었으며, 그러한 전성기를 주도한 인물은 바로 황제 현종이었다. 현종은 측천무후가 통치할 때 그녀와 가까이 있던 관리들의 미움을 받아 좌천되었던 요숭을 재상으로 임명하고, 그의 건의에 따라 북방 수비를 튼튼히 하고 율령 체제를 완전히 실시하여 당의 황금시대를 이루었다. 이 시기를 태종 시기의 '정관의 치'와 비교하여 '개원의 치'라고 한다. 그러나 현종이 절세미인 양귀비의 치마폭에서 놀아나면서부터 국운이 기울기 시작했다. 황제가 정치에 소홀하자 으레 그렇듯이 권신들이 날뛰었으며 조정은 문란해졌다.

통치 체제가 흔들리자 조세제도를 비롯한 여러 부분에서 문제점이 드러났다. 통치자가 민심을 외면하자 나라의 지배에서 벗어나 다른 지역으로 도망가는 백성들, 이른바 도호가 나타났다. 관리나 귀족들의 대토지 소유로 농민들은 소작농으로 전락했음에도 조세 부담은 오히려 늘어나 그 부담을 피하고자 이리저리 떠돌아다니게 된 것이다.

게다가 만리장성 이북에서 북방 민족의 움직임이 심상치 않자 당 조정은 변경을 방위하기 위해 장성 부근에 대군을 주둔시키고 절도사를 설치했다.

절도사는 변경 방위군의 사령관 격으로 군사, 재정, 행정권을 모두 쥐고 막강한 권력을 행사하는 자리였다. 그런데 이 절도사에 이민족 출신의 무장이 임명되는 예도 종종 있었다. 이민족 출신의 무장 중에서 가장 촉망받는 인물이 바로 안녹산이었다.

안녹산은 많은 무공을 세우고 현종의 인정을 받아 평로절도사로 임명되고, 7년 뒤에는 동평군왕이라는 칭호까지 받았다. 안녹산의 세력에 위협을 느낀 사람은 양귀비의 오빠인 양국충이었다. 현종이 안녹산을 재상으로 임명하려 하자 양국충이 반대하고 나섰고, 755년 이 소식을 들은 안녹산은 절도사 장수규를 함께 섬겼던 동향인 사사명과 함께 대대적으로 군사를 일으킴으로써 '안녹산의 난(안사의 난)'이 발발했다.

안녹산의 반란 소식을 들은 당나라 조정은 안서절도사 봉상청과 고구려 출신의 명장 고선지에게 진압을 명했으나 실패하고, 안녹산의 반란군은 장안으로 가는 길목에 있는 대도시 뤄양을 한 달 만에 점령했다. 756년 정월 안녹산은 뤄양에서 당나라의 멸망을 선언하고 스스로 즉위하여 대연황제라 칭하고 연호를 성무라 정했다. 당나라에 두 명의 황제가 등장하게 된 것이다.

그러나 당나라의 백성들도 이민족 출신의 새로운 황제가 출현하는 것을 원하지 않았다. 반란군의 약탈에 분노한 백성들이 속속 방위대에 들어오거나 각지에서 게릴라전을 펼쳐 반란군의 진로를 방해했다. 이때 평원 태수인 안진경이 안녹산의 근거지인 범양과 새로운 거점인 뤄양의 중간을 점령했다. 그러나 안녹산은 양국충이 이끄는 군대를 장안의 동쪽 요충지 동관에서 물리쳤다. 현종은 양국충, 양귀비와 함께 은밀하게 장안을 탈출하고자 했으나 호위병들에게 양국충이 죽임을 당했고, 이 소식을 들은 양귀비는 자살했다. 양귀비의 자살 소식에 현종은 아들에게 황위를 내어주고 쓰촨 성의 시골로 들어가 은둔했으며 그의 아들은 장안에서 멀리 떨어진 영주에서 즉위하니 그가 곧 숙종이다.

이때 안녹산은 병마와 싸우다가 후계자를 둘러싼 아들 간의 다툼으로 둘째 아들에게 죽임을 당했다. 반란군은 지휘 계통이 무너져 사분오열되었고, 763년 당나라의 응원군인 위구르군에게 대패함으로써 9년여에 걸친 대반란은 종식되었다. 화베이 일대를 짓이겨버린 안사의 난은 당나라의 정치, 경제, 사회 전반에 막대한 영향을 미쳤다. 비록 안사의 난은 평정이 되었지만 당의 위정자들은 내리막길로 접어든 나라의 운명을 멈추게 할 수는 없었다.

반란을 진압하기 위해 곳곳에 설치한 수십 명의 절도사는 반란 종식 뒤에도 그 세력을 유지하여, 번진이라 부르는 거대한 지방 세력을 형성하게 되었다. 안녹산과 사사명의 지배지였던 하북의 삼진(위박, 성덕, 노용)은 겉으로는 당나라에 투항했지만 안녹산과 사사명을 성인으로 받들어 모시는 처지였다. 강력한 군대를 가진 절도사들은 조세를 자신들이 거두어 처리했고, 관내 관리도 임명과 파면을 할 정도로 독립적인 지위를 가지고 있었다. 또한 절도사들은 서로 대립, 견제했고 절도사의 지위 자체도 위박과 같이 부자가 상속하는 경우를 제외하고는 부하 장병들에 의해서 폐위되거나 옹립되는 경우가 허다했다. 이와 같이 권력이 난립하자 백성들에 대한 황제의 지배력은 극도로 위축되었다.

권력의 난립은 한편으로 조정을 위협할 만한 압도적인 세력이 나타나는 것을 방지하는 구실도 했다. 상호 간에 견제가 심한 상황에서 하나의 세력이 커나가는 것을 여러 절도사들이 결코 좌시하지 않았던 것이다. 그리고 그것은 안사의 난 이후로 황실의 권위가 땅에 떨어진 당나라가 이후 150여 년간이나 지탱했던 중요한 이유였다.

지방 번진의 세력이 늘어나서 중앙의 지배력이 약화되고, 중앙에서는 관리들의 당쟁과 환관의 횡포가 횡행했다. 나라가 어수선하자 농민들은 살던 고을을 버리고 유랑하게 되었다. 또한 하북 삼진과 같은 곳에서는 아예 중앙에 조세를 상납하지 않는 일이 빈번했다. 떠도는 유랑민에게는 세금을 부과할 수 없었고, 지방의 토호들도 세금을 내지 않자 조정은 심각한 재정 위기에 봉착하게 되었다. 780년의 경우 그 전해보다 조세액이 3분의 1로 크게 줄었다.

당나라 조정은 세법을 바꾸어, 토착민에게 세금을 부과하는 조용조를 폐지하고 본적지와 상관없이 현재 장소에 살고 있는 사람에게 세금을 부과하는 양세법兩稅法을 시행했다. 보리를 수확하는 여름과 쌀을 수확하는 가을에 두 번을 거두어들여 양세법이라고 했다. 양세법의 실시로 일시적이나마 나라의 재정 상태는 좋아졌으나 백성들은 더욱 무거운 부담에 시달리면서 불만이 쌓여갔다.

일시적으로 국가 재정이 늘어났으나 군사제도가 바뀌어 큰 효과를 거두지 못했다. 즉 부병제를 모병제로 바꾸었기 때문에 병사들에게 지급할 급료를 충당하는 일이 수월치 않았던 것이다. 조세만으로는 군사비를 다 충당하기 어려웠으므로 별도의 재원을 마련해야만 했다. 당 조정이 눈독을 들인 것은 바로 소금의 전매였다.

소금은 백성들의 생활에 꼭 필요한 것으로, 조정에서는 국가 재정이 부족하면 먼저 소금과 철을 오직 국가에서만 사고팔게 하는 전매제를 실시했다. 한나라 무제도 많은 대외 전쟁 수행에 필요한 전쟁 비용을 충당하기 위해 전매제를 실시했다. 소금 전매에도 불구하고 세액이 줄어들자 조정에서는 재정을 확보하기 위해서 온갖 명목의 세금을 부과했고, 백성들은 그 피해를 정면으로 받게 되었다. 게다가 해마다 가뭄과 수해가 번갈아 들고 메뚜기 떼가 휩쓸고 지나가는 바람에 농민들은 말 그대로 풀뿌리나 나뭇잎으로 연명했다. 그것도 여의치 않으면 가만히 앉아서 죽음을 기다리거나 먼 곳으로 도망쳐 다니다가 도적이 되었다. 이들 도적의 무리 중에 가장 두각을 나타낸 인물이 황소였다.

황소는 산둥 성 서부에서 부유한 염상의 아들로 태어났다. 재산과 학문을 갖춘 황소였지만 출세하려면 관리가 되어야 했다. 관리가 되기 위해서는 과거에 합격하는 방법밖에 없었으나 당나라는 귀족이 중요 관직을 모두 차지하고 있었으므로 황소와 같은 신분은 끼어들 틈이 없었다. 자신의 뜻을 이룰 수 없음을 절감한 황소는 당나라에 반기를 들어 반란(황소의 난)을 일으켰고, 이에 동참한 반란군은 무려 60여만 명에 달했다.

황소는 장안을 정복한 후 창고를 열어 백성들에게 나누어주고 부정한 관리들은 모두 잡아 처형했다. 이어 스스로 정권을 세워 국호를 대제, 연호를 금통이라 칭하고 항복한 관리를 백관에 임명하는 등 통치 기반을 굳히는 데 힘을 쏟았다. 또한 군율을 엄격하게 지키도록 했고 장안의 빈민들에게는 돈을 나누어주어 백성들의 지지를 얻었다. 많은 번진들도 황소의 편에 가담함으로써 당 조정의 권위는 완전히 땅에 떨어졌다.

그러나 황소가 장안에서 머물며 당 조정 정벌에 소홀한 사이에 희종은 번진들에게 황소의 격퇴를 명령했다. 희종의 호소에 화베이의 번진들은 제각기 사병을 풀어 조정 측에 가담했고, 때마침 황소의 주력 장수인 주온(후에 희종이 전충이라는 이름을 내림)이 희종 측으로 돌아섰다. 주전충이 약점을 파고들어 공격하니, 황소는 3년 6개월 만인 883년 4월에 장안을 떠나 자결하고 말았다. 이로써 장장 10여 년에 걸친 황소의 난은 진압되었고 희종은 다시 장안으로 복귀했다. 그러나 당 조정은 한낱 지방 정권에 불과해서 예전과 같은 지위를 다시 누릴 수는 없었다.

여러 번진 가운데 가장 강력한 군벌로 등장한 주전충은 907년 4월에 황실에 기생하며 자신의 앞길에 방해가 되던 환관과 귀족들을 몰아내고는 소선제의 양위로 스스로 황위에 오르고 국호를 양梁이라 했다.

36 | 당의 사회·경제·문화

당나라는 귀족들이 과거와 음서를 통해 관직을 독점하면서 특권을 누린 귀족 중심의 사회였다.

농사짓기에서 2년 3모작이 가능하여 농업생산력이 증가했으며, 쓰촨·후베이·저장 성에서 재배하는 차는 비단과 함께 중국의 주요 수출품이었다. 상업도 발달하여 운하를 통해 남북 물산의 유통이 활발해지고 일종의 약속어음인 비전이 사용되었으며, 상인 조합인 행行이 나타나기도 했다. 비단길과 바닷길을 통해 아랍 상인과 무역을 했으며, 무역을 담당하는 시박사라는 관리를 두었다. 수도 장안은 100만이 넘는 국제도시가 되었으며, 양저우·광저우 등은 남방 무역의 중심지로 번성했다.

당나라의 문화는 귀족적이고 국제적이었다. 유학은 한나라 때의 훈고학이 발달했으며, 공영달은 《오경정의》를 편찬하여 오경(경전) 해석의 획일화를 시도했다. 이백과 두보는 귀족들의 입맛에 맞는 시를 발전시켰다. 당나라 때는 불교의 중국화가 이루어졌으며 선종과 정토종 등이 유행했다. 삼장법사로 알려진 현장은 인도를 다녀와 《대당서역기》를 남겨 당시 동남아시아 및 인도의 시대 상황을 알려주고 있다. 황실의 보호를 받는 종교로 도교가 있었으며, 배화교로 불리는 조로아스터교, 마니교, 크리스트교 계통인 네스토

당삼채 마상

리우스교(경교), 이슬람교 등 외래 종교가 들어왔다. 공예품으로는 아라비아의 영향을 받은 당삼채가 유행했다. 주로 백색·갈색·녹색의 세 가지 빛깔의 잿물을 써서 만든 도자기로 무덤 속에 넣는 기물의 일종이었다. 구양순은 서예에 능통했다.

당나라의 정치와 문화는 한국·일본 등 동아시아 문화권에 공통적인 요소가 되었으니, 한자·유교·율령 체제가 그 예이다.

tip
안사의 난 이후 변화된 제도

토지제도	균전제		대토지 소유제
군사제도	부병제	안사의 난 →	모병제
조세제도	조용조		양세법(여름과 가을 두 번에 걸쳐 세금 납부)

37 | 송나라의 문치주의

당나라 말기에 가장 강력한 군벌로 등장한 사람은 이극용과 주전충이었다. 주전충은 황소의 반란군을 진압한 공으로 변주절도사가 되었고, 이극용도 황소 토벌에 혁혁한 공을 세워 진왕晉王에 봉해졌다. 두 세력은 천하를 손아귀에 넣기 위해 패권 경쟁을 벌이다가 마침내 주전충이 산시 지방의 변두리로 이극용을 몰아낸 뒤 황제 소종을 살해하고 열 살짜리 허수아비 황제 소선제를 옹립하더니, 907년 4월 소선제로부터 제위를 양도받는 형식으로 스스로 황제가 되었다. 당 고조 이연이 왕조를 연 지 300여 년 만이었다.

주전충은 국호를 양이라 했지만 후세 사람들은 후량後梁이라고 칭했다. 각지의 절도사들은 주전충을 황제로 인정하지 않았다. 자신들도 황제라고 생각했던 것이다. 결국 송나라가 통일하기 전까지 당 멸망 이후 반백년 동안 중국은 다시 분열되어 중원을 중심으로 다섯 왕조가, 중원 이외 지방에는 당나라 시대 절도사들이 세운 열 개 나라가 흥망을 거듭하는 5대10국 시대가 이어지게 되었다.

960년 후주의 장군인 조광윤이 송나라를 세워 중국을 통일했다. 송나라 1대 황제 조광윤은 문치주의文治主義를 채택하고 절도사들이 사병을 거느리지 못하게 하여 권한을 약화시켰다. 절도사들의 세력이 약해지면서 왕권은 강화되었다. 강화된 왕권을 바탕으로 황제 앞에서 면접을 보는 전시제도를 통해 관리를 뽑았다. 과거시험을 통해 관리가 된 선비들을 '신진사대부'라고 부르는데 송나라의 정치 세력으로 빠르게 성장했다.

그러나 문치주의는 군사력의 약화를 가져와 요, 서하 등 북방 민족의 침입을 받게 되었다. 그에 따른 막대한 국방비 지출과 공물 납부로 재정난에 빠지게 되자 왕안석이 국가 재정 확대와 부국강병을 위해 신법을 제정했다. 왕안석의 신법은 부국책과 강병책으로 나누어진다. 부국책은 농민에게 싼 이자로 농사에 필요한 돈을 빌려주는 청묘법, 소상인에게 싼 이자로 돈을 빌려주는 시역법, 농민에게 노역 대신 돈을 내게 하고 이 돈으로 실업자로 하여금 노역을 대신하게 하는 모역법, 물가 안정을 꾀하기 위한 균수법이 있다. 강병책으로는 민병을 기르기 위한 향촌 조직인 보갑법과 농가에서 말을 기르게 하다가 전쟁이 나면 징발해 가는 보마법이 있다. 그러나 보수파 관료와 대지주의 반대로 실패했다.

결국 송나라는 12세기 초 금나라에 쫓겨 강남으로 이동하여 남송 시대를 열었다. 남송은 임안(지금의 저장 성 항저우)을 수도로 삼고 강남 지방을 개발하여 경제적 번영을 누리다가 1279년 몽골의 침입으로 멸망했다.

38 | 송나라의 사회와 문화

송나라가 금나라에 쫓겨 강남으로 이동하면서 강남 개발이 본격적으로 이루어졌다. 농업과 상공업의 발달로 상업 도시가 생겨나면서 인구가 크게 늘어나 1억 명에 이르렀다.

농업 분야에서는 지주전호제가 실시되었다. 이 제도는 지주(형세호)가 소작인(전호)에게 농토를 빌려주어 경작시키면서 수확량의 절반을 형세호에게 바치는 제도이다. 또한 농경지 확대에도 나서 양쯔 강 하류에 제방을 쌓고 저습지를 개발했다. 용골차 등 새로운 농기구 사용, 이앙법의 본격적인 도입, 참파 벼 보급 등으로 농업생산량이 증가했다.

상공업의 발달로 석탄 사용이 늘어났고, 동전이 유통되었으며, 교자·회자 등 지폐를 사용했다. 수공업도 발달하여 제철·자기·견직물 생산이 활발했다. 상공업이 발달하자 종사자들은 상인 조합인 행과 수공업자 조합인 작을 결성하여 자신들의 이익을 최대화하려고 했다.

국내의 상공업 발달은 대외무역으로 이어졌다. 조선술이 발달했고, 나침반 발명으로 원거리 항해가 가능해지면서 바닷길을 이용한 무역이 발달했다. 취안저우와 광저우 등 국제 무역항이 성장했고, 이슬람 상인까지 왕래

하면서 동아시아 경제의 중심이 되었다.

과거제 실시로 성장한 사대부는 유교적 능력을 갖추고, 지주로서 경제적으로 안정된 생활을 했다. 이들은 주희가 집대성한 성리학을 정신적 기반으로 삼았다. 성리학은 인간의 심성과 우주의 원리를 탐구하는 학문으로 중화사상이라고 할 '화이론華夷論'을 중시했다.

이민족의 침입으로 황제의 정통성과 대의명분을 강화하고자 역사서가 편찬되었다. 사마광은 연대순으로 역사를 기록하는 편년체 사서인《자치통감》을 편찬했다. 상업의 발달과 도시화로 서민의 경제 수준이 높아지면서 서민 문화도 발달했다. 당나라의 문화를 계승한 소식·왕안석 등의 당송 8대가가 나왔고, 형식을 따르지 않고 곡조를 붙여 노래를 부르기 위해 쓴 글인 사詞가 유행했고, 소설·희곡 등이 발달했다.

과학기술도 발달하여 활판인쇄술, 화약, 나침반 등 송대의 3대 발명품이 나와, 이슬람 세계를 거쳐 유럽에 전파되었다. 화약의 등장은 중세 기사들을 몰락시켰다. 창과 활에서 총과 대포로 전쟁의 양상이 변하게 된 것이다. 나침반은 항해술을 발전시켜 신대륙 발견의 발판이 되었고, 인쇄술은 새로운 문화와 지식을 빠르게 전해주었다.

---

tip 정복 왕조

◆ 유목 민족의 활동 – 중국과 대립하면서 한족을 정복했으나 한족에 동화됨

① 스키타이: 기원전 8세기 청동기 문화 발달, 초원길 개척

② 흉노: 진과 대결, 진은 만리장성 축조, 기원전 3세기 한과 대립

③ 선비족: 2세기~5세기 초 북위 건국, 중국 문화에 동화됨

④ 유연: 5세기 초~6세기 중엽 몽골 고원 지배

⑤ 돌궐: 6세기~8세기 중엽 수·당과 대립, 고구려와 연합

⑥ 위구르: 8세기 중엽 동돌궐을 멸망시키고 몽골 지배, 신라와 당의 공격을 받은 고구려가 연합 시도

◆ 요(遼, 916~1125, 야율아보기) – 거란족, 만리장성 남쪽 화베이의 연운 16주 점령, 최초의 중국 정복 왕조
  ① 이원적 통치: 유목민(북면관제: 부족제), 한족(남면관제: 군현제)
  ② 고유문화 보존 노력(거란문자), 거란대장경 편찬
◆ 서하(西夏, 1038~1227, 이원호) – 중국 서북부에서 탕구트족 건국, 동서교역로를 장악하여 중계무역으로 번성, 서하문자 사용과 과거제 시행
◆ 금(金, 1115~1234, 아구다) – 만주. 몽골. 화베이 지역에서 여진족이 건국
  ① 송과 연합하여 요를 멸하고(1125) 송을 강남으로 쫓아냄(1127), 베이징에 도읍
  ② 이중정책: 유목민(맹안모극제: 부족제), 한족(주현제)
  ③ 고유문화 보존 노력(여진문자)→이후 중국 문화에 동화, 몽골에게 멸망(1234)

39 | 몽골의 세계 지배

　1188년 테무친은 몽골 고원에서 유목 생활을 하던 몽골족을 통일하고, 1206년에는 칭기즈 칸으로 추대되어 강력한 통일 제국을 건설했다. 그는 씨족제를 중심으로 형성되었던 몽골족을 천호·백호의 군사제로 바꾸고 아시아에서 동부 유럽에 이르는 넓은 지역을 정복하여 몽골 제국을 세웠다.

　칭기즈 칸이 죽은 후에는 몽골 풍습에 따라 황제가 몽골 본토와 중국을 다스리고 나머지 땅은 네 아들에게 나누어주어 이른바 4한국이 성립되었다. 즉, 남러시아에는 킵차크한국, 서아시아에는 일한국, 중앙아시아·아프가니스탄·인도 서북부에는 차가타이한국, 서북 몽골에는 오고타이한국이 건설되었다.

　대칸의 지위는 칭기즈 칸의 손자인 쿠빌라이에게 이어졌다. 쿠빌라이는

1271년 서울을 몽골의 전통 도시인 카라코룸에서 베이징(대도)으로 옮기고, 국호를 '시초' 또는 '근원'이라는 뜻의 원元으로 정했다. 몽골족은 1279년 남송을 멸망시켜 중국 전체를 지배한 최초의 민족이 되었으며, 아시아에서 유럽에 이르는 인류 역사상 세계 최대의 제국을 건설했다.

쿠빌라이가 중국을 통치한 35년간은 원의 황금기를 이루었다. 동서 간의 교류가 활발해져 원의 수도 베이징에서는 유럽 각국에서 온 상품들이 거래되었고, 이슬람 세계의 발달한 천문학·지리학·수학·의학 등을 동양으로 전하는 중간 역할을 했다. 해상무역도 발달하여 항저우·취안저우·광저우 등 항구도시가 번영했으며, 해상무역에 관한 사무를 담당하는 시박사가 설치되었다.

그러나 원나라는 거칠고 낡은 유목민의 사고방식에서 벗어나지 못해 중국을 통일한 지 90년 만에 제위 계승을 둘러싼 분쟁과 라마교 숭배에 따르는 퇴폐적인 악습으로 인해 국력이 약해져 명나라를 건국한 주원장에게 멸망했다.

원대에 동서 문화 교류가 활발할 수 있었던 것은 베이징을 중심으로 전국을 도로로 연결하는 역참제도가 있었기 때문이다. 이 역참제도는 제국 전역에 걸친 지배력의 강화를 가져왔다. 이탈리아 여행가 마르코 폴로가 원나라를 여행한 뒤 남긴 《동방견문록》은 유럽 사람들에게 동양에 대한 호기심을 심어주었고, 교황 사절인 카르피니가 다녀갔으며, 이븐바투타도 《여행기》를 남겼다.

원대에는 몽골인 지상주의 때문에 유학이 탄압을 받아 학문이 그다지 발달하지 못했으나, 좌절한 한인들의 감정적 출구와 서민층의 성장으로 서민문학, 특히 희곡이 발달했다. 이 같은 몽골인 지상주의는 한인과 남인을 차별함으로써 말기에 홍건적의 난이 일어나는 계기가 되어 원의 쇠퇴 원인이 되었다.

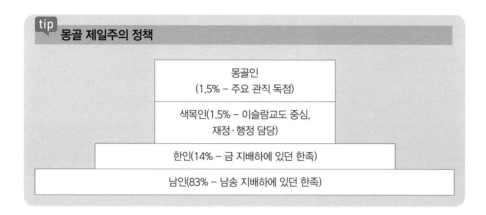

40 | 일본

일본에서는 4세기경 야마토 정권이 성립하여, 6세기 말 쇼토쿠 태자가 왕을 대신하여 다스리면서 전성기를 맞았다. 쇼토쿠 태자는 중앙집권 체제를 강화하고 불교를 받아들여 불교 진흥 정책을 펼쳤다. 7세기 전반에는 우리나라 삼국의 사원 건축, 미술, 공예, 회화 등을 받아들임으로써 불교문화인 아스카 문화가 발달했다.

일본은 당과 신라에 유학생을 보내어 선진 문물을 들여오는 데 힘을 기울였고, 645년에 개혁을 단행함으로써 본격적인 국왕 중심의 국가가 되었다. 이때 연호가 다이카大化였으므로 다이카 개신이라고 한다.

8세기 초 수도를 나라로 옮기고 '일본'이라는 국호와 '천황'이라는 칭호를 공식적으로 사용한 나라 시대가 열렸다. 신라와 당에 각각 견신라사와 견

Ⅱ
중세
시대

쇼토쿠 태자(가운데)

당사를 파견하여 선진 문물을 수입하면서 국제적이고 귀족적인 문화가 발달했다.

8세기 중엽부터 율령 체계가 흔들리고 왕실과 귀족의 대립으로 왕권이 약해지면서 귀족 중심의 정치가 이루어진 헤이안 시대가 열렸다. 이때 귀족과 호족들은 자신들의 장원을 확대하고 자신을 보호해줄 무사를 고용하면서 독자적인 세력을 형성했다. 중국 문화를 적극적으로 수용하다가 9세기 말부터 국풍 문화 운동이 일어나 중국과 단절하면서 가나 문자를 사용하고 일본 고유문화가 발전했다. 특히 불교에 일본 고유 종교인 신도가 결합된 일본식 불교가 발전했다.

헤이안 시대를 거치면서 호족들이 고용했던 무사들이 점차 지배층으로 성장했다. 미나모토노 요리토모는 가마쿠라 막부(1185~1333)를 설치하고 무인 집권 정부를 열었다. 천황은 상징적 존재가 되었고, 쇼군(장군)이 막부의 최고 지도자로서 무사들에게 토지 지배권을 주는 대신 충성 서약을 받았다. 이 시기에 보리와 벼의 이모작으로 농업생산량이 증가하면서 상업도 발달했다. 불교가 일반 백성들에게 널리 퍼졌고, 선종과 성리학이 도입되었다. 그러나 두 차례에 걸친 원나라의 침입을 방어하면서 지배력이 쇠퇴했다.

아시카가 다카우지는 가마쿠라 막부를 무너뜨리고 실권을 장악하여 무로마치 막부 시대를 열었다. 영지를 직접 관리하고 농민을 직접 지배했다. 명나라와 조공 무역인 감합 무역을 통해 교류했으며, 농업 분야에서 이모작이 확대되었다. 상공업이 발달하여 '자'라는 동업 조합이 나타났으며, 선종 불교, 다도와 꽃꽂이 문화가 발달했다.

41 | 이슬람 제국의 발전

마호메트가 세상을 떠난 후 이슬람의 최고 지도자를 '대행자', '마호메트의 계승자'라는 뜻의 칼리프라고 불렀다. 정통칼리프시대는 632년에서 661년까지 지속되었다. 이슬람교와 칼리프의 지휘 아래 아랍인들은 단결하여 주변을 정복해 나갔다. 동쪽으로는 이란, 서쪽으로는 이집트에 이르는 대제국을 건설했고, 이라크에서는 바스라와 쿠파, 이집트에서는 푸스타트 등의 기지도시를 건설했다. 이들은 점령지 사람들의 고유 종교를 인정해주었고, 이슬람교로 개종하는 사람에게는 세금을 면제해주어 교세를 확대했다.

정통칼리프시대의 마지막 칼리프인 알리는 선출 과정에서부터 내분으로 어려움을 겪다가 살해되고, 시리아 총독 무아위야가 칼리프에 올라 우마이야 가문에서 칼리프를 세습하도록 함으로써 우마이야 왕조가 열렸다. 이과정에서 이슬람교는 시아파와 수니파로 분열되었다.

우마이야 왕조 때는 동쪽으로는 중앙아시아와 인도 북서부, 서쪽으로는 북아프리카에 이르는 지역을 정복했다. 711년 북아프리카 땅을 정복한 이슬람 병사들은 배를 타고 이베리아 반도에 상륙해 서고트 왕국을 멸망시키고, 732년에는 오늘날 프랑스에 해당하는 프랑크 왕국과 전쟁을 벌였으나 패배했다. 이른바 투르·푸아티에 전투라고 일컫는 이 전쟁을 계기로 이슬람 세력의 서유럽 확장은 한풀 꺾였다.

수도를 다마스쿠스에 정한 우마이야 왕조는 아랍어를 공용어로 정하고 아랍인 우대 정책을 펼쳤다. 그러나 비아랍인을 차별하고 개종한 피정복민에게도 세금을 거두어들이자 이에 반발하여 반란이 일어나 멸망했다. 우마이야 왕조를 멸망시킨 아바스 가문은 시아파의 도움을 받아 아바스 왕조를 열고 바그다드를 수도로 정했다. 751년 탈라스에서 당과 전쟁을 하여 중앙아시아(비단길)의 지배권을 차지하면서 경제적 번영을 누렸다. 이때 포로로 잡힌 당나라 제지 기술자를 통해 제지술이 서양에 전해지게 되었다.

아바스 왕조는 아랍인의 특권을 없애고, 아랍인과 비아랍인을 차별하지 않고 군인이나 관료로 등용하는 융합 정책을 추구하여 범이슬람 제국으로 성장했다. 그러나 중앙 정부에 내분이 일어나 지방 총독들이 정치와 군사의 권한을 가지면서 칼리프의 권위가 약화되어 쇠퇴의 길을 걸었다.

아바스 왕조가 쇠퇴할 무렵 중앙아시아에서 유목 생활을 하던 셀주크튀르크가 이슬람교로 개종하여 바그다드를 차지하고 아바스 왕조로부터 술탄의 칭호를 받았다. 술탄은 칼리프의 동의를 얻어 이슬람교도를 지배하는 정치적 지배자이다. 셀주크튀르크는 지중해 무역권을 차지하고, 예루살렘을 점령하여 성지 순례자를 박해함으로써 십자군 전쟁이 일어나는 계기가 되었다. 결국 셀주크튀르크는 십자군 전쟁으로 세력이 약화되고 내분을 겪으면서 분열되었다가 칭기즈 칸의 손자 훌라구가 이끄는 몽골군에 멸망했다.

이슬람 사회는 코란이 일상생활을 지배했다. 일부다처가 허용되었으며, 돼지고기 금식과 가난한 사람에 대한 구제, 일정 시간에 행해지는 종교 활동을 했다. 금과 은을 화폐로 사용할 정도로 상업이 발달하여 대상으로 성장했고, 바그다드·코르도바 등 상업 도시가 번성했다. 도시에는 이슬람 사원인 모스크와 학교, 도서관, 은행, 시장 등이 있었다.

이슬람 사회는 아랍어로 된 코란만을 인정하고 이슬람교를 바탕으로 한 이슬람 문화를 형성하는 한편, 코란을 연구하는 과정에서 그리스 철학을 통해 이슬람 신앙을 체계화했다. 한편으로는 동남아시아에서 유럽 남부에 걸친 대제국 건설로 동서 문화의 융합이 이루어져 국제적이고 독창적인 문화가 발달했다.

마호메트와 모슬렘들의 행적을 찾으며 역사 연구가 활발히 이루어져 많은 역사서를 편찬했는데, 그중 사회의 형성과 변화의 법칙을 알려주는 이븐할둔의 《역사서설》이 대표적이다. 메카 순례와 교역 활동이 활발히 이루어지면서 지리학이 발달했으며, 이와 관련하여 이븐바투타는 《여행기》를 남겼다. 문학에서는 《아라비안나이트》로 대표되는 설화 문학이 발달했다.

　인도·그리스·페르시아의 학자들을 불러 의학과 자연과학을 연구하게 함으로써 의학에서 이븐시나가 《의학전범》을 집필하여 아라비아 의학을 집대성했으며, 과학 분야에서는 연금술이 발달하고 알칼리와 알코올 등의 용어를 처음으로 사용했다. 수학 분야에서는 인도 숫자를 도입하여 '0'의 개념을 확립하고 아라비아 숫자를 완성했다.

　페르시아와 그리스, 헬레니즘 문화가 어우러지면서 아라베스크 양식으로 대표되는 이슬람 문화를 꽃피웠다. 아라베스크란 기하학적인 직선 무늬나 덩굴무늬 등을 교묘하게 배열한 것으로, 성상 숭배를 금하는 이슬람교의 영향으로 발달하게 되었다. 아라베스크 양식은 이슬람 사원의 벽면, 창문, 카펫, 비단, 책 등을 장식하는 데 쓰였다. 예배소이자 학교로 사용된 모스크는 둥근 지붕과 뾰족한 첨탑이 특징이다.

카이로에 있는 알아즈하르 모스크

술탄

마호메트가 세상을 떠나자 이슬람교도들은 지도자를 선거로 뽑았다. 뽑힌 사람은 칼리프(대리인)라고 부르고 이슬람 종교의 수장이 되었다. 칼리프는 종교뿐만 아니라 군사와 정치권력도 함께 가졌다. 반면 술탄은 '권력을 가진 자'라는 뜻으로 한 지역을 다스리는 왕을 가리키는 말이다. 그러나 칼리프 권한이 약해지고 술탄이 실권을 잡으면서 이슬람 전체 왕의 칭호로 사용되었다. 오스만튀르크의 9대 술탄은 종교적 최고 수장인 칼리프도 겸하게 된다.

이슬람교도가 지켜야 할 5대 의무(이슬람의 다섯 기둥)

신앙고백 (Shahada)	'알라 외에 신은 없다. 마호메트는 알라의 사도, 즉 예언자이다.'라고 고백한다.
기도(Salat)	하루 다섯 번 메카를 향해 기도한다.
자선(Zakat)	소득의 일부분을 양심에 따라 희사한다.
금식(Sawm)	이슬람력 9월(라마단) 한 달 동안 해가 뜨면서 질 때까지 음식을 먹지 않는다(해가 진 뒤에는 먹어도 됨).
성지순례(Hajj)	일생에 한 번 메카를 방문하는 것이 의무이다.

III

근대 시대

십자군 원정으로 도시가 발달하면서 이탈리아에서는 르네상스가 일어나 신 중심의 사회를 인간 중심의 사회로 만들며 근대 문화 발달의 출발점 역할을 했다. 르네상스와 더불어 인간의 가치와 개인의 자유를 중시하는 경향은 종교개혁으로 더욱 중요시되었다.

십자군 원정으로 왕권이 강화되면서 생겨난 절대주의는 개인의 자유를 억눌렀다. 그리하여 나폴레옹 전쟁을 계기로 자유와 권리를 찾고자 하는 자유주의와 민족의 해방과 통일을 목표로 하는 민족주의 운동이 일어났다. 각국에서는 왕권에 대항하여 혁명이 일어나고, 강대국의 지배를 받는 나라에서는 독립을 위한 활동이, 분열된 국가는 하나의 민족을 하나의 국가에 통합하는 통일 운동이 일어났다.

산업혁명은 자유주의, 민족주의와 더불어 근대 유럽 사회를 변화시킨 또 하나의 계기가 되었다. 영국에서 일어난 산업혁명으로 시장과 원료 공급을 위한 식민지 확보 경쟁이 일어나 제국주의의 기틀이 만들어졌다. 시민혁명과 산업혁명은 근대 민주주의와 자본주의가 발전하는 데 크게 공헌했다.

중국은 몽골족으로부터 차별대우를 받던 한족이 명나라를 세워 한족 문화의 부흥에 힘쓰면서 황폐한 농촌을 재건하는 데 힘을 기울였다. 이것으로 강남의 개발이 촉진되어 산업과 문화가 발달하면서 근대의 모습을 드러냈다.

명나라를 멸망시킨 것은 한족이 아닌 만주족이 세운 청나라였다. 한족의 문화를 존중하면서 안정과 번영을 이루던 청나라는 산업혁명으로 발달한 기술을 바탕으로 한 서구 열강의 침입을 받으며 문호를 개방하고 반식민지 상태에 빠지게 되었다.

한국은 조선시대가 문을 열어 양반 중심의 사회를 이끌다가, 임진왜란과 병자호란을 겪으며 서민 중심의 문화로 바뀌면서 근대적인 경제·사회 현상이 나타났다.

일본에서는 무사 중심의 통치에서 막부 중심의 통치로 발전하다가 도요토미 히데요시가 전국을 통일했고, 임진왜란에서 패한 후에는 다시 새로운 무사 정권인 에도 막부 시대가 열렸다. 에도 막부는 쇄국정책을 쓰면서도 네덜란드와 교류하여 근대적인 서양 문물을 접함으로써 후에 근대국가로 발전하는 기틀을 마련할 수 있었다.

　산업혁명의 영향으로 서양 각국은 원료와 상품 판매 시장을 마련하기 위하여 동양으로 진출했다. 열강의 침략에 맞서 일본을 비롯한 아시아 각국은 개혁을 시도했다. 중국에서는 양무운동과 변법자강운동이, 일본에서는 메이지 유신이, 오스만 제국에서는 탄지마트가 일어났으나, 일본을 제외한 대부분의 국가는 열강에 무릎을 꿇으면서 식민지가 되었다. 이 과정에서 식민지에서는 제국주의에 대항하여 고유문화와 국가를 지키려는 투쟁이 일어났다.

42 | 신항로 발견

　유럽인들에게 동쪽은 환상의 땅이었다. 마르코 폴로가 쓴 《동방견문록》
은 유럽인들에게 동양에 대한 호기심을 심어주었다. 주로 육식을 하는 유
럽인들에게 중요한 향신료는 모두 동양에서 들어왔고, 비단이나 황금 등도
풍부하여 무역만 할 수 있으면 돈을 벌 수 있다는 생각을 하게 되었다. 그러
나 오스만튀르크가 이슬람 왕국을 세우고 동쪽 무역을 장악하면서 유럽인
들이 동쪽으로 가는 길이 막혀버렸다.

　에스파냐와 포르투갈은 바다에서 새로운 길을 찾기로 했다. 1488년 포르
투갈의 바르톨로메우 디아스는 새로운 항로를 찾던 중 폭풍을 만나 우연히
아프리카 남쪽 끝에 도착하여 이곳을 '폭풍의 곳'이라고 불렀는데, 나중에
희망봉으로 이름을 바꾸었다.

　이탈리아 제노바에서 태어난 콜럼버스도 후추와 황금으로 가득 찬 인도
를 찾아 나섰다. 1492년 에스파냐 여왕의 후원으로 3척의 배와 90명의 선
원을 이끌고 신대륙을 찾아서 항해를 떠나, 71일 만에 지금의 바하마 제도
의 한 섬에 도착했다. 콜럼버스는 이곳을 인도에 속한 섬으로 확신하여 '산
살바도르(성스러운 구세주)'라고 이름 붙이고, 그곳에 사는 원주민은 인도인
이란 뜻의 '인디언'이라고 불렀다. 콜럼버스는 죽을 때까지 자신이 발견한
신대륙을 인도라고 생각했다.

　포르투갈 출신의 바스쿠 다가마는 1497년 포르투갈 왕의 지원을 받아 희
망봉을 돌아 인도에 도착하면서 인도항로를 개척했다. 이어서 1519년 마
젤란은 세계 최초로 지구를 한 바퀴 돌아 세계 일주에 성공하면서 지구가
둥글다는 것이 사실임을 증명했다.

　에스파냐는 군사력을 바탕으로 아메리카의 아스테카 왕국과 잉카 제국

을 정복하면서 아메리카를 지배했다. 아메리카에서 원주민과 흑인 노예를 동원하여 금과 은을 채굴하고 사탕수수와 담배를 재배하여 에스파냐로 들여왔다. 에스파냐는 상품 작물을 재배하기 위해 플랜테이션 농장을 운영했다. 에스파냐인을 비롯한 유럽인들이 아메리카 대륙으로 이주하면서 인종 간·문화 간 융합이 이루어져 백인과 원주민의 혼혈인 메스티소, 백인과 흑인의 혼혈인 물라토가 등장했다. 에스파냐는 아메리카에서 얻은 부로 무적함대를 만들어 대서양 해상을 지배했다. 반면 포르투갈은 중국의 마카오를 조차하는 등 아시아로 진출하여 동남아시아와 인도의 향신료, 중국의 비단과 차, 도자기 등을 가져다 유럽에 판매하여 부를 축적했다.

신항로 발견으로 신대륙의 은이 들어와 물가가 오르는 가격혁명이 일어났고, 상공업이 비약적으로 발전한 상업혁명이 일어났다. 유럽의 무기류와 아프리카의 흑인을 교환하여 아메리카에서 노동력으로 활용했다. 플랜테이션 농장에서는 흑인들을 투입해 커피, 설탕, 담배 등을 생산하여 유럽에 수출했다. 곧 유럽-아프리카-아메리카로 이어지는 삼각무역이 이루어졌다.

43 | 르네상스

십자군 전쟁으로 종교의 권위가 무너지고, 상업이 발달하여 경제적으로 여유가 생기면서 사람들의 생각이 바뀌기 시작했다. 신에 대한 관심이 점점 사람(개인)으로 옮겨지면서, 이탈리아에서 그리스·로마 시대 문화를 다시 살리고자 하는 움직임이 일어났는데 이것을 '르네상스' 또는 '문예부흥'이라고 한다. 르네상스란 '다시 살린다(부활시키다)'는 뜻으로 고대 그리스·로마 시대의 자유로운 예술 정신과 개인을 존중하는 사상을 본받자는 운동이다.

이탈리아는 지중해 무역의 중심지로서 경제적으로 번영을 누렸으며, 고대 그리스·로마의 전통이 많이 남아 있었다. 이런 바탕 위에 비잔틴 제국의 학자들이 망명하면서 르네상스가 일어나게 되었다. 이탈리아 르네상스의 특징은 그리스 고전 작품을 수집·정리·연구하면서 현실을 있는 그대로 바라보고, 신이 아닌 인간을 조각하거나 인간을 중심으로 글을 쓰게 되었다는 점이다.

인문주의자로 서정시인인 페트라르카는 고전 라틴어를 연구했고, 보카치오는 사회의 타락상과 인간의 위선을 풍자한 《데카메론》을, 마키아벨리는 《군주론》을 저술했다. 단테는 선과 악을 신이 아닌 인간이 택할 수 있다는 것을 보여준 〈신곡〉을 남겼다. 미켈란젤로는 〈다비드 상〉을 조각하여 인간의 아름다운 몸을 표현했고, 시스티나 성당에 천장화 〈천지창조〉를 그렸다. 레오나르도 다빈치는 사물을 자세히 관찰하고 사실적으로 그림을 그렸는데 〈모나리자〉와 〈최후의 만찬〉 등의 작품을, 라파엘로는 〈성모상〉을 남겼다.

16세기에 이탈리아의 르네상스가 전파된 북유럽에서는 초기 크리스트교 정신으로 돌아갈 것을 주장하면서 현실 사회와 교회를 비판하는 사조가 나타났다. 에라스뮈스는 성직자의 타락을 풍자한 《우신예찬》을, 토머스 모어는 영국 사회의 부패를 비판한 《유토피아》를, 세르반테스는 몰락한 중세 기사를 풍자한 《돈키호테》를, 셰익스피어는 〈햄릿〉, 〈리어 왕〉, 〈오셀로〉, 〈맥베스〉의 4대 비극을 남겼다.

44 | 종교개혁

신 중심의 사회인 중세 가톨릭교회가 형식에 치우치고 부패가 만연하자 인문주의자들은 교회의 개혁을 주장했고, 일부 성직자들은 성서에 기반을 둔 교회의 개혁을 주장하다가 박해를 받았다.

교회 개혁 운동에 직접적인 계기가 된 것은 '면벌부 판매'이다. 교황 레오 10세가 산피에트로 대성당을 지으면서 비용을 충당하고자 면벌부를 판매하자 독일의 신학자 루터는 '95개조의 반박문'을 발표했다. 그는 인간이 지은 죄가 면벌부로 면제되지 않으며, 오직 성서에 기반을 둔 믿음과 신의 은총으로만 구원받을 수 있다고 주장했다. 결국 루터를 지지하는 제후와 교황을 지지하는 제후들 사이에 싸움이 일어났고, 1555년 아우구스부르크 화의에서 루터파 교회가 정식으로 승인을 받았다.

스위스에서는 칼뱅이 종교개혁을 주장했다. 그는 루터의 교리를 더욱 발전시키면서 인간이 구원을 받고 못 받고는 신이 미리 정해놓았다는 예정설을 주장했다. 더 나아가 칼뱅은 각자가 신에 의해 선택된다는 확신을 가지고 자기 직업에 충실하며 검소한 생활을 할 것을 강조했다.

칼뱅의 교리는 자영 상공업자에게 환영을 받아 프랑스에서는 위그노, 영국에서는 프로테스탄트(청교도), 네덜란드에서는 고이젠, 스코틀랜드에서는 장로파로 널리 퍼져, 오늘날 서구 사회 합리주의 정신의 모체가 되었다. 프랑스에서는 위그노 전쟁의 결과 낭트 칙령으로 칼뱅파가 신앙의 자유를 얻었고, 네덜란드에서는 네덜란드 독립전쟁으로 종교적 자유와 정치적 권리를 부여받은 데 이어, 독일을 중심으로 유럽 여러 나라 간에 일어난 30년 전쟁의 결과 1648년에 맺어진 베스트팔렌 조약으로 국제적으로 독립을 승인받았다. 이때 스위스도 독립하였으며, 독일에서는 신교와 구교가 동등한 권리를 획득했다.

영국의 종교개혁은 국왕인 헨리 8세의 이혼 때문에 일어났다. 헨리 8세는 형이 죽고 왕위를 물려받으면서 형수인 캐서린과 결혼했다. 왕비가 아들을 낳지 못해 불만이던 헨리 8세는 교황청에 이혼을 신청했지만 거절당하자 1534년 수장령을 발표하여 교황과 결별을 선언함으로써 새로운 교회인 영국 국교회를 설립하고 스스로 수장이 되었다.

---

tip **루터의 95개조 반박문**

'모금함에 돈이 쨍그랑 떨어지는 소리가 나면 영혼이 지옥에서 벗어난다'는 말을 하며 면벌부를 팔던 수도사 테첼의 설교가 잘못되었음을 지적한 글이다.

제1조 예수님이 말한 회개는 신자의 전 생애를 회개하는 것이다.
제6조 교황은 어떤 죄도 용서할 수 없다.
제32조 면벌부를 산 사람들은 그것을 판 사람과 함께 영원히 저주 속으로 떨어질 것이다.
제86조 오늘날 최고의 부자인 교황은 어째서 자신의 돈으로 산피에트로 대성당을 개축하지 않는가?

45 | 영국의 절대왕정

헨리 8세는 왕비 캐서린과의 사이에 아들이 없어 항상 불만이었다. 이 불만은 캐서린의 시녀인 앤 불린에게 눈길을 돌리는 계기가 되었다. 결국 이혼을 할 수 없다는 가톨릭교회에서 독립하여 앤 불린과 결혼한 헨리 8세는 아쉬움 속에서 엘리자베스를 낳았다. 아들을 기대했던 헨리 8세는 앤 불린에게 간통 혐의를 씌워 런던탑에 유폐했다가 1536년 처형했다.

어머니를 잃은 엘리자베스는 왕위 계승권을 잃기도 했으며, 메리 1세의 가톨릭 복귀 정책에 반대하는 '와이어트 반란' 때에는 반란에 가담했다는 혐의로 런던탑에 유폐되는 등 어려운 소녀 시절을 보냈다.

왕위에 오른 엘리자베스 1세는 재정 전문가인 그레셤의 제안을 받아들여 경제 개혁을 이루면서 화폐를 다시 만들고, 금과 은의 가치를 일정하게 하여 화폐제도를 통일하면서 물가 상승을 막아 국민들의 생활을 안정시켰다.

엘리자베스 1세는 경제적으로 안정된 기반 위에서 자신의 권력을 공고히 하는 데 힘을 기울여, 해적 대장 출신의 드레이크를 회유하여 해외 개척의 첨병 역할을 하게 했다. 드레이크는 여왕의 명령에 따라 미국과 무역을 하는 에스파냐의 무역선을 공격하여 많은 금과 은을 빼앗았고, 엘리자베스 1세는 이를 바탕으로 군사력을 키우면서 영국의 절대주의를 완성했다. 1588년 에스파냐의 펠리페 2세가 무적함대를 이끌고 해상으로 공격해오자 드레이크를 앞세워 무적함대를 무찌르고 세계의 해상권을 장악함으로써 영국은 세계 최강국의 자리에 우뚝 서게 되었다.

영국 국교회를 통하여 국민들의 정신을 통일하면서 자신의 세력을 공고히 한 여왕은 상공업 육성 정책을 시행했다. 요크셔 지방을 중심으로 사육되는 양을 바탕으로 모직물 공업을 영국의 기간산업으로 키웠고, 생산된 상품의 판로를 확보하고자 해외 식민지 개척에 주력하였으며, 1600년에는 인도의 지배를 위해 동인도회사를 설립했다.

엘리자베스 1세 시대는 문화면에서도 커다란 발전을 이루었다. 세계적인 문호 셰익스피어를 비롯하여 스펜서, 철학자 베이컨 등의 활약으로 영국은 국민문학의 황금시대를 이루는 '영국의 르네상스'를 맞았다.

tip 엘리자베스 여왕은 국가와 결혼했다?

25세에 왕위에 올라 영국을 45년간 다스린 엘리자베스 1세는 평생을 독신으로 살았다. 그녀는 대관식에서 손가락에 반지를 끼며 "나는 영국과 결혼했다. 영국의 백성은 나의 자식이다."라고 선포했다. 에스파냐의 펠리페 2세가 영국을 차지할 욕심으로 여왕에게 청혼했지만 거절했고, 그 후로도 많은 왕들의 청혼을 물리치고 끝까지 영국 왕의 자리를 지켰다.

46 | 유럽 여러 나라의 절대왕정

절대왕정은 중세의 봉건적인 지방분권적 국가 형태로부터 왕이 누구의 간섭도 받지 않고 권한을 행사하는 중앙집권적 정치로 옮겨가는 과도기적 정치 형태이다. 유럽 각국의 왕은 자신들의 절대 권력을 유지하기 위해 관료와 상비군을 두었으며, 이들을 보상하는 데 필요한 재정 지원을 마련하고자 중상주의를 채택했다. 중상주의는 국가가 경제활동을 간섭·통제하면서 국내 산업을 보호하는 것이다. 중상주의를 장려하면서 수출이 활발해지자 원료를 공급받기 위한 식민지 쟁탈전이 벌어졌다. 사상적으로 국왕의 권력은 신으로부터 주어진 것이므로 의회나 시민이 간섭할 수 없다는 왕권신수설을 주장했다.

절대왕정은 에스파냐에서 가장 먼저 시작했다. 펠리페 2세는 이슬람 세력으로부터 이베리아 반도를 되찾고 신항로 발견에 앞장서면서 많은 금과 은이 유입되어 경제적으로 번영했다. 이를 바탕으로 지중해를 장악하고 있던 오스만 제국을 레판토 해전에서 무찌르고 포르투갈을 병합하면서 절대왕정의 기반을 닦았다. 그러나 무적함대가 영국에 패하고, 가톨릭을 강요하면서 신교도를 탄압하여 반발을 샀으며, 식민지에 의존하여 국내 산업기반이 약하여 16세기 말부터 쇠퇴했다.

프랑스에서 절대왕정의 기초를 닦은 사람은 앙리 4세이다. 그는 신교도들에게 종교의 자유를 허용한 낭트 칙령을 발표함으로써 국내 정세를 안정시켰다. 뒤를 이은 루이 14세는 콜베르를 재상으로 등용하여 중상주의 정책을 추진하고, 상비군을 두었으며, 베르사유 궁전을 건축했다.

에스파냐의 지배를 받던 네덜란드는 에스파냐의 가톨릭 강요 정책에 반대하면서 신교도들이 전쟁을 일으켜 독립한 뒤 동인도회사를 차려 아시아와 아프리카로 진출했다.

동유럽에서는 도시와 상공업의 발달이 더디고 농노제가 유지되어 시민계급이 성장하지 못한 까닭에 절대왕정의 성립이 늦었다. 이들 국가에서는 계몽사상의 영향을 받은 왕들이 계몽군주를 자처하면서 위로부터의 개혁을 추진했다.

프로이센에서는 프리드리히 2세가 관료제와 상비군을 마련하고 중상주의 정책을 추진해 부국강병을 꾀했다. 전형적인 계몽

루이 14세

군주로서 스스로를 '국가 제일의 심부름꾼'이라고 칭했다.

러시아의 표트르 대제는 유럽 문물을 받아들이고 내정을 개혁하는 한편, 스웨덴과의 전쟁을 통해 발트 해로 진출했다. 상트페테르부르크를 건설하고 청과 네르친스크 조약을 맺어 국경을 확정지었다. 예카테리나 2세는 내정개혁을 단행하고, 프로이센·오스트리아와 함께 폴란드를 분할 점령했으나 농노제를 강화하여 개혁이 후퇴했다. 결국 러시아에서는 권위주의가 여전히 사회를 지배하여 서유럽과 같은 근대화와 공업화에 뒤지게 되었다.

47 | 17~18세기의 유럽 문화

이 시기는 근대국가만이 아니라 근대 과학과 철학이 형성된 시기이다.

르네상스 시대에 싹트기 시작한 근대 과학은 17세기에 이르러 획기적인 변화와 발전을 통하여 과학혁명을 이룩했다. 1543년에 코페르니쿠스는 지동설을 주장하여 중세 시대의 절대적인 우주관(천동설)에 이의를 제기했다. 이어서 케플러는 지동설이 타원운동임을 밝혀 지동설을 수정하면서 증명했다. 갈릴레이는 망원경으로 천체를 관측하여 지동설을 입증했다. 뉴턴은 우주의 모든 운동을 수학 공식으로 설명하는 만유인력의 법칙을 발견했다.

18세기에는 프랑스의 라부아지에가 질량보존의 법칙을 발표했고, 스웨덴의 린네는 식물분류학의 토대를 마련했으며, 영국의 제너는 종두법을 발명하여 예방의학의 선구자가 되었다. 의학도 발전하여 베살리우스는 인체 해부학을 연구했고, 하비는 혈액순환의 원리를 발견했다. 안톤 레이우엔훅과 로버트 훅은 현미경을 이용하여 박테리아 세포를 발견했다.

근대 과학의 발전은 철학의 발전도 가져왔다. 모든 지식은 경험으로부터 나온다는 경험주의 철학을 주장한 영국의 베이컨은 낱낱의 구체적 사실을 관찰과 실험을 통하여 공통점을 찾아내는 귀납법을 강조했다. 이에 프랑스의 데카르트는 '나는 생각한다. 고로 존재한다.'는 명제에서 출발하여 연역적 방법을 역설했고, 합리주의 철학을 주장했다. 독일의 칸트는 경험주의 철학과 합리주의 철학을 종합하여 《순수이성비판》을 썼다.

절대주의 전제정치는 시민들로 하여금 자신의 권리를 찾고자 하는 의식을 갖게 했다. 영국의 로크는 인간의 자연권인 생명·자유·재산권의 보장을 자연 상태에서 누릴 수 있다고 주장하면서 근대 자유주의 원리를 제시했다. 로크의 사상은 프랑스의 루소(자유·평등·국민주권의 이념 제시), 몽테스키외(삼권분립론), 볼테르(신앙과 언론의 자유 강조)에게 영향을 주었다. 이들은 불합리한 전통과 제도를 비판하고 이성의 힘을 통한 인류의 진보를 확신하면서 계몽사상을 주장했다. 이것은 장차 일어날 미국 독립혁명과 프랑스 대혁명에 큰 영향을 주었다.

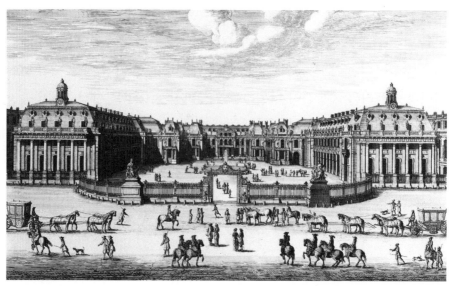
베르사유 궁전

　절대주의의 간섭하에 이루어진 중상주의 경제정책은 18세기에 들어와 개인의 자유로운 경제활동을 강조하는 애덤 스미스의 자유방임주의 경제학을 불러 일으켰다.

　16세기부터 18세기에 걸쳐 절대주의를 상징하는 웅장하고 화려한 바로크 건축이 유행하였으며 프랑스의 베르사유 궁전이 대표적이다. 시민혁명 이후 절대주의가 쇠퇴한 18세기에는 섬세하고 우아한 로코코 양식이 유행하였으며 독일의 상수시 궁전이 대표적이다.

　문학에서는 영국의 대니얼 디포가 〈로빈슨 크루소〉를, 조너선 스위프트가 〈걸리버 여행기〉를, 독일의 괴테가 〈파우스트〉를 남겨 고전문학의 전성기를 이루었다.

　정치·경제·사회의 변화는 음악에도 영향을 주어 비발디·바흐·헨델에 의한 바로크 음악이 유행하여 오페라가 등장했으며, 18세기에는 하이든·모차르트·베토벤 등이 고전파 음악을 발전시켰다.

48 | 영국 혁명과 의회정치의 발전

1603년 영국 역사상 절대주의의 절정을 이룬 튜더 왕조 최후의 여왕 엘
리자베스 1세는 70세의 나이로 찬란한 생애를 마쳤다. 엘리자베스는 평생
을 독신으로 살아 후사가 없었으므로 스코틀랜드로 시집간 고모의 아들인
스코틀랜드 왕 제임스 6세가 영국 왕 제임스 1세로 즉위하여 잉글랜드와
스코틀랜드를 동시에 다스리게 되었다.

제임스 1세는 스코틀랜드를 통치하던 대로 영국을 다스리려고 했으므로
튜더 왕조의 영국 왕들처럼 세련된 정치를 펼칠 수가 없었다. 그는 정치란
국왕의 현명한 판단에 따라서 하면 되는 것이지, 굳이 의회를 두어서 복잡
하게 할 필요가 없다고 여겼다. 제임스 1세는, 왕은 신으로부터 그 권한을

부여받았으므로 법 위에 존재한다고 주장했다. 이른바 왕권신수설이 바로 그것이다.

그러나 이미 의회정치의 맛을 본 영국 국민들은 제임스 1세의 주장에 반대했으므로 영국 의회와 왕권은 충돌할 수밖에 없었다. 종교적으로 제임스 1세는 가톨릭교도였지만 그나마 청교도들과 그런 대로 관계를 유지했다.

1625년 제임스 1세의 뒤를 이어 즉위한 찰스 1세는 왕권신수설을 주장하면서 절대주의를 한층 더 강화했다. 의회의 승인 없이 세금을 부과하고 전쟁에 필요한 헌금과 공채를 강제로 거둬들였다. 더구나 자신은 더없이 호화로운 생활을 했다. 찰스 1세의 독단이 도를 넘자, 영국 의회는 1628년 6월 7일 '권리청원Petition of Right'을 국왕에게 제출했다.

평시에는 계엄령을 선포할 수 없다.
민폐를 끼치는 군대를 각 지역에 배치하지 않는다.
세금을 국왕 마음대로 징수하지 않는다.
불법적인 인신 구속 및 투옥을 하지 않는다.
민간인을 군사재판에 회부하지 않는다.

찰스 1세는 프랑스와 치른 전쟁으로 국가 재정이 어려워져서 어쩔 수 없이 권리청원을 승인했으나 의회의 요구사항을 이행할 생각은 조금도 없었다. 오히려 의회의 활동 자체를 방해하고, 1629년 1월에는 의회를 아예 해산해버렸다.

이때부터 찰스 1세는 의회의 간섭을 받지 않고 국민들에게 온갖 잡세를 부과하고 소금, 술, 석탄의 전매권을 독점하여 거액의 세금을 수탈했다. 한창 무르익던 상공업 발전이 주춤거리면서 대량의 실업자가 발생하고 곳곳에서 납세 거부 운동이 일어났지만 국왕의 명을 받든 관리들은 체납자를 감옥에 가두거나 그들의 재산을 압류했다.

영국의 농민들과 일자리를 잃은 실업자들은 더 이상 견딜 수 없었고, 마침내 스코틀랜드에서는 민중들이 찰스 1세의 통치에 반대하며 봉기했다. 1640년 찰스 1세는 각지에서 번지고 있는 반란으로 통치의 위협을 느끼자 다시 의회를 소집함으로써 11년 만에 의회가 문을 열었다. 그러나 새로 열린 의회는 찰스 1세의 의도대로 진행되지 않았다. 부르주아 계급과 신흥 귀족들은 절대왕정을 반대하는 세력끼리 결집하여 국왕에 반대 투쟁을 벌였고 영국의 인민들은 이들의 투쟁을 지지했다. 새로 열린 의회는 왕권을 제한하는 여러 가지 요구를 했다.

국왕의 전매권을 취소한다.
세금 징수를 마음대로 할 수 없다.
왕과 의회 사이의 권력은 균등하다.
영국 국교도와 청교도를 동등하게 취급한다.
성실청과 고급위원회와 같은 특별재판소를 폐지한다.

찰스 1세가 의회의 요구를 받아들이지 않자 의회는 왕위의 양위를 요구했고, 왕이 이 또한 거절하자 의회파와 왕당파의 싸움이 시작되었다. 처음에는 왕당파가 유리했지만 1644년 7월 올리버 크롬웰의 활약으로 의회파가 승리를 거두고 스코틀랜드로 도망가던 찰스 1세는 체포되었다.

그러나 의회파는 승리한 직후 신흥 귀족과 대상인이 주축을 이룬 장로파와 크롬웰의 군대를 주축으로 하위 계급의 지지를 받는 독립파로 분열되었다. 여기에 수평파가 제3의 세력으로 등장했다. 의회를 둘러싼 세력 간의 분열을 틈타 유폐 중이던 찰스 1세가 스코틀랜드로 도망쳐 군사를 일으켰으나 올리버 크롬웰이 1648년 1월 17일 리버풀 북동쪽 프레스턴에서 격파

함으로써 찰스 1세는 단두대에서 처형되었다.

크롬웰은 호국경이 되어 권력을 잡았고, 부르주아 계급과 신흥 귀족들이 주축이 되어 공화정이 수립되었다. 그러나 말이 공화정이지 정치체제가 국왕의 독재에서 계급의 독재로 바뀐 것에 지나지 않았다. 크롬웰은 항해조례를 발표하여 네덜란드의 중개무역에 타격을 줌으로써 영국의 해상권을 확보하였고 아일랜드에서 일어난 반란을 진압했으며, 엄격한 청교도주의에 의한 독재정치를 단행했다.

크롬웰이 병들어 죽자 찰스 2세가 왕위에 올랐다. 찰스 2세는 자신의 노선에 반대하는 사람들을 정치범으로 투옥하거나 처형하는 등 복고 정치를 이어갔다. 1661년 도시자치법을 발표하여 영국 국교도가 아니면 시정부 참여를 금지했다. 1662년에는 통일령을 공포하여 영국 국교도 이외의 성직자를 인정하지 않았고 설교권도 박탈했으며, 이 법을 적용하여 청교도 목사 2000명을 추방하기까지 했다. 프랑스와도 친선 관계를 도모했다. 이러한 외교정책은 종교적인 문제 등으로 프랑스를 줄곧 적국으로 여겨왔던 영국민들의 정서에 맞지 않았다. 프랑스는 가톨릭이 주류를 이루었고 영국은 국교도가 대다수였기 때문에 찰스 2세의 정책이 국민들로부터 환영받지 못한 것은 당연했다.

찰스 2세의 뒤를 이은 제임스 2세는 대외적으로 프랑스에 더욱 의존하면서 대내적으로는 낡은 봉건제도를 복구하여 절대적인 왕정을 구축하는 데 힘을 쏟는 한편, 자신이 신봉하는 가톨릭교 부활을 시도했다. 의회를 비롯한 영국 국민 대다수가 로마 가톨릭과 교황에게 맹목적인 반감을 가지고 있었으므로 제임스 2세의 정책을 결사적으로 반대했고, 여기저기서 봉기의 움직임을 보였다.

1688년 의회는 순식간에 제임스 2세를 폐위하고 후계자로 첫 왕비의 소생인 메리 공주와 그의 남편 오렌지 공 윌리엄을 지명했고, 윌리엄과 메리 부처는 영국의 자유와 권리를 수호하기 위하여 군대를 이끌고 아무런 저항도 받지 않은 채 런던으로 당당하게 입성했다.

또 한 번 의회는 승리했다. 피를 흘리지 않고 조용하게 얻은 승리였다. 하지만 위엄과 형식을 좋아하는 영국민들은 왕정 자체를 폐지하려고 하지 않았다. 그들은 불안정한 공화국보다는 위엄과 형식을 갖춘 국왕의 통치를 받는 쪽을 택했다. 이듬해인 1689년 2월 13일 윌리엄 공과 메리는 각각 윌리엄 3세, 메리 2세로서 공동 왕으로 등극하여 새로운 왕정 시대를 열었다. 그러나 의회는 이들에게 많은 권력을 부여하지는 않았다. 의회는 국왕의 권리를 제한하기 위해 1689년 10월 23일 '권리장전Bill of Right'을 승인하게 했다. 권리장전의 주요 내용은 다음과 같다.

1. 영국 왕은 반드시 영국 국교도이어야 한다.
2. 모든 법률의 제정 또는 폐지는 의회를 거쳐야 하며 의회는 언론의 자유를 갖는다.
3. 의회의 동의 없이 국왕은 세금을 거둘 수 없다.
4. 평화 시에는 상비군을 둘 수 없으며 정기적으로 의회를 소집해야 한다.
5. 의회 의원의 선거는 국왕의 간섭을 받지 아니하며 의회 의원들에게 활동의 자유를 보장해야 한다.

이러한 선언은 왕권을 철저히 제한하고 의회권을 보장하는 것이었다. 즉 왕의 권한보다 의회에서 제정한 법이 우선하는 시대가 온 것이다. 이로써 영국의 절대왕정은 무너지고 입헌군주제가 시작되었다. 신흥 귀족과 봉건 귀족 그리고 딸과 사위까지 합작하여 국왕을 외국으로 내쫓은 이 사건은 유혈 사태 없이 이루어낸 혁명이라 하여 '명예혁명'으로 불리었다.

권리장전으로 17세기 왕권과 의회의 항쟁에 종지부를 찍고 종래 의회의 권리를 수호함과 동시에 왕위 계승까지도 의회가 결정할 수 있게 됨으로써 의회 중심의 입헌정치가 구현되었고 절대왕정 체제가 무너지게 되었다.

49 | 미국의 독립혁명

1620년 엘리자베스 1세가 신교를 탄압하자 102명의 청교도가 신앙의 자유를 찾아 영국 상선 메이플라워호를 타고 북아메리카에 도착했다. 영국은 북아메리카의 금, 은, 사탕수수 등 무한한 자원을 찾아 대륙 동해안에 식민지를 건설하여 1730년대에는 식민지가 13개 주에 이르렀다.

1714년 왕위에 오른 영국 왕 조지 1세는 가혹한 식민정책을 취했다. 특히 프랑스와의 전쟁으로 많은 돈이 필요해지자 재정난을 해결할 목적으로 식민지에 많은 세금을 부과했다. 그중 신문, 공문서, 각종 증명서, 책 등에 영국에서 발행하는 인지를 붙여 세금을 내게 하는 인지세는 식민지 사람들에게 가장 큰 불만이었다. 식민지 대표들은 '대표가 없는 곳에 과세할 수 없다'는 원칙 아래 반영 운동을 전개했다.

식민지인들은 차에 대한 세금을 제외한 나머지 세금을 없애고자 했으나 영국은 오히려 차에 대한 세금을 올렸다. 식민지인들은 1773년 보스턴 항에 정박 중이던 동인도회사 상선 두 척에 올라 342상자 분량인 1500파운드의 차를 모두 바다에 던졌다. 이에 영국 정부는 보스턴 항을 폐쇄하고 매사추세츠 식민지의 자치권을 빼앗았다. 1774년 13개 주 식민지 대표들이 필라델피아에서 대륙회의를 열고 영국 정부에 대항하기로 결의했다.

1775년 4월 보스턴 서쪽 렉싱턴과 콩코드 부근에서 식민지군과 영국군이 전투를 벌임으로써 미국 독립전쟁이 시작되었다. 1775년 5월 13개 식민지 대표들은 2차 대륙회의를 열어 조지 워싱턴을 식민지 군사령관으로 임명하면서 연방정부 수립을 준비했다. 1776년 7월 4일에는 토머스 제퍼슨이 쓴 '미국 독립선언문'을 공포했다. 미국 독립선언문은 로크의 영향을 받아 평등사상, 자연권, 사회계약, 혁명권 등 민주주의 이념을 담았다.

　　프랑스, 에스파냐, 네덜란드 등은 미국을 지지하여 독립전쟁에 필요한 돈을 빌려주었고 13개 식민지는 전쟁을 승리로 이끌었다. 영국은 1783년에 맺은 파리 평화조약에서 미국의 독립을 승인했다. 미국은 독립 후 1787년 필라델피아에서 제헌의회를 열고 합중국 헌법을 제정했다. 이로써 각자 헌법을 만들고 나라를 세웠던 13개 주 식민지 국가의 연방정부가 수립되고, 조지 워싱턴을 초대 대통령으로 하는 아메리카 합중국이 탄생했다.

　　미국 독립혁명의 의의 및 영향은 자유주의와 민주주의에 기초한 최초의

1775년 미국의 13개 주 식민지

민주 공화국이 수립되었다는 점이다. 이후 프랑스 혁명과 라틴 아메리카의
독립에 영향을 주었다.

50 | 프랑스 혁명과 나폴레옹

　혁명 전의 프랑스에서는 제1신분인 성직자와 제2신분인 귀족들이 많은
특권을 누렸으며, 반면에 세금을 내어 국가 재정을 담당하고 있던 제3신분
인 평민은 정치 참여가 배제되었다. 평민들은 계몽사상과 미국 독립혁명에
영향을 받아 구제도의 모순을 비판하고 정치 개혁을 요구하게 되었다.

　때마침 국가 재정이 어려움에 빠지자 국왕인 루이 16세는 삼부회를 소집
했다. 그러나 회의 운영 방식을 둘러싸고 대립하다가, 평민들이 국민의회
를 구성하여 자신들이 국민의 대표임을 선언하면서 헌법을 제정하려고 했

바스티유 감옥을 공격하는
프랑스 혁명군

다. 이에 왕과 귀족들이 이들을 무력으로 탄압했고, 평민들이 전제정치의
상징물인 바스티유 감옥을 습격하면서 혁명은 확대되었다.

　국민의회는 봉건적 특권의 폐지를 선언하고, 인간의 자유와 평등, 국민
주권, 사유재산권을 존중하는 인권선언을 발표하고 입헌 왕정의 구성을 위
한 헌법 제정과 많은 개혁을 추진했다.

　혁명이 진행됨에 따라 불안해진 루이 16세는 외가가 있는 오스트리아로
탈출하려다가 실패했고, 혁명이 자신의 나라로 확대될까 우려하는 주변 국
가의 간섭으로 대외 전쟁이 일어나면서 프랑스는 더욱 어려움에 빠졌다.

　그러나 결국 선거를 통하여 새로운 의회인 국민공회가 성립되었고, 제1
공화정이 시작되었다. 그런데 국민공회가 루이 16세를 단두대에서 처형하
자 영국과 오스트리아가 동맹을 맺고 프랑스를 공격했다. 이때 로베스피에
르는 혁명정부를 조직하여 농민의 봉건적 부담을 폐지하고 물가를 억제하
는 등 혁신적인 개혁을 단행하는 한편, '공포정치'를 실시하여 수많은 사람
들을 처형하면서 일체의 반혁명 운동을 억제했다.

　그러나 이러한 공포정치는 시민들의 큰 불만을 사게 되어 막을 내리고 5

III
근
대
시
대

147

인의 총재가 이끄는 총재정부가 성립되었다. 그러나 총재정부도 혼란에 빠져, 혁명전쟁에서 큰 공을 세운 나폴레옹이 쿠데타를 일으켜 통령정부를 세웠다.

통령이 된 나폴레옹은 국민투표로 황제가 되었다. 법 앞에서 모든 국민은 평등하다는 프랑스 혁명의 이념을 《나폴레옹 법전》에 명시하고, 유럽의 각 지역에서 정복 전쟁을 일으켰으나 러시아 원정의 실패로 나폴레옹은 몰락하고 프랑스 혁명 이념도 약화되었다.

프랑스 혁명은 절대왕정을 타도하고, 시민이 중심이 되는 사회를 건설했으며, 봉건제도의 잔재를 제거하면서 자본주의 발전의 밑거름이 되었고, 자유·평등·박애의 이념을 전 세계에 보급했다.

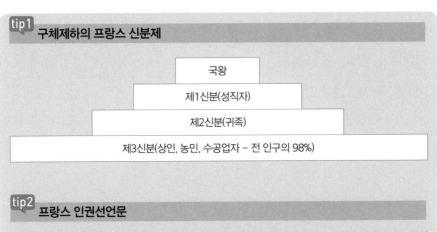

tip1 구체제하의 프랑스 신분제

국왕

제1신분(성직자)

제2신분(귀족)

제3신분(상인, 농민, 수공업자 – 전 인구의 98%)

tip2 프랑스 인권선언문

제1조 인간은 자유롭게, 그리고 권리에 있어 평등하게 태어나 존재한다. 사회적 구별짓기는 공익을 근거로 할 때만 허용될 수 있다.

제2조 모든 정치적 결사의 목적은 인간의 자연적이고 소멸될 수 없는 권리를 보전하는 것이다. 그 권리는 자유, 소유, 안전, 억압에 대한 저항이다.

제3조 모든 주권의 원리는 본질적으로 국민에 근거를 둔다. 어떠한 단체나 개인도 국민으로부터 명시적으로 유래하지 않은 권위를 행사할 수 없다.

제4조 자유는 타인에게 해롭지 않은 모든 것을 할 수 있는 것이다. 따라서 모든 개인의 자연권 행사는 사회의 다른 구성원에게 동일한 권리의 향유를 보장하는 것 말고는 다른 제약을 받지 아니한다. 그 제약은 오로지 법에 의해서만 규정될 수 있다.

제5조　법은 사회에 해로운 행위가 아니면 금지할 권리를 갖지 않는다. 법에 의해 금지되지 않는 행위는 결코 방해받아서는 안 되며, 누구도 법이 명하지 않는 것을 행하도록 강요받지 않는다.

제6조　법은 일반의지의 표현이다. 모든 시민은 스스로 또는 대표자를 통해 입법에 참여할 권리를 갖는다. 법은 보호하는 경우에나 처벌하는 경우에나 모든 사람에게 동일해야 한다. 모든 시민은 법 앞에 평등하므로 그 능력과 덕성과 재능에 따라 평등하게 모든 고위 공직에 선출되거나 직무, 직업에 종사할 수 있다.

제7조　법이 정한 경우를 제외하고는, 또한 법이 규정한 절차에 따르지 않고는 어느 누구도 소추, 체포, 또는 구금될 수 없다. 자의적 명령을 요청, 발령, 집행하거나 집행시키는 자는 처벌받아야 한다. 그러나 법에 따라 소환되거나 체포된 시민은 누구나 즉각 그에 따라야 하며, 이에 저항하는 것은 범죄이다.

제8조　법은 엄격하고 명백하게 필요한 처벌만을 규정해야 하고, 위법 행위 이전에 제정 공포되고 합법적으로 적용된 법률에 의하지 않고는 누구도 처벌될 수 없다.

제9조　모든 사람은 유죄 선고를 받기 전까지는 무죄로 추정된다. 만약 체포가 불가피하다고 판단된다고 해도, 이 사람이 법을 심각하게 위반했다는 것을 명백하게 하기 위한, 모든 엄정한 법 집행은 불필요하다.

제10조　어느 누구도 자신의 의견을 표명할 때, 심지어 종교적 의견일지라도 법이 정한 공공질서를 저해하지 않는 한 침해를 받지 않는다.

제11조　사상과 의견의 자유로운 소통은 인간의 가장 귀중한 권리의 하나이다. 따라서 모든 시민은 자유롭게 말하고 쓰고 출판할 수 있다. 다만 법에 규정된 경우에는 자유의 남용에 책임을 져야 한다.

제12조　인간과 시민의 권리 보장은 공공의 무력을 필요로 한다. 따라서 이 무력은 그것을 위임받은 사람들의 개별적인 이익을 위해서가 아니라 모두의 이익을 위해 확립된 것이다.

제13조　공공기관의 유지와 행정 비용을 위해 공동의 조세는 필수불가결하다. 공동의 조세는 모든 시민에게서 그들의 지불 능력에 따라 평등하게 분담되어야 한다.

제14조　모든 시민은 스스로 또는 그들의 대표자를 통해서 공공 조세의 필요성을 확인하며, 그에 대한 동의 여부를 자유롭게 판단하며, 그 쓰임새를 계속 주시하며, 또한 그 재원, 세액, 징수 및 존속 기간을 설정할 권리를 갖는다.

제15조　사회는 모든 공직자에게 그 행정에 관한 보고를 요구할 권리를 갖는다.

제16조　권리의 보장이 규정되어 있지 않고, 권력의 분립이 확정되어 있지 않은 사회는 헌법을 갖고 있지 않은 것이다.

제17조　소유는 불가침의 신성한 권리이므로, 합법적으로 규정된 공공의 필요성이 명백히 요구하는 경우와 정당한 사전 보상이 제시된 조건이 아니면 누구도 그 권리를 침해당할 수 없다.

→ 프랑스의 인권선언문은 모든 인간은 자유, 평등, 우애의 이념을 바탕으로 근대 사회의 정신적 기초가 되었다.

51 | 빈 체제와 자유주의의 확산

　오스트리아 수상 메테르니히는 정통 복고주의를 내세우며 유럽 각국의 지배권과 영토를 나폴레옹 전쟁 이전의 상태로 되돌리려는 목적으로 1814년 빈 회의를 개최했다. 오스트리아는 러시아·프로이센과 함께 기독교 형제국으로서 우의를 다지는 신성동맹을, 신성동맹에 영국을 더해 전시에 군사동맹 관계를 지속하기 위해 4국동맹을 맺어 자유주의와 민족주의 운동을 탄압했다.

　빈 체제에 대한 저항은 독일에서 일어났다. 1815년 독일 대학생들은 부르셴샤프트라는 학생 조합을 만들어 자유주의와 민족주의 운동에 앞장섰다. 1825년 러시아에서는 니콜라이 1세가 즉위하여 복고 정책을 쓰자 자유주의자들은 러시아의 근대화를 요구하는 12월당^{dekabrist}의 반란을 일으켰다. 이에 니콜라이 1세는 무자비하게 탄압했다. 19세기 초 이탈리아에서는 독립과 자유를 내세운 카르보나리당이 활동했으나 역시 탄압을 받았다.

　그러나 1829년 그리스가 독립하고, 라틴 아메리카 국가들이 독립하면서 빈 체제는 흔들렸다.

　프랑스에서는 1830년 7월 혁명이 일어났다. 부르봉 왕조의 샤를 10세가 언론·출판의 자유를 박탈하고 의회를 해산하는 등 전제정치를 실시했다. 이에 자유주의자와 파리 시민들이 샤를 10세를 추방하고 루이 필립을 '시민의 왕'으로 추대하고 입헌군주제를 수립했다. 7월 혁명의 영향으로 벨기에의 독립 등 유럽에서 자유주의 운동이 일어나게 되었다.

　1848년 2월에는 중산층과 노동자들이 선거권 확대를 요구하자 이를 탄압했다. 이에 중하층 시민과 노동자들이 루이 필립을 쫓아내고 제2공화정을 수립했다. 2월 혁명의 영향으로 오스트리아에서는 메테르니히가 추방

되고 3월 혁명이 일어났으며, 독일과 이
탈리아에서는 독립운동이 일어났다.

2월 혁명 후 나폴레옹의 조카인 루이
나폴레옹이 대통령에 당선된 후 황제로
즉위하면서(나폴레옹 3세) 제2제정이 수
립되었다. 철저한 독재를 실시하면서 실
업자 구제와 적극적인 외교정책으로 국

들라크루아, 〈민중을 이끄는 자유의 여신〉

민의 지지를 얻으려 했지만, 프로이센과의 전쟁에서 패배하면서 몰락했다.

프로이센과의 전쟁에서 패배한 프랑스는 독일과 굴욕적인 조약을 맺었
다. 이에 파리 시민과 노동자들이 1871년 3월 파리 코뮌을 결성하여 정부
를 수립했다. 최초의 노동자 정부였으나 설립 72일 만에 프로이센의 지원
을 받은 정부에 의해 진압되고 제3공화정이 수립되었다.

영국에서는 1828년 심사율을 폐지하여 비국교도에게 관직을 개방하고,
이듬해에는 가톨릭교도에게도 시민적 자유와 권리가 주어졌다. 1832년에
는 불합리한 의원을 배정하는 부패선거구를 폐지하고 신흥 상공업자에게
선거권을 부여했다. 1838년에 1차 선거법 개정에서 소외된 노동자들의 참
정권 운동인 '차티스트 운동'이 일어났다. 이들은 '인민헌장'에서 21세 이상
의 남자에게 선거권을 부여하며, 비밀투표제, 인구에 의한 평등한 선거구
등 6개 조항을 요구했다. 그러나 영국 정부는 무력으로 진압했다. 그 후 선
거권은 계속 확대되어 1867년에는 도시 소시민과 노동자에게, 1884년에는
농촌 및 광산 노동자에게, 1918년에는 만 21세 이상의 남성과 만 30세 이
상의 여성에게, 1928년 이후에는 만 21세 이상의 남녀에게 선거권이 주어
졌다. 경제적으로 지주에게만 유리했던 곡물법을 폐지하고, 항해조례가 폐
지되어 자유방임주의가 확립되었다. 이러한 정치, 경제, 사회의 변화로 말
미암아 진보적인 산업자본가 계급 중심의 휘그당(자유당)과 종래의 귀족과

지주를 중심으로 한 토리당(보수당)의 양당 체제가 이루어졌다.

52 | 민족주의 확산과 국민국가의 수립

이탈리아는 여러 나라로 분열되었으며, 북부 지역은 오스트리아의 지배를 받고 있었다. 프랑스의 2월 혁명 후 마치니가 청년 이탈리아당을 조직해 통일 운동을 했으나 실패했다. 이후 사르데냐 왕국의 에마누엘레 2세가 재상 카보우르를 등용하여 산업을 장려하고 국력을 길러 오스트리아와의 전쟁에서 승리하여 중·북부를 차지했다. 가리발디는 '붉은 셔츠대'를 이끌고 시칠리아와 나폴리를 점령하여 사르데냐 왕국에 바치면서 이탈리아 통일에 결정적 기여를 했다. 이후 사르데냐 왕국은 프로이센·오스트리아 전쟁과 프로이센·프랑스 전쟁에 참가하여 베네치아와 로마를 점령하면서 1870년에 통일을 완성했다.

독일은 13세기에 황제권이 약화된 후로 영주를 중심으로 25개 지방 국가로 이루어진 영방국가 체제였다. 통일의 기반은 프로이센이 중심이 되어 경제적 통일을 이룬 '관세동맹'이었다. 프로이센의 수상 비스마르크는 철혈 정책을 추진하여 군사 강국을 지향했다. 오스트리아와의 전쟁에서 승리하여 북독일 연방을 결성했고, 프랑스를 물리친 후 1871년에 독일 통일을 완성했다.

러시아는 19세기 초까지 차르의 전제정치와 농노제가 유지되었다. 자유주의의 영향을 받아 1825년 러시아의 근대화를 요구하는 12월당의 반란이 일어났으나 니콜라이 1세가 무자비하게 탄압하면서 실패했다. 러시아는 부동항不凍港을 얻기 위해 오스만 제국과 크림 전쟁을 했으나 실패했다. 니콜라이 1세의 뒤를 이은 알렉산드르 2세는 지방 의회를 설치하고 군제 개혁과 농노 해방령을 발표했으나, 이는 전제정치 틀 안에서의 개혁이었다. 이에 인텔리겐치아로 불리는 지식층들이 농촌으로 가서 농민을 계몽하려고 했으나 호응을 받지 못했다. 무정부주의의 급진적 사상이 나타나 알렉산드르 2세가 암살되면서 그 뒤를 이은 황제들은 전제정치를 강화하고 자유주의 운동을 탄압했다.

53 | 남북전쟁과 노예해방

1776년 영국으로부터 독립한 미국은 동부의 13개 주로 구성되었다. 19세기에 이르러 '골드 러시'에 따라 서부를 개척하면서 영토를 확장하는 비약적인 발전을 했다. 그러나 나라가 발전하면서 동서남북 각 지역 간의 이해가 대립되어 전쟁이 일어났다. 특히 노예제를 둘러싼 남부와 북부의 대립은 심각했다. 남부는 면화 재배가 활발하여 대농장을 경영하는 데 많은 노동력이 필요했기 때문에 노예제 사회를 지향했으며, 영국과 유대를 맺고, 자유무역을 주장했다. 이에 비해 북부는 상공업의 발달로 자유 노동력이 필요했기 때문에 노예제의 폐지를 주장했다.

이러한 남북의 대립은 타협적 정치가들의 활동으로 19세기 전반에는 피할 수 있었으나, 1850년대가 되면서 남부의 노예제에 반대하는 북부 및 서

Ⅲ 근대 시대

부의 민주 세력이 공화당을 창당하여 링컨을 대통령 후보로 선출하자 심화되었다.

1861년 노예제 폐지를 주장하는 링컨이 대통령에 당선되자 조지아를 비롯한 남부의 7개 주는 아메리카 연방을 결성하여 링컨에 대항했다.

마침내 남부군의 '섬터 요새에 대한 공격'이 발단이 되어 4년간에 걸친 남북전쟁이 시작되었다. 북부는 인구 및 경제력에서 남부를 월등하게 능가하고 있었지만 전쟁 초기에는 불리했다.

그러나 1863년 1월 1일 링컨이 '노예해방 선언'을 선포하여 북부의 전쟁 목적을 대외적으로 명백하게 하자 영국과 프랑스의 전쟁 간섭이 좌절되고, 전쟁은 북부에 유리하게 전개되었다. 이후 북군의 총사령관인 그랜트 장군의 활약으로 1865년 4월에 남부가 항복하면서 내전은 종결되고 13개 주의 헌법 수정으로 노예해방이 실현되었다.

남북전쟁 이후 미국의 국가적 단합은 더욱 견고해졌으며, 국내에 남아있던 식민지적 성격을 탈피하면서 광범위한 국내 시장을 바탕으로 자유노동에 입각한 자본주의가 비약적으로 발전하여 세계 강국으로 도약하는 기초가 마련되었다.

54 | 산업혁명

프랑스 혁명과 더불어 유럽의 근대 시민사회 성립의 가장 중요한 계기가 된 것은 산업혁명이다. 18세기 후반 영국에서는 기계의 발명이 발단이 되어 일어난 산업혁명으로 기술 혁신에 따른 대량생산과 유통이 가능해졌다. 영국에서 산업혁명이 먼저 일어난 이유는, 첫째는 16세기부터 모직물 공업이 발전하고 해외 무역이 활발하여 자본 축적이 가능했고, 둘째는 노동력과 철과 석탄도 풍부했으며, 셋째로 정치적 안정으로 경제활동의 자유가 보장되었기 때문이다.

면직물의 수요가 늘어나면서 방적기를 발명하고, 방직기를 개량했다. 나아가 1760년대 제임스 와트가 증기기관을 발명하여 면직물 공업에서 동력을 이용하게 되었고, 1780년대에 들어서서는 모든 기계에 동력을 이용함으로써 면직물, 제철, 기계 공업의 혁신을 가져왔다.

동력에 의한 기계 공업과 함께 교통과 통신도 획기적으로 발전했다. 스티븐슨은 기차를, 풀턴은 증기선을, 모스는 유선 전신을, 마르코니는 무선 전신을, 벨은 전화를 발명했다. 교통·통신의 발달로 원료와 제품의 빠른 수송이 가능해졌고, 국제적 교류도 활발해졌다.

프랑스는 석탄이 부족했기 때문에 섬유 공업에 치중하여 19세기 중엽 주요 산업국이 되었다. 독일은 정부 주도로 산업혁명을 이끌어 중공업 중심으로 발달했다. 미국은 풍부한 자원을 바탕으로 금속·기계 공업이 발달했으며, 20세기 초 산업 최강국이 되었다. 러시아는 대규모 차관을 도입하여 시베리아 횡단 철도를 부설했다. 일본은 메이지 유신 이후 산업화를 추진하여 20세기 초에는 서양과 경쟁했다.

산업혁명으로 농업 중심 사회가 공업 중심 산업사회로 바뀌었고, 1차 산업은 줄고 2·3차 산업의 비중이 늘었다. 인구가 증가하고 도시 문제와 노동 문제가 발생하면서 노동자와 자본가가 대립하여 노동운동과 사회주의 운동이 일어났다. 기계의 확산으로 일자리를 잃은 노동자들은 기계파괴운동(러다이트 운동)을 전개하다가 정부의 진압으로 실패했다. 노동자들은 노동조합을 만들어 자신들의 이익을 얻으려 했다.

산업혁명으로 자본주의가 발달하자 많은 사회 문제가 발생했다. 이에 자본주의를 비판하는 지식인들이 나타났다. 이상 사회를 건설하려는 오언, 생시몽, 푸리에가 선구적 역할을 했다. 마르크스와 엥겔스는 이들을 비판하면서 과학적 사회주의를 내세우고, 자본가에 대한 노동자들의 투쟁과 노동자들의 단결을 통한 사회주의 사회 건설을 주장했다.

과학적 사회주의의 영향으로 사회주의 정당이 나타나고, 국제적인 노동운동이 일어났으며, 유럽과 미국에서는 점진적으로 사회주의를 이끌려는 사회 민주주의가 등장했다. 사회주의 운동의 결과 각국 정부에서 노동자를 위한 다양한 정책을 내놓았다. 영국은 공장법을 제정하여 장시간 노동 시간을 제한하는 조치를 취했고, 다른 유럽 국가와 미국에서는 제1차 세계대전 이후에 8시간 노동제가 확립되었다. 또한 의무교육을 실시하는 등 사회 보장 제도를 확대했다.

55 | 산업혁명 시기의 문화

산업혁명 시기에 애덤 스미스의 자유방임주의 사상을 맬서스와 리카도가 고전 경제학으로 완성했다. 최대 다수의 최대 행복을 추구함으로써 이기적 쾌락과 사회 전체의 행복을 조화시키려는 사상인 공리주의가 나타났다. 벤담은 '최대 다수의 최대 행복'을 주장했고, 존 스튜어트 밀이 공리주의를 완성하면서 영국의 사회 기준이 마련되었다. 포이어바흐는 유물론의 입장에서 크리스트교를 비판하면서 마르크스에 영향을 주었다. 독일의 랑

케는 객관적 역사 연구를 강조하여 '근대 역사학의 아버지'로 불린다. 독일에서는 칸트의 관념론이 피히테와 헤겔을 거쳐 완성되었고, 헤겔은 변증법을 주장하기도 했다. 프랑스의 콩트는 사상의 발전 단계를 신학적 단계-형이상학적 단계-실증적 단계로 나누어 '사회학'이라는 새로운 학문 분야를 창시했다.

자연과학도 발달했다. 물리학과 화학 분야에서는 패러데이가 발전기의 원리를, 뢴트겐은 X선을, 퀴리 부처는 라듐을 발견했다. 생물학 분야에서는 멘델이 유전 법칙을, 다윈은 진화론을 주장했다. 의학에서는 제너가 종두법을, 파스퇴르는 전염병의 원인이 세균임을 밝혀 예방의학의 기초를 닦았다.

문학과 예술에서는 19세기 초에는 낭만주의가, 19세기 후반에는 사실주의와 자연주의가 유행했다. 감정과 상상력을 중시하는 낭만주의는 문학에 바이런·위고, 미술에 들라크루아, 음악에 쇼팽·슈베르트가 있다. 사실주의와 자연주의는 현실을 있는 그대로 묘사하여 산업혁명 후의 사회 현실을 반영했다. 문학에 발자크·톨스토이가, 미술에는 밀레가 있다. 빛과 색채를 중시하는 인상파 화가도 나타나 마네·모네·르누아르가 활동했다.

56 | 명의 건국과 발전

주원장은 100여 년을 지배한 몽골족을 몰아내고 한족에 의한 나라를 세워 홍무제로 즉위했다. 홍무제는 중원을 통일한 후에 대명률을 제정하고 주자학을 관학으로 삼았으며, 과거제도를 부활하는 한편, 유교의 윤리 덕목에 기초한 육유六諭를 공포하여 백성들을 가르쳤다. 황제 독재권을 강화하기 위해 6부를 황제 직속으로 했다. 향촌을 통제하기 위해 이갑제를 실시하고 토지대장(어린도책), 호적(부역황책)을 정비하여 백성들의 생활 안정과 사기를 높였다.

홍무제의 뒤를 이을 황태자인 큰아들 주표가 갑자기 죽자 홍무제의 뒤를 이어 황태손 주윤문이 즉위하니, 곧 혜종(건문제)이다. 혜종은 황제권을 강화하기 위해 삼촌인 주체를 죽이려 했으나 주체가 오히려 쿠데타를 일으켜 황제가 되니, 곧 영락제이다.

영락제는 남북 간의 물자 소통을 원활하게 하기 위해 산둥 성 지닝과 린칭 간의 운하를 송례로 하여금 완성하도록 했다. 1421년(영락 19)에는 베이징으로 서울을 옮겨 수도의 터전을 닦았다.

영락제는 정복 사업도 활발히 벌여 주변 지역을 대대적으로 정벌하면서 명나라 국경 확보에 힘썼다. 몽골을 공격하고 왜구를 토벌했으며, 안남(지금의 베트남)을 원정하여 직할 지배했다. 환관 정화를 총대장으로 임명하여 남해 지역에 6회에 걸친 대원정군을 보내 멀리 아프리카 동해안까지 세력을 확장했고, 이는 오늘날의 화교가 해외에 진출하는 계기가 되었다.

내정 면에서는 학술을 장려하여 《영락대전》, 《사서대전》, 《오경대전》, 《성리대전》을 편찬했다. 특히 《영락대전》은 2000여 명의 학자들이 약 3년간의 작업 끝에 완성한 것으로, 천문·지리·역사·사상·정치제도뿐만 아니라 의학이나 연극에 이르기까지 중국의 문화유산을 총정리한 백과사전이라고 할 수 있다.

그러나 영락제 재위 중에 환관이 대두하기 시작한 이후 북로남왜(북쪽의 몽골과 남쪽의 왜구)의 침입, 임진왜란 때 조선 출병으로 국력이 쇠퇴했다. 만력제 때 장거정이 일조편법 등 개혁을 시도했으나 실패했고, 농민들

정화의 해외 원정 경로

은 가혹한 세금과 굶주림을 견디다 못해 반란을 일으켰다. 숭정제 때 대기
근과 정부의 가혹한 수탈에 반발하여 역졸 출신인 이자성이 반란을 일으켜
1644년 베이징을 점령함으로써 명나라는 멸망했다.

57 | 청의 건국과 발전

　명나라는 만주족(여진족)의 땅을 세 지역으로 나누어 분할 통치했다. 명
나라의 분열 정책에도 불구하고 몽골과의 전쟁과 임진왜란 때 조선 출병으
로 군사력이 약해진 틈에 누르하치가 흥경을 중심으로 만주족을 모아 1619
년에 후금을 건국했다. 태종이 국호를 '청'으로 고치고, 조선을 침략하여 군
신 관계를 맺었다. 순치제는 명나라가 이자성의 난으로 멸망하자 이자성의
세력을 물리치고 베이징을 수도로 정했다.

　순치제는 화난 지방을 3개 지역으로 나누어 평서왕 오삼계로 하여금 원

난·구이저우 지방을, 평남왕 상가희로 하여금 광둥 지방을, 정남왕 경중명으로 하여금 푸젠 지방의 방위를 각각 담당하게 했다. 이들 세 왕을 번왕이라고 했다. '번'은 청나라 말로 '울타리'라는 뜻으로 '청 왕조의 울타리를 지킨다'는 뜻이다. 이 삼번의 군대 중 오삼계의 번이 가장 강하고 청 조정에 도전적이었다.

이들 삼번이 근거지를 중심으로 난을 일으켰으나 강희제가 이들을 평정하고 청나라의 중국 지배권을 확립했다. 강희제는 여세를 몰아 타이완을 점령하고 티베트를 복속했으며, 러시아와 네르친스크 조약을 맺어 북쪽 국경선을 확정했다. 옹정제는 군기처를 설치하여 모든 정보와 결정권을 황제가 갖도록 했다. 건륭제는 국내 반란을 진압하고, 몽골과 신장을 정복하여 최대의 영토를 이루었으며, 정복 지역과는 조공·책봉 체제를 확립했다.

청나라는 한족을 지배하면서 강경책과 회유책을 함께 추진했다. 강경책으로 만주족 풍습인 변발과 호복을 강요했고 반청 사상을 탄압했는데, '문자의 옥'이 대표적인 예이다. 회유책으로는 유교 문화를 계승하고 중요 관직에 만주족과 한족을 함께 임명하는 '만한 병용제'를 실시했다. 그러나 백련교도의 난과 만주족의 근간을 이루는 팔기병의 약화로 쇠퇴했다.

58 | 명·청의 사회·경제·문화

명·청대 사회의 지배층은 신사층(향신)이었다. 이들은 과거제의 경쟁률이 높아지면서 관직에 나가지 않고 지방에서 활동하는 특권층으로, 향촌을 교화하고 세금을 거두는 등 지방 관리를 보조했다. 그 대신에 세금을 감면 받고 요역을 면제받았으며 가벼운 범죄는 면책되는 특권을 누렸고, 대토지를 소유하고 고리대금업 등을 했다.

농업과 상공업의 발전으로 경제적으로 풍족해진 서민의 지위가 향상되었다. 이들은 확대된 경제적 여건을 발판으로 교육도 받고 연극이나 소설을 보면서 자신들의 이권을 주장하기도 했다. 예를 들면 소작농들이 소작료를 거부한 '항조 운동'을 벌였고, 직물업을 하는 사람들은 정부가 세금을 가혹하게 거두자 '직용의 변'을 일으켰으며, 노비들은 신분 해방을 요구하면서 '노복들의 노변'을 일으키기도 했다.

명·청대에는 벼농사가 창장 강 중·상류까지 확대되었으며, 수차의 보급 등 농업기술이 발달하고 이모작의 보급과 상품 작물(차, 담배, 사탕수수 등)의 재배로 잉여 농산물이 증가하여 상업이 크게 발달했다. 인구가 증가하고 상업 도시가 출현했으며, 동향 조합인 '회관'과 동업 조합인 '공소'와 같은 상인 조합이 나타났다.

명·청대 중후반에 해금 정책이 완화되면서 사무역이 발달하고 서양 상인이 왕래했다. 비단·차·도자기를 수출하고, 아메리카와 일본의 은이 대량으로 들어왔다.

은의 대량 유입은 세금 제도에도 변화를 가져왔다. 명대에는 지세(토지세)와 정세(인두세)를 따로 분리하여 은으로 받는 '일조편법'을 실시했고, 청대에는 지세와 정세를 합쳐서 은으로 받는 '지정은제'를 실시했다.

명대 초기에는 주자학이 통치 이념이었으나 중기에 왕양명이 성리학의 형식주의를 비판하면서 지행합일의 양명학을 제창했다. 상공업이 발달하면서 실생활에 필요한 학문인 실학도 발전해 《본초강목》, 《농정전서》, 《천공개물》 등이 편찬되었다.

청대에는 고염무와 황종희가 유교 경전을 실증적으로 연구하고자 한 고증학이 유행했다. 강희제는 반청 사상을 막기 위해 《강희자전》, 《고금도서집성》, 《사고전서》 등 대규모 편찬 사업을 벌였다.

농업과 상공업의 발전으로 경제적으로 풍족해진 서민들은 문화에 관심을 가져 명대에 《삼국지연의》·《서유기》·《수호지》, 청대에 《홍루몽》 등 구어체 소설이 유행했다. 연극과 더불어 베이징에서 유행한 경극이 대중오락으로 성장했다.

예수회 선교사들이 중국에 들어오면서 서양 문물이 전래되었다. 마테오 리치는 《천주실의》를 지어 성경을 한문으로 번역했고, 〈곤여만국전도〉를 제작했다. 아담 샬은 역법을 소개했다. 그러나 제사 의식을 우상숭배로 여겨 거부한 전례 문제가 불거지자 청대 건륭제가 크리스트교를 금지하고 선교사를 추방하면서 서양과의 교류는 중단되었다.

59 | 에도 막부의 발전

일본은 1192년 가마쿠라 막부부터 천왕이 나라를 다스리지 않고 무사들이 정치를 하는 막부 시대를 열었다. 막부는 원래 전쟁터에서 장군의 지휘소로 쓰던 천막을 가리키는 말이었지만, 정권을 잡은 무사 집단을 가리키는 말이 되었다.

1467년경부터 일본은 지방 영주들의 다툼으로 전국이 분열되었다. 무사(사무라이)들은 정권을 잡기 위해 100년 가까이 싸움을 하여 이 시기를 전국시대라고 한다.

1543년에 마카오를 출발한 포르투갈 상인들로부터 새로운 무기인 화승총을 전해 받은 오다 노부나가가 다른 영주들을 물리치고 교토를 점령하는 데 성공했으나 부하의 배신으로 죽음을 맞았다. 뒤를 이어 도요토미 히데요시가 정권을 잡아, 1590년 쇼군(최고 통치자)이 되면서 마침내 일본을 통일했다. 도요토미 히데요시는 반대 세력을 무마하기 위해 중국 땅을 차지하고 대일본을 세우자는 명분을 내세워 1592년 조선을 침략했다. 국내의 문제를 국외로 돌려 나라를 안정시키려는 생각이었지만, 7년 뒤에 도요토미 히데요시가 죽자 일본은 전쟁을 중지했다.

다시 혼란한 일본을 통일한 사람은 도쿠가와 이에야스였다. 그는 쇼군이 되어 에도(지금의 도쿄)에 성을 세우고 막부를 설치했다. 도쿠가와 이에야스가 세운 정권을 에도 막부라고 하는데, 천왕에게 통치권을 돌려주기까지 260여 년 동안 일본을 지배했다. 그는 쇼군은 중앙과 직할지를 지배하고 다이묘에게 영지를 나누어주어 지방을 통치하게 하는 '막번 체제'로 통치했다. 다이묘들이 쇼군에게 반란을 꾀하는 것을 막기 위해 다이묘의 가족을 에도에 인질로 살게 하는 산킨고타이參勤交代를 실시해 다이묘를 통제하면서 중앙집권적 봉건 체제를 이룩했다. 이 제도로 중앙과 지방 간의 교류가 활발해져서 문화가 발전했다.

에도 막부는 오직 네덜란드에 문호를 개방한 제한적 쇄국 정책을 펼쳤고, 조선의 통신사를 받아들여 선진 문물을 흡수했다. 네덜란드로부터 받아들인 서양 문물이 난학으로 발전했고, 상공업의 발달로 도시의 상공업자인 조닌들을 중심으로 가부키·우키요에 등 다양한 조닌 문화가 발달했다. 이들 중에는 사회 현실을 강하게 비판한 것도 있었는데, 이는 서민들에게 새로운 사회를 추구하는 원동력으로 작용해 근대화의 바탕이 되었다.

60 | 인도, 타지마할 완성

1526년 이슬람 세력으로 티무르의 후손인 바부르가 북인도를 정복하여 델리 제국을 무너뜨리고 무굴 제국을 세웠다. 무굴은 몽골을 뜻하는 페르시아 말이다. 아크바르 황제는 데칸 고원을 제외한 전 인도를 통일하고 중앙집권 체제를 확립했다. 나라를 통합하기 위해 힌두교 등 다른 종교를 인정해주고 종교에 상관없이 능력만 있으면 관리로 임명했다. 힌두교 등 다른 종교를 가진 주민들도 지즈야(인두세)를 면제해주었다. 토지개혁을 실시하여 농업생산력을 높이고 농민들이 어려울 때 돈을 빌려주기도 했다.

아우랑제브 황제는 남인도 대부분을 정복하여 무굴 제국 최대 영토를 확보했다. 이슬람교 우대 정책을 펼쳐 힌두 사원을 파괴하고 힌두교도들에게 지즈야를 징수했다. 아우랑제브 황제 통치 시기는 힌두교와 이슬람교가 결합한 종교인 시크교와 힌두교 왕국인 마라타 왕국을 중심으로 한 마라타 동맹의 반란과 영국을 비롯한 서양 세력의 침략으로 붕괴하기 직전의 시기였다.

무굴 제국은 외국 무역이 활발해지면서 향신료와 면직물 산업이 발달했

타지마할

다. 경제의 발전은 문화의 발전을 가져와, 힌두 문화와 이슬람 문화가 융합한 힌두·이슬람 문화가 나타났다. 힌두교와 이슬람교가 결합한 시크교가 나타났고, 인도어와 페르시아어가 합친 우르두어를 사용했다. 그러나 공식 문서에는 페르시아어를 사용했다.

건축에서는 연꽃무늬와 만(卍)자 무늬로 이루어진 힌두 양식에 뾰족한 탑, 둥근 돔, 아라베스크 무늬의 이슬람 양식을 결합한 건축물이 발달했다. 특히 황제 샤자한은 웅장하고 화려한 건물을 여러 개 세웠는데, 그중 가장 뛰어난 것이 타지마할이다. 그림에서는 페르시아의 세밀화에 인도 양식을 결합한 무굴 회화가 발달했는데, 주로 궁정 생활을 그렸다.

tip 동남아시아의 여러 국가

캄보디아	부남	최초의 국가
	진랍	앙코르와트 유적
베트남	대월(레 왕조)	명나라의 동화 정책에 자주의식이 일어나 건국, 중앙집권적 전제 국가 성립
	완(응우옌 왕조)	19세기 초 베트남을 통일하여 오늘날 베트남 국경 완성, 프랑스의 간섭을 받음
인도네시아	사일렌드라 왕국	보로부두르 불탑
	마자파힛 왕국	향신료 무역, 이슬람 진출로 쇠퇴
말레이시아	믈라카 왕국	이슬람 왕국, 중개무역으로 번성, 포르투갈 침입으로 멸망
타이	수코타이 왕국	타이 최초의 강력한 왕국, 문자 발명, 상좌부 불교
	짜끄리 왕국	오늘날의 타이 왕조
미얀마	파간 왕국	불교 수용, 미얀마 문자 발명

앙코르와트 유적

보로부두르 사원의 불탑

61 | 티무르 왕국

14세기 후반 몽골 세력이 약화되면서 차가타이한국이 분열되자, 1369년 티무르가 몽골 제국의 부활을 내걸고 사마르칸트를 수도로 하여 티무르 제국을 건설했다. 영토는 인도 서북부에서 지중해 연안에 이르렀으며, 동서 무역의 중심으로 경제적 번영을 이루었다. 티무르 제국의 문화는 이슬람 문화를 바탕으로 페르시아, 튀르크, 중국 문화를 융합한 이란 문화의 기초를 이루었다. 1500년 우즈베크족의 샤이바니 왕조에게 멸망했다.

티무르 제국이 멸망한 후 이란 서북부 지방에 숨어 살던 시아파 부족들이 이스마일의 지도하에 혼란에 빠진 서아시아에서 정복 전쟁을 시작하여, 1502년에 타브리즈를 수도로 한 통일 왕조 사파비 왕조를 세웠다. 이스마일은 시아파 이슬람을 국교로 정하고, 오스만 제국과 대결하면서 제국을 키웠다. 아바스 1세는 사파비 왕조 최성기를 이루었다. 사병을 없애고 관료제를 강화하여 강력한 중앙집권제를 이루었으며, 페르시아 예술과 문화를 부흥시켰다. 수도 이스파한은 동서 무역의 중심지로 경제적 번영을 누렸다. 그러나 국왕들의 사치와 내분으로 1736년 나데르가 쿠데타로 실권을 장악한 뒤 왕으로 즉위하면서 사파비 왕조는 멸망했다.

62 | 오스만 제국

1299년 오스만 베이(오스만 1세)는 몽골 군대가 서아시아와 남부 유럽으로 진출하는 틈을 노려 오스만튀르크족을 결집하여 아나톨리아 서쪽 지역에 오스만 제국을 세웠다. 이슬람교로 개종한 오스만 1세는 자하드(성전)를 통해 이슬람 세력을 확장하는 정책을 펴나갔다.

오스만 제국이 크게 성장한 것은 오르한 1세 때였다. 오르한 1세는 술탄이라는 칭호를 사용하면서 절대적인 권력을 행사했으며, 아나톨리아 서북쪽을 정복한 데 이어 남동부 유럽의 발칸 반도를 완전히 차지했다. 앙카라 전투에서 티무르 제국에 패배한 후 잠시 주춤하던 오스만 제국은 메흐메트 2세가 즉위하면서 부흥기를 누렸다.

메흐메트 2세는 1453년 비잔틴 제국을 멸망시키고 콘스탄티노플을 이스탄불로 바꾸었다. 이슬람 사원, 학교, 시장, 병원 등 기반 시설을 마련하고 세금 제도를 정리하여 이스탄불을 떠나갔던 비잔틴인과 그리스인들을 돌아오게 했으며, 그들에게 집과 땅을 제공하면서 인구 증가 정책을 펼쳤다. 정복 사업도 활발히 벌여 세르비아를 비롯한 발칸 반도, 유프라테스 강 상류 지역, 흑해 연안까지 영토를 확장했다.

권력투쟁 속에서 술탄이 된 셀림 1세는 칼리프로부터 힘을 위임받은 술탄의 지위뿐만 아니라 이슬람 세계의 최고 지도자인 칼리프까지 겸하는 술탄·칼리프제를 확립했다. 이집트를 지배하고 있던 맘루크 왕조를 멸망시켜 페르시아와 메소포타미아를 제외한 전 이슬람 세계가 오스만의 지배를 받게 되었다.

오스만의 전성기는 술레이만 1세 때이다. 46년의 재위 기간 동안 유럽과 전쟁을 치러 헝가리를 정복하고, 프레베자 해전에서 교황청과 베네치아·에스파냐의 유럽 연합함대를 물리쳐 지중해 해상권을 장악하면서 동서 무역의 이익을 차지했다. 이어서 북아프리카의 트리폴리, 튀니지, 알제리를 정복했다.

술레이만 1세는 오스만 제국 역사상 최대의 법전인 《군하총회》를 편찬하여 귀족 내부의 혼란을 수습하고 안정을 이루게 되었다. 그 뒤에 《술레이만 법전》을 편찬하여 토지, 군사, 지방 치안과 행정에 이르는 법률을 자세하게 규정함으로써 서아시아, 유럽, 북아프리카에 걸친 대제국을 통치하는 데 안정을 꾀하는 바탕이 되었다.

사회 질서의 안정은 건축과 그림, 서예, 문학 등을 후원하는 계기가 되어 이슬람 문명이 발전하는 원동력이 되었다. 대표적인 건축물은 쉴레이마니예 모스크이다. 오스만 제국은 17세기 말 유럽의 빈을 공격하다가 실패하고 헝가리를 잃으면서 점차 쇠퇴했다.

오스만 제국은 대부분의 지역을 술탄이 관료와 군대를 바탕으로 직접 지배하면서, 새로 정복한 지역은 총독이나 현지인에게 통치권을 위임했다. 군사력을 강화하기 위해 군정관과 기병에게 봉급으로 토지를 지급하고 그에 대한 세금을 거두게 하는 '티마르제'와, 크리스트교 청년들을 강제로 군인으로 만들고 이슬람교로 개종시켜 술탄의 친위부대(예니체리)나 관료가 되게 하는 '데브시르메 제도'를 실시했다.

오스만 제국은 넓은 지역과 다양한 민족, 다양한 종교가 공존했던 만큼 모든 것을 인정해주는 관용 정책을 펼쳤다. 비이슬람교도가 인두세를 납부하면 신앙의 자유를 인정하고, 각 종교는 '밀레트'라는 공동체를 만들어 스스로 다스리게 했다. 유럽과 아시아의 교량에 위치하여 동서 무역의 중심으로서 경제적 번영을 누렸으며, 그를 바탕으로 비잔틴 문화를 이어받는 한편 실용적이고 조화로운 예술과 학문을 발전시켜 이슬람적인 오스만 문화를 이룩했다.

이스탄불에 있는 쉴레이마니예 모스크

63 | 중국의 근대화 과정

중국은 편무역을 통해 영국 동인도회사에 비단·차·도자기를 수출하고, 영국에서 모직물·면직물·은을 들여옴으로써 항상 흑자 무역을 이루었다. 이에 영국은 적자를 흑자로 돌리기 위해 삼각무역을 추진했다. 즉 청나라로 들어간 은을 가져오기 위해 인도에서 아편을 재배하여 청나라로 밀수출한 것이다. 이 때문에 청나라에서는 아편 중독자가 늘어나 사회문제가 되었고 은의 대량 유출이 이루어졌다.

이에 청나라 정부는 임칙서를 보내 아편을 몰수하여 불태워 버리면서 아편 무역을 금지함으로써 영국과 아편전쟁(1840~1842)이 일어났다. 전쟁에서 무기력하게 패배한 청나라는 불평등 조약인 난징 조약을 맺어 영국에 홍콩을 할양하고, 상하이 등 5개 항을 개항하며, 외국과의 무역을 독점하던 관허 상인 조합인 공행 제도를 폐지하기로 했다. 그리고 1200만 달러의 배상금을 지불했다. 이 조약으로 청나라는 서양에 문호를 개방하게 되었다.

난징 조약이 제대로 지켜지지 않고 영국의 무역 확대 요구가 계속되는 가운데, 청나라의 수배자가 영국 밀수선 애로호로 숨어들자 청나라 관리가 애로호에 들어가 체포하는 중에 영국 국기를 끌어내리는 이른바 애로호 사건(1856~1860)이 일어났다. 이에 영국이 국기를 모독했다며 프랑스와 연합군을 조직하여 톈진과 베이징을 점령하자, 결국 청나라는 톈진 조약(1858)과 베이징 조약(1860, 러시아 중재)을 체결했다. 그 내용은 외국 공사의 베이징 주재 허용, 크리스트교 포교 허용, 영국에 주룽 반도 할양, 러시아에 연해주 할양, 7000만 냥의 배상금 지불 등이다. 이로써 청나라는 유럽의 반식민지 국가로 떨어졌다.

아편전쟁의 패배로 청나라에 대한 한족의 반발(멸만흥한滅滿興漢)과 배상금을 백성들로부터 강제로 거두는 것에 반발하여 태평천국운동이 일어났다(1850~1864). 태평천국운동을 일으킨 홍수전은 상제회를 조직하여 난징에 태평천국을 세우고 남녀평등, 토지의 균등 분배(천조천무제), 변발과 전족 금지 등 크리스트교와 유교 사상을 혼합한 이상 국가 건설을 목표로 내세웠다. 그러나 한인 신사층인 이홍장과 증국번이 이끄는 민병(단련)·의용군(향용)과 서양 세력의 간섭으로 진압되었다. 태평천국운동은 반봉건적 사회 개혁 운동이며 반제국주의적 민족운동이었다.

아편전쟁과 태평천국운동을 겪으면서 이홍장과 증국번 등 한인 관료들은 서양 무기의 우수성을 깨닫고 부국강병의 필요성을 느껴 양무운동(1862~1895)을 추진했다. 두 사람은 중체서용中體西用을 원칙으로 군비의 현대화와 군수공업을 발전시켰으나 중국의 체제에서 군사 개혁만 실시한 형식적 개혁이었다. 결국 청일전쟁(1894~1895)의 패배로 양무운동이 실패했음이 드러났다.

청일전쟁의 패배로 청나라는 일본에게 타이완을 빼앗기고, 열강에게 각종 이권을 빼앗겨 반식민지 상태가 되었다. 이에 개혁 성향의 지식인인 캉유웨이·량치차오 등이 보다 근본적인 개혁을 꾀하고자 1898년 변법자강운동을 주창했다. 그에 따라 일본의 메이지 유신을 모방하여 입헌군주제 실시, 의회제 도입, 과거제 폐지, 상공업 장려 등을 추진했으나 서태후를 비롯한 보수파들이 1898년에 변법자강책을 채택한 덕종을 유폐하는 무술정변을 일으킴으로써 100일 만에 실패했다.

1898년 1월 15일자 프랑스 신문에 실린 만평_
당시 중국 분할을 풍자했다.

청나라의 근대화 운동이 실패하면서 열강이 광산 채굴권, 철도 부설권, 조차지 설정 등의 이권 침탈을 더욱 강화한 가운데, 크리스트교가 확산되자 외세를 배척하는 의화단운동(1899~1901)이 일어났다. 산동 성에서 처음 봉기한 의화단은 부청멸양扶淸滅洋(청조를 도와 외세를 물리침)을 구호로 반크리스트교·반제국주의 운동을 전개하여, 교회와 철도를 파괴하고 외국 공관을 공격하며 크리스트교 신자들을 살해했다. 이에 영국과 프랑스를 중심으로 한 8개 연합군이 군대를 보내 진압하고 베이징 의정서(신축 조약)를 체결했다. 그 내용은 배상금 지불, 외국 군대의 주둔, 반제국주의 운동 단속 등이다. 의화단운동은 인도의 세포이 항쟁과 함께 외세 배척 민족주의 운동으로 평가된다.

청나라 조정의 보수 세력은 1908년 광서신정을 실시하여 과거제 폐지, 신식 군대 편성, 상공업 육성 등의 개혁을 시도했으나 광서제와 서태후의 사망으로 실패했다. 이에 위기의식을 느낀 쑨원은 중국동맹회를 조직하고 삼민주의(민족주의-청조 타도, 민생주의, 민권주의-공화정 수립)를 제창하면서 혁명을 일으켰다. 1911년 철도 국유화를 계기로 우창에서 봉기가 일어나 선통제가 퇴위하고 공화정이 수립되었으나 위안스카이가 혁명파를 탄압하고 황제 정치를 부활하려고 했다. 하지만 위안스카이가 죽음으로써 중국은 군벌이 지역을 통치하게 되었다.

tip1
그렇게 큰 청나라가 너무 쉽게 영국에 진 까닭은 무엇일까?

① 아편 무역으로 은이 영국으로 너무 많이 흘러들어 은값이 상승하여 세금이나 물가는 더욱 오를 수밖에 없었고, 따라서 국가 재정은 더욱 곤란해졌기 때문에 전쟁을 치를 여유가 없었다.

② 바다에서 다른 나라와 다툴 일이 없어서 해군을 키우는 데 노력하지 않았기 때문에 해군력이 약했다.

③ 청나라는 소수 민족인 여진족이 권력을 잡고 있었다. 아편전쟁이 일어났을 때 민간인들이 자발적으로 창칼을 들고 맞서게 되자, 이들이 반청 감정을 부추길 것을 두려웠던 청 정부는 서둘러 난징 조약을 맺었다.

64 | 일본의 메이지 유신

19세기 일본은 네덜란드, 중국, 조선과는 무역을 했지만 다른 나라와는 무역을 하지 않는 제한적 쇄국정책을 펼치고 있었다. 1853년 미국 동인도 함대 사령관인 페리 제독은 함대를 이끌고 일본으로 가 대포를 쏘면서 미국과 무역을 할 것을 요구했다(이를 '포함 외교'라고 한다). 에도 막부가 의논 후에 알려주겠다고 페리를 돌려보냈으나 2년이 지나도 연락이 없자 페리는 군함을 거느리고 다시 일본으로 접근했다. 이에 에도 막부는 미국과 무역을 허용하고 불평등 조약인 미일 수호 통상 조약을 맺었다. 그 내용은 치외법권 인정, 시모다 항과 하코다테 항 개항, 무역에서 미국의 최혜국 인정 등이다.

미국과 불평등 조약을 맺은 막부의 권위는 떨어지고, 영국·프랑스·네덜란드 등과 잇따라 불평등 조약을 체결함으로써 외국 상품이 자유롭게 들어와 물가가 상승하니 농민들이 봉기하고, 하급 무사들은 외세 배척 운동(양이 운동)을 일으켰다. 사쓰마번과 조슈번을 중심으로 에도 막부를 타도하고 천황을 중심으로 메이지 정부가 들어섰다.

일본의 판화에 묘사된 페리 제독

메이지 정부는 1868년 메이지 유신을 단행하여 다이묘가 다스리던 번을 폐지하고 중앙 정부에서 파견한 관리가 다스리는 현을 설치하여(폐번치현) 중앙집권을 꾀했다. 에도를 도쿄로 바꾸고, 막부의 각 번이 가지고 있던 징세권을 중앙 정부가 행사했다. 그리고 무사 계급을 해체하고 신분제를 폐지했으며, 징병제·의무교육·우편제·은행제를 개편하는 등 위로부터의 개혁을 실시했다. 이로써 일본은 동양에서 가장 먼저 서양을 좇아 근대화에 성공한 국가가 되었다.

그러나 천황 중심의 독재 정부에 대항하여 의회의 설치와 헌법의 제정을 요구하는 자유 민권운동이 일어났다. 정부는 이를 탄압하면서 입헌군주제를 표방했지만 사실상 천황 중심의 국가를 인정하는 일본제국헌법을 공포하고, 천황에 대한 충성심을 강요하는 교육칙어를 발표했다.

서양 산업의 수용으로 생산이 늘어난 상품을 판매할 시장과 원료를 공급받기 위한 새로운 시장을 개척할 필요가 생기자 조선과 강화도 조약을 맺어 개국시키면서 많은 이권을 차지했다. 이어서 류큐 왕국을 오키나와 현으로 편입했고, 조선에 대한 지배권을 확보하고 중국 대륙으로 진출하기 위해 청나라와 청일전쟁을, 러시아와 러일전쟁을 벌여 승리를 거두었다. 이로써 일본은 조선을 식민지로 삼을 발판을 마련하고 만주까지 진출할 수 있게 되었다.

65 | 인도의 근대화 운동

17세기 말 이후 무굴 제국이 쇠퇴의 길을 걸으면서 서양 열강의 침략에 맞닥뜨리게 되었다. 네덜란드가 처음 동인도회사를 설립했다가 영국에 쫓겨나고, 영국은 인도의 향신료 무역을 독점했다. 1757년 프랑스는 인도의 벵골 지방 지배권을 주장하여 영국과 플라시 전투를 벌였으나 패배하고 인도차이나 반도로 물러났다.

영국은 인도를 지배하면서 탄압으로 일관했다. 이에 무거운 토지세 부담, 민족과 종교 차별, 경제적 착취에 불만을 품은 영국 동인도회사의 인도인 용병 세포이가 반영 운동에 나섰다(세포이 항쟁: 1857~1858). 세포이의 봉기는 인도 독립전쟁으로 확대되었으나 동인도회사에 의해 진압되었다. 세포이의 봉기 이후 영국은 동인도회사가 가진 권리를 영국 왕이 갖는다는 '인도 통치 개선법'을 만들어 영국령 인도 제국이 성립되었다(1877). 세포이 항쟁은 비록 독립의 결실을 보지 못했지만 외세를 배척한 인도 최초의 민족운동으로 평가된다.

영국령 인도에서 반영 운동은 계속되었다. 힌두교의 우상숭배를 배격하고 카스트 제도를 반대하면서 여성을 차별하는 악습의 폐지와 교육 확대를 내건 브라흐마 사마지 운동이 람 모한 로이 등에 의해 전개되었다.

1885년 영국에 협조적인 지식인·관리·자본가들은 인도국민회의를 결성했다. 인도국민회의는 초기에 영국의 식민 지배에 협조했지만, 1905년 힌두교도와 이슬람교도의 분열을 목적으로 한 벵골 분할령을 계기로 반영 운동에 나섰다. 틸라크 등이 중심이 되어 영국 상품 불매, 스와데시(국산품 애용), 스와라지(자치 운동)를 전개하자 영국은 벵골 분할령을 취소하고 명목상으로 인도인의 자치권을 인정했다.

동남아시아의 식민지화

유럽 각국은 향신료 무역을 위해 동남아시아로 진출했다가, 19세기 이후 플랜테이션 농업으로 상품 작물을 싼 노동력으로 재배하여 많은 이익을 얻고자 했다.

에스파냐	필리핀 → 미국에 빼앗김
네덜란드	인도에서 영국에 쫓겨 인도네시아 차지
프랑스	베트남, 캄보디아, 라오스의 인도차이나 반도 차지
영국	보르네오 북부와 말레이 반도를 포함한 말레이 연방 차지
타이	영국과 프랑스의 완충지대로 독립 유지

서아시아의 근대화 운동

오스만 제국	– 탄지마트(은혜개혁, 1839): 근대적 개혁 추진 → 강대국의 방해와 보수 세력의 저항으로 실패했으며 러·투 전쟁의 패배로 전제정치가 부활됨 – 청년 투르크당의 입헌 개혁: 무장봉기로 정권 장악 후 근대화 추진(헌법 부활, 법령의 서구화, 여성의 지위 향상, 교육과 세제 개혁)
이란	– 러시아의 침입(북쪽)과 영국의 침입(동쪽)으로 카자르 왕조 쇠퇴 – 영국에 대한 담배 불매 운동을 벌였으나 오히려 영국에 배상금을 지불. 이에 입헌 혁명(1890: 국민의회, 입헌군주제)을 실시했으나 보수파와 영국·러시아의 간섭으로 영국과 러시아에 의해 영토가 나뉘어져 지배당함
아라비아 지역	와하브 운동(코란의 가르침대로 생활하자는 신앙운동이 민족운동으로 확대) → 와하브 왕국이 건설되었다가 오스만 제국에게 멸망 → 아랍 문화 부흥운동이 일어남
이집트	무함마드 알리가 오스만 제국으로부터 자치권 획득 → 수에즈 운하 건설로 영국과 프랑스의 내정간섭 초래 → 아라비 파샤의 민족운동이 실패한 후 영국의 보호국으로 전락

IV

현대 사회

산업혁명의 확대는 식민지 쟁탈로 이어졌고, 식민지 쟁탈 경쟁은 제국주의 대립을 가져와 제1차 세계대전이 일어났다. 4년여에 걸친 전쟁으로 수많은 인명과 재산 피해를 입었다. 전쟁의 와중에 러시아에서는 레닌이 지도하는 공산주의 혁명이 일어나 최초의 공산주의 국가인 소련이 탄생했다. 세계 각국은 많은 인명과 재산 피해를 가져오는 전쟁을 막고자 국제연맹을 결성했다.

전쟁이 끝난 세계는 평화로운 상태가 지속되는가 싶더니, 1929년에 발발한 세계 경제 공황의 영향으로 독일을 비롯한 일본·이탈리아에서 전체주의가 나타났다. 전체주의는 미국을 중심으로 한 자유주의와 대립하여 제2차 세계대전이 일어나는 원인이 되었다. 5년여에 걸친 전쟁은 자유주의의 승리로 끝나고 아시아의 여러 식민지 국가가 독립하는 계기가 되었다.

제2차 세계대전이 끝나자 세계는 다시 자유주의와 공산주의의 양국 체제로 갈라져 서로 긴장 속에서 대립했다. 1960년대에 아프리카에서는 많은 국가들이 독립하여 제3세계를 결성함으로써 다원화가 이루어졌다.

국제 정치가 다원화하면서 세계 각국이 자국의 이익을 추구하게 되어 미국과 소련을 중심으로 한 양극 체제는 변화하기 시작했다. 세계는 평화 공존의 방향으로 나아가게 되었으며, 1980년대 후반에는 공산주의 체제가 무너져 세계는 조용한 듯 보였다.

그러나 그동안 숨어 있던 민족·종교 문제와 경제적인 대립이 문제점으로 등장했다. 이제 세계 각국은 이러한 문제와 더불어 환경, 에너지, 보건 등의 문제를 공동으로 해결하는 데 힘을 기울여야만 진정한 지구의 평화를 이룰 수 있을 것이며, 이것은 또한 21세기 최대의 과제로 남아 있다.

66 | 제국주의의 등장

19세기 말에 과학기술이 발전하고 산업혁명의 확대로 상공업이 크게 발달하여 자본주의 국가가 나타났다. 자본주의 국가들은 상품의 원료를 얻고 완제품을 팔 수 있는 새로운 시장이 필요했다. 이에 자본주의 국가들이 자기 나라의 이익을 위해 아시아 및 아프리카의 약소국을 무력으로 침략하여 식민지로 삼는 제국주의가 나타났다. 제국주의는 오직 자국의 이익만을 추구하는 민족주의와 정치·사회적 불안을 대외 팽창으로 해결하려는 생각도 가지고 있었다.

제국주의 국가들은 더 많은 식민지를 얻기 위해 전쟁을 해야만 했다. 향신료 무역과 플랜테이션 농업을 위해 아시아로 진출했던 제국주의 국가들은 리빙스턴과 스탠리의 탐험으로 아프리카의 가치를 알게 되자 앞다퉈 아프리카로 진출했다. 결국 아프리카는 라이베리아와 에티오피아를 제외한 전 지역이 제국주의의 식민지가 되었다.

영국은 이집트의 수에즈 운하를 사들이고, 남쪽 남아프리카 케이프타운에서 북쪽의 카이로를 연결하는 종단 정책을 추진했다. 프랑스는 알제리를 거점으로 삼아 동쪽의 마다가스카르 섬까지 동서로 연결하는 횡단 정책을 추진했다. 결국 두 나라는 1898년 수단의 파쇼다에서 충돌했다(파쇼다 사건).

아시아와 아프리카에 이어 태평양의 여러 섬들도 유럽 열강과 미국의 식민지가 되었다. 특히 미국은 1898년 필리핀에 이어 하와이 제도를 미국의 50번째 주로 병합했다.

제국주의 열강들은 자국의 이익을 얻기 위해 동맹을 맺기도 하고 적대 관계를 유지하기도 했다. 신생 산업혁명 국가인 독일의 빌헬름 2세는

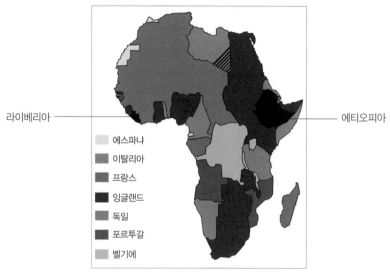

라이베리아 ─

에티오피아

에스파냐
이탈리아
프랑스
잉글랜드
독일
포르투갈
벨기에

유럽 열강의 아프리카 식민지 분할 지도

1890년에 비스마르크를 해임하고 프랑스를 고립시킬 목적으로 오스트리아·이탈리아와 삼국동맹을 맺자 이에 위협을 느낀 프랑스가 영국·러시아와 삼국협상을 맺어 대립했다. 파쇼다 사건 이후 영국과 프랑스는 협상을 벌여 영국이 이집트를, 프랑스가 모로코를 지배하기로 했다. 이에 독일이 프랑스의 모로코 지배에 반발했으나 영국이 프랑스를 지원하여 물러나고 말았다.

독일은 오스트리아와 범게르만주의로, 러시아는 세르비아와 함께 범슬라브주의로 민족주의 동맹 관계를 지속했다. 범슬라브주의와 범게르만주의가 대립한 지역은 발칸 반도이다. 오스트리아가 발칸 반도의 보스니아와 헤르체고비나를 합병하자 지역 주민 대부분이 슬라브족이었기에 평소 탐내던 세르비아와 대립함으로써, 이 지역은 언제라도 전쟁이 일어날 수 있는 '유럽의 화약고'로 불렸다.

67 | 제1차 세계대전

1914년 6월 28일 발칸 반도에 있는 보스니아의 사라예보를 방문한 오스트리아 황태자 페르디난트 부처가 세르비아 청년에게 암살되는 사라예보 사건이 일어났다. 오스트리아 정부가 7월 28일 세르비아에 전쟁을 선포했으며, 범슬라브주의에 따라 세르비아를 후원하던 러시아가 소식을 듣고 전쟁에 가담했다. 그러자 오스트리아와 동맹 관계에 있던 독일이 참전하고, 프랑스와 영국이 러시아를 지원하면서 삼국동맹과 삼국협상 국가 간에 제1차 세계대전이 일어났다. 독일의 동맹국은 오스트리아·투르크·불가리아, 영국과 함께 연합국에 속한 나라는 러시아·프랑스·미국·일본·중국이었다.

전쟁 초기에는 삼국동맹 쪽이 훨씬 우세하여, 독일은 벨기에를 침공하고 파리를 거쳐 러시아로 진격하고자 했다. 그러나 프랑스의 저항과 러시아의 공격으로 마른 전투에서 패배하면서 독일의 전세는 불리해졌다. 아시아에서는 영일동맹에 따라 일본이 연합국 쪽에 가담하여 독일 점령지인 산둥성을 차지하고 중국에 '21개조'를 요구하면서 전쟁이 확대되어 전세는 더욱 독일에 불리해졌다. 더구나 그때까지 독일과 오스트리아 편이었던 이탈리아가 영국 쪽에 가담하면서 오스트리아에 전쟁을 선포했다. 영국은 전쟁 초기부터 군함을 동원해 독일 해안을 봉쇄했고, 밖으로 통하는 길이 막힌 독일은 생활 물자와 군수품 부족으로 어려움에 빠지게 되었다.

1917년 1월 독일은 마지막으로 무제한 잠수함 작전을 선언했다. 영국과 프랑스로 전해지는 모든 물자의 지원을 끊고자 영국 쪽으로 항해하는 배는 무조건 격파한다는 것이다. 이때 전쟁에 참여하지 않고 무기를 팔아 이익을 챙기던 미국의 상선이 독일 잠수함에게 공격을 당했다. 보고를 받은 미국 대통령 윌슨은 "미국은 세계의 민주국가를 보호하기 위해 참전한다."고 선포하고 연합군과 함께 독일 공격에 나섰다. 많은 무기와 경제력을 가진 미국의 참전으로 전세는 완전히 기울어져, 독일은 1918년 3월부터 7월까지 온 힘을 다해 총공격을 했지만 실패로 돌아갔다. 동맹국 측의 투르크·불가리아·오스트리아가 차례로 항복했고, 독일 킬 군항의 수병들이 반란을 일으켜 혁명으로 확대되었다. 그러자 빌헬름 2세가 물러나고 공화국을 선포하면서 독일은 1918년 11월 11일 항복했다. 무려 4년 4개월 동안 계속된 제1차 세계대전이 끝난 것이다.

전쟁이 끝나고 뒤처리를 위한 조치가 취해졌다. 민족의 문제는 스스로 해결한다는 미국 대통령 윌슨의 '민족자결주의' 원칙에 따라 파리 강화회의가 열렸다. 그러나 민족 자결의 원칙은 패전국의 식민지에만 적용되어 폴란드, 체코, 유고, 오스트리아, 헝가리 등이 독립하게 되었다. 연합국과 독일 간에는 베르사유 조약

제1차 세계대전 당시 영국의 모병 포스터_
"누가 빠졌습니까? 당신입니까?"

이 체결되어, 독일은 알자스로렌 지역을 프랑스에 반환하고 거액의 배상금을 물어야 했다. 이 조약에 따라 베르사유 체제가 형성되었으나 독일과 소련은 큰 불만을 품었다.

전쟁 재발을 막기 위한 조치도 이루어져, 미국 윌슨 대통령의 제안으로 국제연맹이 창설되었다. 정작 미국은 상원의 반대로 불참했고 영국·프랑스·일본·이탈리아 4개국이 이사국으로 선출되었다. 그러나 국제연맹은 1930년대 이후 일어난 전쟁에서 침략 행위를 막을 군사적 장치가 미비하여 아무런 역할도 할 수 없었다.

1928년 8월 27일에는 프랑스 외상 브리앙과 미국 국무장관 켈로그가 중심이 되어 전쟁을 외교 수단으로 사용하지 않을 것을 결의한 부전 조약을 체결하기도 했으나 미비한 점이 많아 큰 효과는 없었다.

tip1 윌슨의 14개조 평화 원칙

1. 공개적으로 체결된 강화조약 외에 어떠한 비밀 외교도 있을 수 없다.
5. 모든 식민지 문제를 결정함에 있어서는 해당 식민지 주민의 이해가 그 지배권의 결정권을 가지는 정부의 요구와 동등한 비중을 가진다.
10. 오스트리아·헝가리 제국 국민들의 자결권을 인정한다.
12. 오스만 제국의 통치를 받고 있는 다른 민족들에게 자결권을 부여하고 다르다넬스 해협 통행을 자유화한다.
14. 강대국과 약소국을 막론하고 동등하게 정치적 독립 및 영토 보전의 상호적 보장을 목적으로 특정한 협정하에 국제적인 연합 기구를 구성한다.

tip2 베르사유 조약

45. 독일은 프랑스 북부의 탄광 지대를 파괴한 보상으로 자르 하류에 있는 탄광 지대의 완전하고도 절대적인 소유권 및 독점 채굴권을 프랑스에 넘겨준다.
119. 독일은 해외 식민지에 관한 모든 권리와 요구를 동맹국과 연합국의 주요 국가에게 넘겨준다.
173. 독일에서 의무병 제도는 폐지된다.
191. 독일은 어떤 형태의 잠수함도 만들거나 취득해서는 안 된다.

68 | 러시아의 사회주의 혁명

혁명 전의 러시아는 농업 중심의 국가였다. 비록 국가 주도의 산업혁명이 일어났어도 오히려 부작용이 더 많았다. 농민들은 아주 작은 토지를 소유했거나 대부분 소작인이었다. 산업혁명 후의 공장 노동자들도 하루 15~16시간의 고된 노동을 하면서도 제대로 대우를 받지 못하고 저임금에 시달렸다. 이에 비해 황제와 귀족들의 생활은 사치스러웠고, 농민이나 노동자들이 불만을 말하면 황제에 대한 반역으로 간주하여 언제 생명이 달아날지 알 수 없었다. 이때 레닌을 비롯한 지식인을 중심으로 사회주의 이념이 들어와 사회주의 정당이 생겨났다.

1905년 1월 22일 일요일, 러시아의 수도 상트페테르부르크에서 노동자들이 생존권을 보장해 달라며 대규모 파업을 하자 이를 지켜본 러시아 신부 게오르기 가폰과 많은 군중들이 합세해 평화적인 시위를 벌였다. 이에 황제의 군대가 시위 행렬에 마구 총을 쏘아대서 500여 명의 희생자가 발생했는데, 이것이 '피의 일요일' 사건이다. 이 사건으로 귀족들의 수탈에 시달리던 농민들이 합세하고 군대에서도 폭동이 일어나 러시아 전 지역으로 확대되었다. 결국 황제가 두마(의회) 개설 등 개혁을 약속했으나 오히려 전제 정치의 강화를 꾀했다.

1914년 세르비아 청년이 오스트리아 황태자 부처를 암살하는 사라예보 사건이 터지자, 러시아 황제 니콜라이 2세는 범슬라브주의를 내세우면서 곧바로 전쟁에 뛰어들었다. 발칸 반도에서 영토를 새로 얻어 민중의 불만을 잠재우려고 한 것이다. 하지만 군수 물자를 생산하느라 생활필수품 생산이 줄어들고, 생활필수품이 부족해지자 물가가 마구 올랐다. 이에 굶어 죽고 얼어 죽는 국민들이 점점 늘어났다.

결국 국민들의 분노가 폭발하면서 1917년 3월(율리우스력으로 2월)에 혁명이 일어났다. 혁명에 참여한 이들은 식량 배급, 전쟁 중지, 전제정치 타도를 요구했다. 황제는 상트페테르부르크에 수비대를 보냈지만 군인들은 오히려 노동자의 편을 들었다. 혁명은 금세 전국으로 퍼져 전선에 나간 군대도 노동자의 편에 서게 되었다. 노동자·농민 소비에트(대표자 회의)가 조직되어 자신들의 뜻을 주장했다. 더 이상 기댈 곳이 없어진 니콜라이 2세가 자리에서 물러남으로써 혁명은 승리를 거두었고, 케렌스키가 이끄는 임시정부가 수립되었다.

임시정부가 수립되자 러시아 국민들은 전쟁도 끝나고, 노동자는 8시간만 일하며, 농민은 땅을 얻을 것이라고 생각했다. 하지만 임시정부는 민중의 요구를 계속 무시했다. 오히려 임시정부의 개혁은 실패하여 국민들의 생활은 더 어려워졌고, 끝낸다던 제1차 세계대전은 계속되었다. 연합국의 재정 지원을 받았으므로 연합국의 강력한 요청에 따라 독일과 계속 전쟁을 벌여야만 했다.

이러한 현실에 레닌은 정면으로 도전하여, 민중들의 요구는 아랑곳없이 전쟁을 획책하는 임시정부를 타도하고 당장 소비에트 정권을 수립하자고 주장했다. 레닌을 지지하던 볼셰비키의 규모가 커지자 자신감을 얻은 레닌은 빵과 평화와 자유를 부르짖었고, 이처럼 볼셰비키의 영향력이 커가는 것을 두려워한 임시정부는 탄압을 가했다. 독일 공격 실패로 반정부의 열기가 높아지면서 농민 출신의 병사들이 탈영을 하여 무장 시위운동을 했으나 임시정부에 의해 진압되었다.

레닌은 정치가 혼란한 틈을 타 조직을 재정비했다. 전쟁의 지속으로 러시아 민중의 형편은 3월 혁명 이전보다 더욱 악화되었다. 레닌은 임시정부가 정신이 없는 틈을 이용하여 병사들과 노동자의 무장봉기를 선동하여, 마침내 11월 6일 단 하루 만에 혁명군은 거의 피를 흘리지 않고 수도의 주요 거점을 모조리 점령하고 소비에트 정권의 수립을 선언했다.

세계사에 새로운 이정표를 세운 레닌의 볼셰비키 혁명은 아래로부터의 개혁 요구와 위로부터의 개혁 요구가 맞물려 성공을 거둔 혁명이다. 3월 혁명에서 노동자와 농민들을 중심으로 시작된 아래로부터의 혁명이 이루어졌으나 자유주의적 사고를 가진 부르주아들이 결실을 맺지 못하자, 레닌이 프롤레타리아들을 선동하여 사회주의 혁명으로 완성을 이룬 것이다. 그러나 11월(율리우스력으로 10월) 혁명은 레닌의 1인 독재가 전제군주제에 뒤지지 않는 절대 권력으로 나타난 위로부터의 혁명이라고 할 수 있다.

하층민을 위한다는 미명 아래 레닌에 의해서 일어난 혁명은 여러 가지 모순을 가지고 있다. 빵을 구하기 위한 민중 투쟁이었지만 실제로 혁명이 일어난 소련에서는 70년 후에 붕괴될 때까지 이를 해결하지 못했다. 여전히 빵을 사려는 사람들의 줄이 길게 이어졌기 때문이다. 또 다른 하나는 평화를 갈망하던 민중들의 뜻을 외면한 것이다. 동서 냉전의 대립 속에서 사회주의 세력의 외연을 확장한다는 미명 아래 얼마나 많은 전쟁을 일으켰으며 그 희생은 또 얼마나 많았는가? 그러므로 역사는 모순 속에서 발전하고 변화하는 것이다. 그 본보기가 바로 러시아 혁명 70년 후 소련이 붕괴한 것이다.

---

tip **레닌의 신경제정책과 코민테른**

1917년 11월 혁명으로 공산화된 러시아는 제1차 세계대전으로 악화된 국가 재정을 보충하기 위하여 토지와 공장 등을 국유화하면서 국민들을 수탈하는 경제 정책을 채택했다. 이에 국민들은 인공 기근으로 대항했으며, 생산성은 떨어지고 공산화된 소련의 경제는 혼란에 빠졌다.

레닌은 소련 경제가 혼란에 빠지자 1921년 《공산주의의 좌익 소아병》이라는 책을 써서 지금까지의 경제 정책 추진을 중단하고 자본주의 경제 정책을 도입하자고 주장했다. 이렇게 새롭게 실시된 경제 정책을 신경제정책New Economic Policy: NEP이라 한다.

신경제정책은 전시 공산주의 체제의 식량 징발제를 폐지하여 식량 세제로 전환하고 잉여 농산물 판매를 허용하며, 국영 기업을 부흥하고 개인 소기업의 영리를 허용하도록 하여 국민 경제를 부흥·재건하자는 것이다.

레닌의 신경제정책은 1925년에 제1차 세계대전의 경제 상태를 회복하게 했으나, 이 경제 정책의 실시로 네프맨과 크라크라는 부자의 형태가 생겨났다. 이에 스탈린은 1928년에 이들을 없애고자 제1차 5개년 계획에 착수하여 사실상 신경제정책은 변화했고, 1936년 이 정책은 막을 내렸다. 한편 레닌은 공산주의 인터내셔널(Communist International: 악어로 Comintern이라고도 함)을 만들었다. 이는 공산주의를 확대하고 세력을 견고히 하기 위하여 볼셰비키를 중심으로 30여 개국의 노동운동 내 좌파가 모스크바에 모여 제1차 세계대전으로 붕괴된 제2 인터내셔널을 계승하자는 것이었다.

제3 인터내셔널은 제2 인터내셔널의 사회민주주의적인 경향을 철저히 배제하면서 프롤레타리아 독재를 통한 사회주의의 달성이라는 노선에 입각하여 활동을 했다. 1928년 제6차 대회에서는 제국주의 전쟁의 위험에 대한 이른바 공산당의 무장을 결의했고, 1935년 제7차 대회에서는 파시즘에 대한 노동자의 통일 전선·인민 전선 운동을 결성하기도 했다. 그러나 1943년에 독일과 소련의 전쟁이 일어나 연합국과의 전쟁 협력에 장애가 되자 해산했다.

69 | 간디의 불복종 운동 시작

영국의 식민 지배에 대항하여 비폭력·불복종 운동을 전개한 모한다스 카람찬드 간디는 1869년 10월 2일 인도 서해안에 있는 카티아와르 지방의 포르반다르에서 태어났다. 아버지는 이 지역의 관리였다. 중학교를 졸업한 후에 사말다스 대학에 입학했다가 1887년에 영국 런던에 유학하여 법률을 전공하고 변호사 자격을 얻은 뒤 귀국했다. 그 후 남아프리카에 가서 변호사 활동을 했는데, 간디는 이곳에서 인종 차별의 현실을 목격하고 이를 시정하기 위해 노력했다. 그러나 사정은 여의치 않았다. 한편으로는 러시아의 대문호인 톨스토이와 편지를 교환하면서 그의 비폭력주의에 영향을 받았다.

간디는 1914년 고국 인도의 독립
에 헌신하고자 귀국했다. 때마침 제
1차 세계대전이 일어나 곤경에 빠진
영국 정부가 1919년 반영 민족운동
을 탄압하기 위하여 '롤럿법'을 시행
하자 간디는 이에 대항하여 불복종
운동을 시작했다. 간디의 비폭력·불
복종 운동인 샤타그라하는 인도인을

간디(오른쪽)와 네루

비롯한 전 세계의 관심을 집중시켰다. 간디는 한편으로 스와데시를 전개하
여 인도가 영국의 원료 공급지와 상품 판매 시장으로 전락하는 것을 막고
자 했다. 즉 국산품 애용 운동을 전개한 것이다.

그러나 영국의 식민 통치는 더욱 강화되어 간디는 네 차례에 걸친 옥살
이를 했다. 간디는 이에 굴하지 않고 독립운동을 펼쳐 종교적, 민족적, 신분
적으로 대립되어 있는 인도인들을 독립이라는 하나의 울타리로 묶어 놓는
계기를 만들었다. 이와 같은 끈질긴 독립운동 덕분에 인도는 1947년에 독
립을 할 수 있었으나 이슬람교도를 중심으로 파키스탄이 분리되어 반목하
고 대립했다.

이를 안타까워했던 간디는 하나의 인도를 목표로 단식하면서 인도인의
화합을 위해 노력했으나 한 광신적인 힌두교도 청년에게 암살당하고 말았
다. 하나의 인도를 원했던 간디의 죽음으로 인도는 다시 반목과 대립으로
되돌아섰다. 그러나 비폭력·불복종으로 일관했던 간디의 독립운동은 여러
나라에 많은 영향을 끼쳤으며, 간디는 지금도 인도인들에게 영원한 우상으
로 남아 있다.

1919년 영국은 식민지 인도에서 영장 없는 체포나 재판 없는 투옥을 가능하게 한 식민지 통치법인 롤럿법을 시행했다. 이에 간디는 영국의 야만적인 정책에 직접 대항하여 반영 운동을 전개하면서 인도 국민들에게 동참할 것을 호소했다.

1919년 4월 6일 법률의 시행에 맞추어 인도 전역에서 '하르탈'이라 일컫는 총파업이 일어났다. 지금까지 인도에서 이슬람교와 힌두교 간의 대립, 카스트 제도하의 신분 간의 대립, 복잡한 인종 간의 대립이 있었으나 하르탈에 참여한 사람들은 이러한 대립을 극복하고 간디의 지도 아래 영국의 지배를 거부하는 불복종 운동을 전개한 것이다.

영국은 불복종 운동을 저지하고자 암리차르에서 대학살을 자행하여 사망자 379명, 부상자 1137명에 이르는 엄청난 희생을 가져왔다. 이러한 영국의 박해에 반대해 인도인들은 곳곳에서 '스와데시'와 '스와라지'를 외치며 거센 반영 운동을 전개하니, 인도의 모든 행정이 마비되었다. 스와데시는 국산품 애용 운동이고 스와라지는 자치 운동이다.

인도인들은 간디를 정신적인 지도자로 여기면서 반영 운동을 전개했으나 영국은 간디의 예상과 달리 더욱 강경한 식민지 정책을 시행했고, 결국 간디의 비폭력·불복종 운동은 기세가 꺾이고 간디도 6년의 금고형을 선고받았다. 그러나 간디의 비폭력·불복종 운동은 인도인들이 하나로 뭉쳐 영국으로부터 독립을 하는 계기가 되었다.

70 | 중국 공산주의의 역사

러시아 혁명의 영향으로 중국 각지에 공산주의 연구 클럽이 생겨났다. 1921년 7월에는 상하이에서 천두슈, 장궈타오 등 연구 클럽의 대표들이 공산당을 결성하여 본격적인 활동을 시작했다. 그러나 초기의 중국 공산당은 세력이 약하여 코민테른의 지시를 받아 주로 도시 노동자를 중심으로 지지층을 형성해갔다.

중국의 공산주의가 확대된 것은 1922년과 1923년의 공산당 대회에서

'당면한 혁명은 부르주아 민주주의 혁명'이라는 규정에 따라 1924년 1월에 중국 국민당과 제1차 국공합작을 하면서부터이다. 그러나 1927년 장제스의 반공 정책으로 타격을 받았고, 그 후에 국민당 좌파와도 충돌하여 우한으로 쫓겨나면서 세력은 급격히 약화되었다.

1927년 공산당은 조직을 재건하기 위해 난창과 광둥에서 폭동을 일으켜 남쪽 각 성의 변두리에 들어가 홍군을 조직하고 각지에 소비에트구를 세웠다. 1931년 가을에는 중화 소비에트 정부를 만들어 마오쩌둥을 주석으로 삼고 장시 성 루이진을 수도로 정했다.

국민당의 장제스는 공산당을 완전 섬멸한다는 계획 아래 대대적인 토벌 작전을 전개하니, 마오쩌둥을 비롯한 공산주의 세력은 서북을 크게 돌아서 옌안까지 쫓겨 가는 위기를 맞았다. 그러나 1936년 12월에 중국 공산당에 협조적인 장쉐량이 장제스를 감금하는 시안 사건을 계기로 토벌이 중지되고, 1937년 7월 중일전쟁이 일어나자 다시 제2차 국공합작이 이루어져 공산주의가 재기할 수 있는 시간을 벌었다.

중국 공산당은 국공합작의 목적인 대일전에 참여하지 않는 대신에 일본군의 후방 농촌에 들어가 그들의 활동 지역을 확대해 나갔다. 그리하여 중일전쟁이 끝났을 때에는 국민군은 큰 피해를 본 반면 공산당 세력은 오히려 수십 배로 확대되었다. 여기에 소련군으로부터 인계받은 중국 북쪽의 일본군 무기는 중국 국민당을 위협했으며, 극도로 가난한 생활을 하는 일반 국민들은 지주와 자본가의 토지와 재산을 몰수하는 공산당을 환영했으므로 전세는 공산당에 유리하게 전개되었다.

공산당은 1947년 5월에 만주에서 공격을 개시하여 1년 뒤에는 압도적인 우위에 섰으며, 1949년 1월 31일에는 중공군이 베이징을 함락하고, 같은 해 10월 1일에는 중화인민공화국의 수립을 선포했다.

중국 공산당은 정권을 수립한 후에 끊임없이 당내 권력투쟁이 있었다.

초기에는 장궈타오·왕밍·펑더화이의 대결이 있었으며, 1965년에는 문화대혁명에 의해 류사오치가 물러났고, 1970년대에는 저우언라이와 린뱌오의 노선 대결이 있었다. 1970년대 후반에는 덩샤오핑과 화궈펑 등 4인방이 대결했다.

이러한 대결과 협력 속에 중국 공산당은 1956년의 스탈린 비판 이후부터 점차 소련 공산당과 대립하면서 독자 노선을 취했고, 국제 공산주의 운동에서 구소련과 더불어 양대 세력을 형성하고 있다. 현재는 정치적으로는 공산주의 노선을 채택하고 경제적으로는 실용주의 노선을 취하여 2010년대에 들어서는 일본을 제치고 세계 경제 2위 국가가 되었다. 이러한 경제적 부를 바탕으로 아프리카를 비롯한 경제적으로 어려운 국가들을 원조하면서 자국의 이익을 취하고 있다.

71 | 아시아 각국의 민족운동

신해혁명은 원래의 민주 공화정을 이루지 못하고 전제군주제를 가져왔다. 이에 실망한 지식인들은 진정한 중국의 민주주의를 추구하기 위한 방안을 연구한 결과 신문화운동을 추진했다. 신문화운동은 천두슈가 1915년 9월 15일에 창간한 《청년잡지》(1916년 9월에 《신청년》으로 개명)에서 '청년에게 노예적·보수적·공상적이지 말고 자주적·진보적·과학적이 될 것'을 요청한 운동을 말한다. 유교적 봉건 질서를 버리고 덕선생(민주주의)과 색선생(과학)을 발달시켜야 중국이 열강으로부터 벗어날 수 있다고 했다.

천두슈와 함께 신문화운동을 이끈 후스는 《신청년》에서 경직된 사고방식을 강요하는 사서오경의 문어체를 버리고 백화문(구어체)을 써야 한다고 주장했다. 천두슈·후스 등이 이끈 신문화운동의 위력은 청년뿐만 아니라 많은 사람들의 생각을 바꿔 스스로 힘을 키워야 열강의 침입을 막을 수 있다는 자강 사상을 고취시켰다. 자강 사상은 민족주의로 연결되어 5·4운동에 영향을 미쳤다.

제1차 세계대전이 끝나고 파리 강화회의에서 연합군으로 전쟁에 참여했던 일본은 중국에서 독일이 가졌던 권리를 승계하고자 했다. 파리 강화회의의 결과에 중국 국민들은 분노하여 베이징 대학 학생들을 중심으로 5000명이 봉기했다. 대외적으로는 나라의 권리를 되찾고 대내적으로는 매국노를 없애며 '21개조' 요구의 폐지와 일본을 배척하고 베르사유 조약의 조인을 거부하자고 했다.

베이징 대학 학생들은 시위와 함께 21개조 합의에 참여한 차오루린의 집을 습격하고 주일공사 장쭝샹을 공격하면서 동맹휴학을 했다. 이어서 일본 상품 배척 대회를 열자 시위는 일반인까지 참여하여 전국으로 확대되었다. 이에 정부에서 탄압하자 시민들까지 가세하여 상인들은 철시를, 공장과 철도 근로자들은 파업을 하면서 학생들을 응원함으로써 학생운동이 대중운동으로 확대되었다.

정부의 탄압에도 시위가 확대되자 정부에서는 차오루린·장쭝샹을 파면하고 파리 강화회의에 간 대표단에게 베르사유 조약의 조인을 거부하도록 했다. 5·4운동은 중국 국민이 참여한 대규모 외세 배척 운동이었으나 자국의 이익을 앞세우는 서구 열강과 일본의 무시로 실질적 결과를 얻지 못했다. 그러나 쑨원은 국민당을 재조직했고 중국 공산당이 생겨나게 되었다.

한국에서는 윌슨의 민족자결주의 영향을 받아 3·1운동이 일어났다. 학생을 비롯하여 전 민족이 참여한 3·1운동은 제암리 학살 사건 등 일본의 무자비한 탄압으로 실패했으나 중국의 5·4운동이나 인도의 비폭력·불복종 운동에 영향을 주었다.

오스만 제국에서는 케말 파샤가 등장해 근대화를 이끌었다. 원래 이름이 무스타파였던 케말 파샤는 사관학교를 졸업한 후 고향인 살로니카에서 혁명을 일으켜 하미르 황제를 축출했으나 엔베르 파샤에게 배신을 당했다. 엔베르 파샤는 제1차 세계대전에서 독일과 동맹국이 되었다가 패배하여 많은 이권을 빼앗기게 되었다. 이에 불만을 가진 국민들이 소아시아에서 반란을 일으키자 케말 파샤는 혁명을 일으켜 엔베르 파샤를 축출하고 정권을 잡았다.

동맹국인 그리스가 굴욕적인 세브르 조약을 강요하자 이에 반발하여 그리스와 전쟁을 벌여 승리한 후 국민들의 추대로 터키 공화국의 초대 대통령이 되었다. 그는 아라비아 문자를 라틴 문자로 바꾸고, 알라신 경배 횟수를 1일 3회에서 1회로 줄였으며, 남녀평등 교육을 시행하는 등 기존의 관습을 과감히 혁파했다. 그리고 도로를 넓히는 등 경제적 안정을 도모하여 터키를 안정시켰다.

72 | 세계 대공황과 루스벨트의 뉴딜 정책

제1차 세계대전이 끝난 뒤 미국은 세계 경제의 주도권을 차지하면서 비약적으로 공업이 발전했다. 영국에서는 노동당이 집권하여 사회주의 정책을 추진했으며, 프랑스는 독일에게서 배상금 대신 루르 공업지대를 받고

푸앵카레 거국 내각이 들어서서 정치가 안정되었다. 독일에서는 바이마르 공화국이 수립되었으나 인플레이션에 막대한 배상금을 지불하다 보니 경제적으로 극심한 어려움에 빠졌다. 이에 미국은 도스안(1924), 영안(1930)을 통해 배상금을 줄여주고 차관을 제공했다.

제1의 경제 대국 미국에서는 경제가 너무 좋다 보니 과잉 생산이 이루어졌다. 그러나 수요가 없어 1920년대 말 미국은 산업 생산이 반으로 떨어지고 실업자도 1300만 명이 넘었다. 휴업이나 폐업하는 공장이 늘어나고 은행들은 기업에 돈을 빌려주지 않았다. 자금이 부족한 기업은 노동자들을 줄였고, 그에 따라 생산량이 줄어들어 기업은 어려워졌다.

1929년 10월 24일 목요일, 어려운 기업의 주식을 산 사람들이 불안한 마음에 한꺼번에 주식을 팔기 위해 내놓자 미국의 뉴욕 주식 시장에서 주식 값이 사상 최대로 떨어졌다. 미국 경제가 서서히 대공황으로 들어서게 된 것이다. 주식은 휴지 조각이 되었고, 은행에 저축하는 사람도 줄어들었다. 저축이 줄어드니 기업은 은행에서 대출받기가 더욱 어려워졌다.

미국에서 시작된 대공황은 전 세계로 퍼져 나갔다. 미국의 은행들은 부족한 자금을 마련하기 위해 유럽에 빌려준 돈을 되돌려 받으려 했지만 이미 유럽의 은행과 공장도 폐업 직전이었다. 원료를 공급하던 중남부 아메리카에도 여파가 미쳐 경제적 어려움에 빠졌다.

경제공황을 극복하기 위해 미국에서는 프랭클린 델러노 루스벨트가 나섰다. 뉴욕의 주지사 프랭클린 델러노 루스벨트는 1932년 대통령 선거에 뛰어들었다. 민주당 후보로 나선 루스벨트는 공화당의 후버 대통령이 정치를 하는 동안에 미국의 경제 사정이 나빠졌다고 공격했다.

그러나 공화당에서는 미국의 경제를 올바르게 할 수 있는 사람은 후버밖에 없다면서 후버를 대통령 후보로 내세웠다. 이에 민주당에서는 '뉴딜'이라는 새로운 경제 정책을 내세워 경제공황에서 벗어나겠다고 맞섰다. 이

정책은 경제공황으로 만신창이가 된 미국인들에게 희망을 주어 시간이 흐를수록 루스벨트의 인기는 치솟았고, 1933년 3월 4일 루스벨트는 미국의 제32대 대통령에 당선되었다. 그는 대통령 취임식에서 어깨를 늘어뜨린 미국인들에게 용기를 불어넣는 취임사를 했다.

"우리가 두려워해야 할 것은 '두려워한다'는 바로 그러한 자세입니다. 우리는 지금 생각만 하지 말고 행동으로 옮겨야만 합니다."

대통령에 당선된 루스벨트는 구제와 부흥, 개혁을 기치로 내세운 '뉴딜 정책'을 추진했다. 그중에서도 구제 정책이 가장 시급한 과제였다. 신용 등급이 낮아 경영이 어려운 은행을 정상화했고, 이어서 1500만의 실업자를 구제하기 위한 정책을 시행했다. 테네시 강에 다목적 댐을 건설하여 실업자를 구제하는 한편, 이들이 번 돈을 소비하게 하여 그동안 문을 닫았던 공장을 다시 가동시키니 실업자가 점차 줄어들었다.

노인이나 남편이 없는 여성에게는 국가에서 해마다 돈을 주어 생활을 안정시키고, 노동자가 회사를 그만둘 때에는 퇴직금을 주는 제도도 실시했다. 그뿐만 아니라 직업을 그만둔 사람에 대해서는 직업을 구할 때까지 일정 기간 동안 실업 수당을 주는 실업보험도 실시했다. 루스벨트 대통령의 노력으로 미국 경제는 점차 좋아져서 세계 제일의 경제 대국의 위상을 굳건히 했다.

제2차 세계대전이 발발하자 미국은 초기에 중립을 선언했으나 일본이 하와이 진주만을 기습하자 연합국의 일원으로 참전하여 전체주의 세력인 독일, 일본, 이탈리아를 제압하는 첨병 역할을 했다. 전쟁이 연합국의 승리로 끝난 뒤 루스벨트는 프랑스의 드골, 소련의 스탈린, 중국의 장제스가 참여한 회담에서 전후 처리 문제를 논의하는 데 중심 역할을 했다.

소아마비라는 장애를 극복하고 미국의 유일한 4선 대통령인 루스벨트는 1945년 4월 12일에 조지아 주의 웜스프링스에서 휴양 중에 뇌출혈로 세상을 떠났다.

73 | 전체주의 등장

1929년의 경제 대공황은 자본주의의 발달을 더디게 하면서 식민지가 적은 독일, 이탈리아, 일본과 같은 신흥 국가에는 엄청난 타격을 주었다. 이들 국가에서는 개인의 자유와 권리보다는 국가와 민족의 이익을 우선시하는 전체주의가 나타났다. 전체주의는 일당에 의한 지배, 군국주의, 언론과 사상을 통제하는 독재정치를 특징으로 한다. 이탈리아의 파시즘, 독일의 나치즘, 일본의 군국주의가 대표적이다.

이탈리아의 파시즘은 경제 대공황으로 인한 인플레이션과 실업자 증대에 따른 사회 불안으로 생겨났다. 1919년 조직된 무솔리니의 파시스트당은 1922년 사회주의당의 총파업으로 혼란에 빠진 틈을 타 무정부주의자인 검은 셔츠단을 이끌고 로마로 진출하여, 무솔리니는 국왕 비토리오 에마누엘레 2세로부터 수상으로 지명되었다.

IV
현대
사회

1924년 파시스트당의 일당독재를 위한 의회 선거에서 승리한 무솔리니는 경제 개혁과 사회 개혁을 통해 분열과 혼란에 빠진 이탈리아에 활력을 불어넣음으로써 1926년 일당독재 체제를 확고히 했다. 국내 정치를 안정시킨 무솔리니는 알바니아를 보호국으로 만들었고, 1935년에는 에티오피아를 침공하여 히틀러의 지지를 받으면서 독일과 강철동맹을 맺었다. 이어서 1937년에는 국제연맹을 탈퇴했다.

경제 대공황이 일어나자 독일을 이끌었던 바이마르 공화국의 경제는 불안해졌고, 배상금에 대한 압박으로 독일 국민들은 흔들렸다. 1932년 총선거에서는 공산당의 확장을 두려워한 자본가와 중산층의 지지를 받은 나치당이 승리를 거두었다. 히틀러는 힌덴부르크 대통령의 죽음으로 총통에 취임하면서 국가의 이익이 개인의 권리와 자유에 우선한다는 나치즘을 표방했다. 히틀러는 나치즘을 확립하기 위해 나치당을 뺀 모든 정당을 없애고 게슈타포라는 비밀경찰을 써서 독재정치를 강화했다. 또한 세계를 이끌어 나갈 민족은 게르만족이며, 게르만족에게 해로운 인류의 악으로 유대인을 지목하면서 이들을 차별하는 극단적 인종주의를 표방했다. 1933년 국제연맹을 탈퇴한 히틀러는 배상금 지불을 강요한 베르사유 조약을 파기하고, 제1차 세계대전 이전 독일이 행사했던 식민지의 재분배를 요구하면서 군사력을 다시 갖춘다고 선언했다. 이어서 1936년에는 프랑스와의 완충지대이면서 비무장 지역으로 선포된 라인란트를 차지함으로써 대외 팽창의 뜻을 드러냈다.

제1차 세계대전의 승전국인 일본은 1918년~1932년까지 경제가 발전하고 민주주의가 확립되면서 정당정치가 발전한 '다이쇼 데모크라시' 시대가 열렸다. 그러나 1929년 미국의 경제 대공황의 여파로 농산물 가격의 하락과 실업자 증가 등으로 어려움이 닥치자, 군부와 우익 세력은 정치적 역량을 강화했다. 그리고 만주를 침략하여 지배하면서 그 정당성을 찾고자 청나라의 마지막 황제인 푸이를 괴뢰 국가 만주국의 황제로 삼았다.

만주 침략에 대한 미국과 영국의 비난에 일본은 1933년 국제연맹을 탈퇴했다. 1936년에는 군부가 온건파 수상을 쿠데타로 축출하면서 군국주의가 가속화되었다. 일본의 군국주의 세력들은 독일·이탈리아와 삼국방공협정을 체결하여 미국과 영국을 견제하고 만주국 남쪽의 중국을 침략했다. 1937년 7월 7일 베이징의 교외에서 중국군과 충돌하여 마침내 중일전쟁이 일어났다. 일본은 여전히 '지나사변'이라고 말하면서 선전포고도 하지 않고 공격을 했으며, 일본 국민들에게는 중일전쟁을 미개한 중국을 바꾸기 위한 '아시아 혁신'이라고 꾸며서 발표했다.

중일전쟁 초기에는 일본이 베이징과 톈진을 점령하고 상하이까지 진격한 데 이어, 1937년 12월에는 국민당 정부의 수도 난징을 점령했다. 이때 일본은 30만 명이 넘는 중국의 민간인 포로와 일반인들을 죽이는 '난징 대학살'을 저질렀다. 하지만 금방 끝날 줄 알았던 중국과의 전쟁은 장제스의 국민당 정부와 마오쩌둥의 공산당이 제2차 국공합작을 하면서 끝날 기미가 보이지 않아 일본을 애타게 만들었다.

74 | 중일전쟁과 태평양전쟁

경제적으로 일본과 경쟁하는 것을 두려워한 미국은 중일전쟁이 길어져 고민이 깊었던 일본에 경제 제재를 가했다. 미국의 금수 조치로 전쟁에 필요한 석유, 철, 고무 등을 얻는 데 어려움을 겪던 일본은 동남아시아와 태평양 지역으로 눈을 돌렸다. 하지만 동남아시아 지역은 대부분 미국(필리핀), 영국(말레이시아), 프랑스(인도차이나 반도), 네덜란드(인도네시아)의 식민지였다.

일본이 동남아시아 침략을 고민할 때 1939년 독일이 폴란드를 침략하는 전쟁을 일으켰다. 기회를 잡은 일본은 서둘러 독일, 이탈리아와 삼국동맹을 맺고 동남아시아 지역을 점령하자 미국은 대일 무역을 완전히 중단했다. 미국의 지하자원 수입 없이는 공장을 돌릴 수 없었던 일본이 미국 정부와 협상에 나서자 미국은 일본군의 철수와 삼국동맹 탈퇴를 요구했다.

일본은 서양 제국주의 침략에 맞서 아시아와 태평양 지역을 해방시킨다는 명분으로 '대동아 공영권大東亞共榮圈'을 주장하면서 1941년 12월 8일 미국의 군사적 전략 기지인 하와이의 진주만을 공격했고, 미국은 바로 일본에 선전포고를 하고 전쟁을 시작했다. 중일전쟁이 태평양 지역까지 확대된 것이다. 최대 군사 기지인 진주만을 잃은 미국은 초기에는 열세에 놓였지만, 1942년 6월 함선에 전투기를 장착한 항공모함을 이끌고 미드웨이 해전에서 승리하면서 우세를 보이기 시작했다.

75 | 제2차 세계대전

국제연맹과 영국, 프랑스는 더 이상 독일과의 전쟁을 원하지 않았다. 그리하여 1938년 뮌헨 회담에서 '독일이 더 이상의 영토를 요구하지 않는다는 조건'으로 독일의 오스트리아 합병과 체코슬로바키아 수데텐 지방 합병을 승인했다. 그러나 독일은 체코슬로바키아를 점령하고 소련과 불가침 조약을 체결한 후 본격적인 침략에 나섰다. 1939년 9월 1일 독일이 폴란드를 침공하자 9월 3일 영국과 프랑스가 독일에 전쟁을 선포함으로써 제2차 세계대전이 시작되었다.

제2차 세계대전에는 세계 거의 모든 나라가 참가했다. 독일, 이탈리아, 일본 등 8개 나라에 맞서 미국, 영국, 프랑스, 소련, 중국 등 49개 나라가 연합국이 되어 싸웠다. 유럽, 북아프리카, 중국, 동남아시아, 태평양에 있는 섬들까지도 전쟁터로 변해갔다.

독일이 2주 만에 폴란드 서부를 점령했고, 소련은 혼란스러운 틈을 이용해 폴란드 동부와 핀란드, 발트 3국(리투아니아, 라트비아, 에스토니아)을 장악했다. 독일은 파리를 함락하여 페탱을 수반으로 하는 비시(프랑스 중부의 도시) 괴뢰정부를 수립했다. 프랑스의 드골 장군은 런던에 자유 프랑스 망명정부를 세워 저항했고, 다른 유럽 국가들도 레지스탕스 운동을 벌이면서 독일과 이탈리아에 저항했다. 프랑스를 점령한 독일은 영국에 대한 공습을 시작했으나, 영국이 처칠 수상의 지도 아래 완강히 저항하면서 어려움을 겪었다.

독일이 슬라브 민족이 살고 있던 발칸 반도 일대의 국가를 점령하면서 소련과의 우호 관계에 금이 가기 시작했다. 이에 독일은 소련의 우크라이나, 레닌그라드, 모스크바로 진격했으나 소련군의 저항과 추위로 성공을 거두지 못했다. 독일의 침략을 받은 소련은 선전포고를 했고, 미국과 영국은 이를 지지했다.

1943년 1월 유럽의 동부전선에서 소련이 큰 승리를 거두고, 아프리카에서도 미국과 영국이 독일과 이탈리아 군대를 몰아냈다. 또한 이탈리아에 상륙해서 이탈리아의 항복을 받아냈다. 일본은 태평양 미드웨이 해전에서 패배하고, 중국에서도 1943년부터 국공합작으로 일본군을 몰아내기 시작

IV
현대
사회

했다. 1944년에는 유럽 서부전선에서 미국과 영국의 노르망디 상륙작전이 성공하면서 프랑스가 해방되고 계속해서 서유럽 여러 나라가 독일의 지배에서 벗어나자 연합국이 우세해졌다.

전쟁이 진행되는 동안 승기를 잡았다고 생각한 연합국은 미국, 영국, 중국의 수뇌들이 1943년 11월 카이로에 모여 전후 처리에 대한 회의를 했다. 3개국의 수뇌들은 '제1차 세계대전 이후 일본이 차지한 모든 영토에서 추방한다'고 합의했다. 그리고 장제스의 건의로 '노예적인 상태에 놓여 있는 한국을 적당한 시기에 적당한 절차로 독립시킬 것'을 결의했다.

1945년 2월 크림 반도의 얄타에서 미국, 영국, 소련의 수뇌들이 회담을 열었다. 일본과의 전쟁에서 승리하기 위해서는 소련의 참전이 필요하다는 데 합의하고, 전쟁에서 승리한 후 러일전쟁에서 일본에 빼앗긴 영토를 회복하며 외몽골의 독립을 합의했다. 또한 한국에 대해 38도선을 기준으로 남쪽에는 미군이, 북쪽에는 소련군이 일본군의 무장을 해제한다고 합의하여 남북 분단의 원인이 되었다.

독일의 패전으로 연합국의 승리가 확실해지자 미국·영국·소련의 수뇌들이 일본에 항복을 요구하고 전후 문제를 의논했으나 자국의 이익을 우선하다 보니 쉽게 합의점을 찾지 못했다.

일본의 항복으로 제2차 세계대전이 끝나고 1946년 전후 처리를 위해 열린 파리 강화회의에서 패전국과 개별적으로 강화 회담을 하기로 했다. 독일은 미국·영국·프랑스·소련의 4개국에 의해 분할 통치되었다가 동서 냉전 체제의 고착화로 미국·영국·프랑스가 지배하는 지역은 서독으로, 소련이 지배하는 곳은 동독으로 분단되었다. 일본도 미국·영국·프랑스·소련의 4개국이 관리하다가 1951년 샌프란시스코 강화회의로 주권을 되찾았다. 독일의 침략으로 지배를 받았던 오스트리아는 1955년 중립국을 조건으로 주권을 되찾았다.

전쟁을 막고 세계 평화를 유지하기 위한 국제기구도 만들어졌다. 1941년 대서양헌장에서 처음 구상되었던 국제연합은 이전의 국제연맹의 약점을 보완하여 안전보장이사회 상임이사국(미국·영국·중국·소련·프랑스)에게 거부권을 주었으며, 무력 제재를 가능하게 했다.

76 | 미국과 소련 냉전 체제

제2차 세계대전이 끝나고 영국과 프랑스, 독일과 이탈리아가 강대국에서 빠지는 대신에 미국과 소련이 세계에서 가장 강한 나라가 되었다. 미국은 자본주의를, 소련은 사회주의를 대표하는 국가였다. 두 나라는 서로 더 많은 나라를 자기편으로 끌어들이려고 경쟁했다. 미국과 소련은 군대와 무기를 늘리면서 언제든 전쟁을 할 기세로 팽팽하게 맞서기도, 때로는 전쟁을 하기도 했다. 이러한 시기를 '냉전 체제'라고 한다. 소련은 동유럽 국가들을 위성국가로 만들었고, 그리스와 터키를 위협했다.

이에 미국 대통령 트루먼은 1947년 '미국이 공산주의 세력과 싸우는 모든 자유국가를 지원한다'는 트루먼 독트린을 발표하고 의회의 승인을 얻어 그리스와 터키에 4억 달러의 군사 원조를 했다. 같은 해 미국 국무장관 마셜은 '유럽 여러 나라가 유럽의 자립에 관해 합의한다면 미국은 이에 대해 원조를 제공할 용의가 있다'면서 유럽의 부흥 계획을 세웠다. 이듬해 4월부터 1951년 12월 30일 종료될 때까지 130억 달러가 유럽의 전후 복구비로 들어갔다. 이 기간 유럽의 경제성장률은 36%에 달할 정도로 소련의 공산화 확장을 막기 위한 미국의 노력은 두드러졌다.

소련은 공산당 정보국인 코민포름을 창설하여 국제 공산당 조직을 강화하고, 동유럽 경제상호원조회의(COMECON, 코메콘)를 조직하여 유럽 부흥 계획에 대항했다. 미국과 소련의 냉전으로 인한 이념 전쟁은 한국과 베트남에서 국지전 형태로 나타나기도 했다.

77 | 제3세계의 대두와 긴장 완화

자본주의를 대표하는 미국과 공산주의를 대표하는 소련 사이에서 양쪽 모두에 속하지 않는 세력이 나타났다. 이를 제3세계라고 한다. 제3세계는 제국주의와 식민주의를 반대하고 비동맹 중립주의 노선을 취하면서 평화가 유지되기를 원했다. 1954년 스리랑카의 콜롬보에서 중국 수상 저우언라이와 인도 수상 네루가 제3세계를 대표하여 평화 5원칙을 발표했다.

델리에서 발표한 5원칙은 ①영토·주권의 상호 존중 ②상호 불가침 ③상호 내정 불간섭 ④호혜 평등 ⑤평화 공존으로, 서로 관계된 나라들이 자국의 영토와 주권 및 상호 불가침을 보장받는다면 평화와 우호 관계를 지킬 수 있다는 내용이다.

비동맹 노선의 제3세계 또는 제3세력이 본격적으로 형성된 것은 1955년 4월 인도네시아 반둥 회의이다. 이 회의에는 아시아와 아프리카의 29개국이 참가하여 '세계 평화와 협력의 증진에 관한 선언', 이른바 반둥 원칙이라고도 하는 평화 10원칙을 발표했다.

평화 10원칙은 ①기본적 인권 및 유엔 헌장의 목적과 원칙의 존중 ②국가의 주권 및 영토 통합의 존중 ③인종과 국가 간의 평등 ④내정 불간섭 ⑤단독 혹은 집단적 자위권의 존중 ⑥집단 방위 협정을 대국의 특수 이익을 위해 사용치 않고 내전 불간섭 ⑦침략 및 침략의 위협, 병력 사용 금지 ⑧국제분쟁의 평화적 해결 ⑨상호 이익과 협력 증진 ⑩정의와 국제 의무의 존중을 내용으로 하며, 아시아와 아프리카 민족해방운동에 커다란 영향을 끼쳤다.

1961년 베오그라드에서 열린 제1차 비동맹회의에서는 미국, 소련과 군사 동맹을 맺지 않은 제3세계 국가들의 단결을 모색했다. 이로써 국제 사회는 미국을 중심으로 한 자본주의 사회, 소련을 중심으로 한 공산주의 사회, 제3세계의 다극 체제가 되었다.

다극 체제는 유고슬라비아의 티토 대통령이 소련의 우산에서 벗어나 독자적인 공산주의 노선을 취하고, 소련과 중국 간 국경 분쟁으로 중국도 소련과 다른 길을 걸으면서 더욱 가속화되었다. 더구나 체코슬로바키아에서는, 비록 실패했지만 1968년 '프라하의 봄'으로 불리는 반소 운동까지 일어나 세계가 더욱 다양화되는 계기가 되었다.

냉전 체제는 1960년대 후반에 들어서면서 서서히 해빙 분위기로 바뀌었다. 그 시작은 독일 수상인 빌리 브란트가 동독을 하나의 국가로 인정한 동방 정책이었다. 이어서 미국의 닉슨 대통령은 괌에서 '닉슨 독트린'을 발표하여 '아시아에 대한 군사 조치를 피한다'는 성명을 발표했다. 더구나 소련의 팽창주의를 견제하기 위해 중국과 핑퐁 외교를 통해 외교 관계를 맺으면서(1979), 국제 사회는 자국의 이익을 우선하는 사회로 바뀌게 되었다. 냉전 체제의 해빙 분위기는 무기 경쟁을 제한하는 협정으로 이어져, 1972년에 전략무기제한협정(SALT, 솔트)을, 1991년 전략무기감축협상(START, 스타트)을 체결했다.

78 | 전후 신생 국가의 탄생 및 국제 사회의 변화

베트남에서 호치민이 이끄는 베트남 독립연맹이 제2차 세계대전이 끝난 1945년 베트남 민주공화국(베트민, 월맹)을 세우자, 이에 불만을 가진 프랑스가 베트남 황제 바오타이를 옹립하여 월남국을 세워 이를 막으려고 했다. 그러나 1954년 디엔비엔푸 전투에서 프랑스군이 월맹군에 패배하자 북위 17도선을 경계로 남북으로 분단되었다. 그 결과 북부는 공산 정권이, 남부는 미국의 지원을 받는 베트남 공화국이 수립되었다. 미국은 공산주의의 확대를 막기 위해 막대한 비용을 원조하며 베트남을 도와 전쟁을 했으나 결국 1973년 철수하였고, 1975년 베트남은 완전히 공산화되었다.

필리핀은 미국이 태평양전쟁 때 도운 대가로 1946년 독립을 했고, 인도네시아는 1946년 유엔의 승인을 받아 네덜란드로부터 독립했다. 말레이시아도 1957년 영국 연방에서 독립했다. 인도도 영국의 지배에서 벗어나 독립을 했으나 종교적인 문제로 인도(힌두교), 파키스탄·방글라데시(이슬람교), 스리랑카(불교)로 분열되었다.

제1차 세계대전 이후 서아시아 대부분의 아랍 국가들은 독립을 했다. 그러나 1948년 2000년 만에 유대인들이 팔레스타인 지방에 이스라엘을 건국하면서 아랍인과 유대인 간의 분쟁이 시작되었다. 1차(1948~1949), 2차(1956), 3차(1967), 4차(1973)에 걸친 전쟁은 모두 이스라엘의 승리로 끝났다. 그리하여 1979년 캠프데이비드 협정에 따라 이스라엘이 시나이 반도 전체를 이집트에 양보하는 대신 이집트는 이스라엘을 정식 국가로 인정했다. 이 협정으로 중동전은 종식되었으나 여전히 이스라엘과 팔레스타인은 대립하면서 국지전을 전개하고 있다.

아프리카에서도 영국을 비롯한 유럽 각국의 식민지로 있던 국가들이 독립했다. 1963년 아프리카의 여러 나라들이 독립과 주권을 수호하고 상호 협력을 위해 에티오피아의 아디스아바바에서 아프리카 통일기구OAU를 조직했고, 이집트에서는 1956년 대통령에 당선된 나세르가 수에즈 운하를 국유화했다. 남아프리카 공화국에서는 백인 정권의 인종 격리 정책(아파르트헤이트)이 있었으나, 1994년 흑인 만델라가 대통령이 되면서 철폐되었다.

라틴아메리카 국가들은 아메리카에 대한 다른 국가의 침략은 곧 모든 아메리카에 대한 침략이라는 미국 대통령 먼로의 '먼로 선언'에 입각하여 대륙의 국가 이익을 위해 미주 기구 OAS를 조직했다. 대부분의 아메리카 국가들이 가입했으나 쿠바는 1962년 쿠바 위기 이후 축출되었다.

백인 전용을 알리는 아파르트헤이트 표지판

79 | 사회주의 국가 해체

소련은 1979년부터 아프가니스탄 전쟁 참전, 미국과의 군비 경쟁으로 1980년대에 오랫동안 경제 침체를 겪었다. 1985년 소련 공산당 서기장으로 선출된 고르바초프는 두 개의 개혁을 실천했다. 하나는 공산주의의 계획경제를 개혁하여 자본주의 시장경제를 도입하는 페레스트로이카(재건)이며, 다른 하나는 개인의 경제적 자유와 정치적 자유를 보장하는 정책인 글라스노스트이다.

고르바초프는 미국과의 경쟁도 포기하고 아프가니스탄에서 군대를 철수하면서 미국과는 핵무기를 줄이기 위한 조약인 전략무기감축협상START을 맺었고, 동유럽 국가들에는 더 이상 간섭하지 않겠다고 선언했다. 사실 동유럽 국가들은 개혁을 하고 싶어도 체코슬로바키아처럼 소련에게 점령당할 것이 두려워서 나서지 못하는 나라들도 있었다. 고르바초프의 선언에 동유럽에서는 1989년 헝가리를 시작으로 개혁과 민주화를 이루어 갔다.

유럽의 분단국가인 독일은 일찍부터 통일을 위한 준비를 해왔다. 빌리 브란트 서독 총리는 동독과 외교를 맺은 나라와는 외교 관계를 단절하겠다는 할슈타인 원칙을 포기하면서 교육·문화·사회 등의 분야에서 다양하게 교류했다. 이 과정에서 동독과 서독 국민의 왕래가 이루어졌다. 나아가 1982년 헬무트 슈미트 서독 총리가 동독을 방문하고, 이어서 1987년 에리히 호네커 동독 공산당 서기장이 서독을 방문함에 따라 통일의 분위기가 조성되었다. 때마침 소련 공산당 서기장 고르바초프의 개혁·개방 정책에 맞추어 동유럽 공산주의 국가들이 민주국가로 재탄생하면서 1990년 10월 마침내 동독이 무너지고 분단된 지 44년 만에 통일이 되었다.

고르바초프는 1990년 3월 소련 최초로 대통령 선거를 실시하여 초대 대통령이 되었다. 대통령에 당선되자 정당의 활동을 보장하고 자본주의 경제의 장점을 살려 소련의 계획경제를 개혁하려고 했다. 그러나 개혁의 속도가 더뎌 국민들의 불만을 샀다. 이러한 불만에 보수 세력이 쿠데타를 일으켰으나 진보적 성향의 옐친이 쿠데타를 진압하고 집권했다. 옐친은 소비에트 사회주의 공화국 연방(소련)에 소속된 15개국의 독립을 인정하고 독자적으로 다스리도록 했다. 결국 1922년에 탄생한 세계 최초의 사회주의 국가인 소련이 70년 만에 무너지고 동시에 냉전도 끝이 났다.

소련을 구성했던 15개 공화국 중 발트 해 연안에 있는 라트비아, 리투아니아, 에스토니아 공화국 등 발트 3국과 조지아(그루지야)를 제외한 11개 공화국은 독립국가연합^{CIS}을 만들었다. 2014년 현재 구성국은 러시아, 벨라루스, 몰도바, 카자흐스탄, 우즈베키스탄, 타지키스탄, 키르기스스탄, 아르메니아, 아제르바이잔 등 9개국이다. 우크라이나와 투르크메니스탄은 비공식 참여국이다. 독립국가연합의 9개 공화국은 각기 독자적으로 주권을 행사하면서 군사, 외교, 경제 분야에서 서로 협력해 나가는 국가 연합체이다. 하지만 최근에는 민족 갈등의 양상을 보이면서 독립을 요구하는 내전이 있어, 2014년에 크림 공화국이 세워지기도 했다.

80 | 20세기 사회와 문화

프로이트의 정신분석학이나 파블로프의 조건반사설은 인간의 비합리성을 강조하는 반지성주의를 표방하는 사상이다. 하이데거와 키르케고르, 야스퍼스, 사르트르와 같은 철학자는 현실의 모순과 부조리 속에서 삶의 참뜻을 찾고자 하는 실존주의를 주장했다. 반면 진실은 실생활 면에서, 진리는 경험에 의해서, 지식보다는 행동을 중시하는 존 듀이의 실용주의도 나타났다.

케인스의 수정자본주의는 시장경제에서 국가가 어느 정도 간섭을 해야 한다는 경제 이론으로 미국 뉴딜 정책의 이론적 근거가 되었다.

역사학에서는 슈펭글러가 사람이 만들어가는 문명의 발달 과정이 발생－성장－노쇠－사멸하는 순환사관을 주장했다. 반면 아널드 토인비는 '도전과 응전'에 의해서 문명이 흥하고 망하는 것이라고 했다.

문학에서는 헤밍웨이와 카뮈, 사르트르와 같은 실존주의 작가들이 활약했다. 미술에서는 야수파(마티스), 입체파(피카소) 등의 유파가 나타나 전통적인 미의 개념을 배척하고 다양하게 활동했다. 음악에서는 시벨리우스, 드뷔시, 쇼스타코비치 등이 전통적인 음악이 아닌 새로운 음악을 추구했다.

후앙 그리스, 〈피카소 초상〉

81 | 과학기술의 발전과 자본주의의 성장

20세기 초 아인슈타인의 상대성 원리는 뉴턴 이후 우주관을 변화시켰고, 하이젠베르크는 원자보다 더 작은 전자·중성자·양성자 등의 입자 등을 다루는 양자역학을 연구했다. DNA 구조를 알아내고, 인간 게놈 프로젝트를 통한 유전자 지도를 완성했으며, 유전자를 조작하는 등 유전공학과 생명공학도 발달했다. 컴퓨터와 통신 기술이 발달하여 생활의 편의와 풍요를 가져왔으나, 공동체 문화가 쇠퇴하고 인간소외 현상과 물질 만능주의가 나타났다.

1929년 경제 대공황으로 각국의 통화가 불안정하고 보호무역이 확대되는 부작용을 시정하여, 국제무역을 확대함으로써 고용을 늘리고 소득을 증대하는 한편 각국의 무역수지 균형을 목적으로 1944년 7월 브레턴우즈 협정을 체결했고, 이 협정에 의하여 국제통화 체제인 브레턴우즈 체제가 발족했다. 그 결과 국제부흥개발은행(IBRD, 1946)과 국제통화기금(IMF, 1947)이 설립되고, 1947년에는 관세무역일반협정(GATT: 보호무역 장벽 제거, 관세율 인하)이 체결되었다. 1995년에는 국제무역 분쟁을 조정하고 관세 인하를 요구하여 자유무역을 강화할 목적으로 세계무역기구WTO가 출범했다.

1970년대 중동전쟁 이후 두 차례의 석유 파동이 일어나 세계 경제는 휘청했다. 이에 정부가 나서서 복지 예산을 줄이는 등의 정책을 펴나가는 신자유주의가 나타났다.

무역이 전쟁으로 변하면서 최근에는 지역 간 경제 블록을 형성하여 자국의 이익을 추구할 목적으로 유럽 연합EU, 북미 자유무역협정NAFTA, 동남아시아 국가연합ASEAN, 아시아 태평양 경제협력체APEC 등이 형성되었다. 21세기에 들어서서는 지역을 뛰어넘어 경제 블록을 조직하고 있다. 환태평양 경제동반자협정^{TPP}은 미국이 중국을 견제하면서 무역의 주도권을 계속 장악하기 위해 만든 경제 블록이다. 기존의 자유무역협정^{FTA}이 국가 간의 자유로운 이동을 위해 관세를 줄이거나 철폐하는 데 비하여, 환태평양 경제동반자협정은 관세뿐만 아니라 디지털 경제, 부패, 규제, 환경, 지적 재산권, 노동, 국영 기업 등 모든 분야를 포함하고 있다. 환태평양 경제동반자협정에는 브루나이, 칠레, 뉴질랜드, 싱가포르가 처음 나섰다가 현재는 미국, 일본, 호주, 페루, 베트남, 말레이시아, 멕시코, 캐나다 등 총 12개국이 참여하고 있다.

중국은 환태평양 경제동반자협정에 대항하여 역내 포괄적 경제동반자협정^{RCEP}을 구성했다. 동남아시아 국가연합 10개국과 대한민국, 중국, 일본, 인도, 호주, 뉴질랜드 등 16개국이 참여한 다자간 자유무역협정이다.

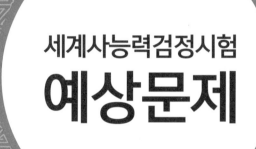

세계사능력검정시험
예상문제

I 고대 문명과 고대 국가

01 ▸ 다음 인류 중 오래된 순서대로 바르게 연결한 것은?

ㄱ. 오스트랄로피테쿠스	ㄴ. 호모 네안데르탈인
ㄷ. 호모 에렉투스	ㄹ. 호모 사피엔스 사피엔스

① ㄱ－ㄴ－ㄷ－ㄹ   ② ㄱ－ㄷ－ㄴ－ㄹ

③ ㄱ－ㄹ－ㄴ－ㄷ   ④ ㄴ－ㄱ－ㄷ－ㄹ

⑤ ㄷ－ㄱ－ㄴ－ㄹ

정답 ②

02 ▸ (가)에 들어갈 검색어로 옳은 것은?

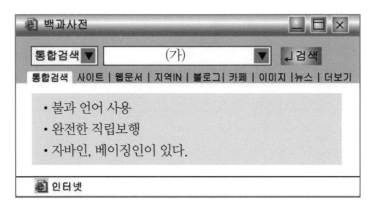

① 호모 에렉투스   ② 호모 하빌리스

③ 호모 네안데르탈인   ④ 오스트랄로피테쿠스

⑤ 호모 사피엔스 사피엔스

정답 ①

03 ▸ 이동·수렵 생활에서 농경·정착 생활로 바뀐 것을 일컫는 말은?

① 산업혁명   ② 농업 혁명   ③ 신석기 혁명
④ 구석기 혁명   ⑤ 청동기 혁명

정답 ③

04 ▸ 다음에서 문명이 발생하기 위해 필요한 조건으로 묶은 것은?

| ㄱ. 도시 성립   ㄴ. 문자 사용 |
| ㄷ. 청동기 사용   ㄹ. 수렵·채집 생활 |

① ㄱ, ㄴ   ② ㄱ, ㄴ, ㄷ   ③ ㄱ, ㄴ, ㄹ
④ ㄱ, ㄷ, ㄹ   ⑤ ㄴ, ㄷ, ㄹ

정답 ②

05 ▸ 다음 그림과 같은 문자를 사용한 국가의 특징은?

① 60진법을 사용했다.
② 봉건제도를 실시했다.
③ 만리장성을 축조했다.
④ 제정일치의 신권 국가였다.
⑤ 영혼 불멸을 믿어 미라를 남겼다.

정답 ④_ 사진은 상(은)나라 때 사용한 문자이다. 중요한 일을 결정할 때 점을 치고 기록한 문자로 한자의 기원이 되었다.

06 ▸ 다음 그림과 같은 문명의 특징에 해당하지 않는 것은?

① 기하학이 발달했다.

② 태양력을 사용했다.

③ 60진법을 사용했다.

④ 폐쇄적인 지형이었다.

⑤ 영혼 불멸 사상이 있었다.

정답 ③_ 메소포타미아 문명의 특징이다. 이집트 문명은 십진법을 사용했다.

07 ▸ 메소포타미아 지역 국가의 특징을 연결한 것이다. 잘못 연결한 것은?

① 수메르인 – 지구라트

② 바빌로니아 – 함무라비 법전

③ 히타이트 – 철기 문화의 창시자

④ 페니키아 – 표음문자 사용(알파벳의 기원)

⑤ 헤브라이 – 조로아스터교의 창시로 크리스트교에 영향

정답 ⑤_ 유일신을 믿는 유대교를 창시하여 크리스트교와 이슬람교의 모태가 되어 서양 및 서남아시아 문화의 가장 중요한 요소가 되었다.

08 ▸ 다음 자료를 토대로 이 법의 특징을 설명한 것 중 잘못된 것은?

–귀족이 평민의 눈이나 다리를 상하게 하면 은 1마나를 바쳐야 한다.
–귀족이 귀족의 눈을 멀게 하면 그의 눈도 멀게 한다.

① 세계 최초의 성문법이다.

② 그림문자로 새겨져 있다.

③ 보복주의에 입각한 법이다.

④ 신분에 따라 차별 적용이 되었다.

⑤ 함무라비 법전의 내용 중 일부이다.

정답 ②_ 쐐기문자로 쓰인 함무라비 법전 내용이다.

09 ▸ 다음 문명과 관련된 도시를 〈보기〉에서 찾아 알맞게 짝지은 것은?

> ◆ 청동기 · 그림문자 · 인장의 사용
> ◆ 포장 도로 · 하수 시설 · 목욕탕 · 창고 등 건설

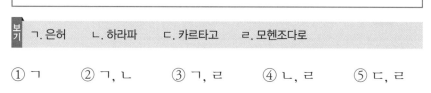

보기 ㄱ. 은허   ㄴ. 하라파   ㄷ. 카르타고   ㄹ. 모헨조다로

① ㄱ   ② ㄱ, ㄴ   ③ ㄱ, ㄹ   ④ ㄴ, ㄹ   ⑤ ㄷ, ㄹ

정답 ④_ 인도 문명에 대한 설명이다. 은허는 상(은)나라의, 카르타고는 페니키아의 도시이다.

10 ▸ 다음과 같은 제도를 실시한 나라의 특징이 아닌 것은?

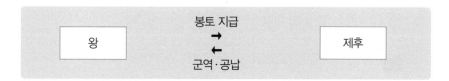

① 종법제를 바탕으로 운영되었다.

② 왕은 도읍 부근의 직할지를 통치했다.

③ 흉노를 막기 위하여 만리장성을 쌓았다.

④ 천명사상으로 국왕의 통치를 합리화했다.

⑤ 정전제를 시행하여 공동체적 농경 생활을 했다.

③_ 봉건제도의 모형으로 주나라 정치제도이다. ③은 진나라 때의 일이다.

11 ▸ 메소포타미아 문명과 이집트 문명을 비교한 것이다. 잘못된 것은?

	내용	메소포타미아	이집트
①	달력	태음력	태양력
②	지리적 조건	개방적	폐쇄적
③	종교	현세적	내세적
④	문자	그림문자	설형문자
⑤	지역	유프라테스·티그리스 강	나일 강

④_ 메소포타미아 문명은 설형문자, 즉 쐐기문자를, 이집트는 그림문자를 사용했다.

12 ▸ 경전인 '베다'와 관계있는 설명이 아닌 것은?

① 자이나교의 경전이다.

② 자연현상을 신격화했다.

③ 아리아인의 이주로 생겨났다.

④ 카스트라는 신분제가 생겨났다.

⑤ 원주민을 효율적으로 지배하기 위함이었다.

①_ 베다는 브라만교의 경전이다.

※ 아테네의 정치 발전 과정이다. 물음에 답하시오.(13~15)

왕정 - 귀족정 - (㉠) - (㉡) - ㉢민주정

13 ▸ ㉠ 정치는 재산 정도에 따라 참정권을 부여하는 것이다. 이를 실시한 사람은?

① 밀로

② 솔론

③ 페리클레스

④ 소크라테스

⑤ 클레이스테네스

정답 ②_ ㉠ 시기는 금권정치 시기이다. 솔론이 개혁을 시도했으나 귀족과 평민의 반발로 실패했다.

14 ▸ ㉡ 시기는 독재정치 시기이다. 이를 막기 위해 실시한 제도는?

① 아고라

② 수당제

③ 추첨제

④ 도편추방제

⑤ 올림피아제

정답 ④_ 참주정이 실시된 시기로 클레이스테네스가 독재정치를 방지하기 위해 실시한 제도였다.

15 ▸ ㉢ 시기는 민주정치의 전성기였다. 다음에서 참정권이 부여된 사람을 고르면?

ㄱ. 성인 남자   ㄴ. 여성   ㄷ. 거류 외국인   ㄹ. 노예

① ㄱ   ② ㄱ, ㄴ   ③ ㄱ, ㄹ   ④ ㄴ, ㄹ   ⑤ ㄷ, ㄹ

정답 ①_ 여성, 거류 외국인, 노예에게는 참정권이 주어지지 않은 제한적 민주정치였다.

16 ▸ 다음에 해당하는 문화유산으로 가장 적절한 것은?

〈정기 초청 강연 안내〉

주제: 누가 이들을 분노하게 했는가?

노예 계층 중에서도 귀족의 오락물로 제공되는 노예들도 있었으니, 검투사(검노, 글라디아토르)들이 그들이다. 검투사는 원형경기장에서 서로를 죽이기 위하여 피비린내 나는 싸움을 하거나 굶주린 사자나 호랑이 같은 맹수들과 격투를 하여 관객을 즐겁게 하는 일종의 살인 게임이었다.

① 수도교   ② 콜로세움   ③ 지구라트
④ 아테나 여신상   ⑤ 파르테논 신전

정답 ②_ 강연 내용은 스파르타쿠스의 반란에 대한 원인이다. 바로 콜로세움에서 경기가 벌어졌다.

17 ▸ (가)에 들어갈 서양 고대 문명으로 옳은 것은?

특집 다큐멘터리 – 서양의 고대 문명: (가) 문명

기원전 2000~기원전 1400년경 지중해의 한 섬에서 발생했으며 수도인 크노소스에는 궁전, 수세식 변소, 냉·온수 배관 시설이 있으며, 동방과 그리스의 문화적 교량 역할을 했다.

① 이집트 문명
② 미케네 문명
③ 크레타 문명
④ 인더스 문명
⑤ 메소포타미아 문명

정답 ③_ 에게 문명으로 청동기를 사용하는 미케네 문명으로 이어졌다.

18 ▶ (가)에 들어갈 내용으로 알맞은 것은?

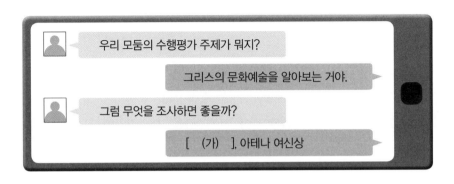

우리 모둠의 수행평가 주제가 뭐지?

그리스의 문화예술을 알아보는 거야.

그럼 무엇을 조사하면 좋을까?

[　(가)　], 아테나 여신상

① 지구라트　　　　② 비너스 상　　　　③ 라오콘 군상
④ 파르테논 신전　　⑤ 클뤼니 수도원

 ④

19 ▶ 다음 질문에 대한 답변 내용으로 옳은 것은?

펠로폰네소스 전쟁 이후 그리스는 어떻게 변화되었을까?

① 재산 정도에 따라 정치 참여가 이루어졌다.
② 도편추방법의 시행으로 독재정치가 사라졌다.
③ 페리클레스는 모든 성인 남자가 민회에 참석하게 했다.
④ 클레이스테네스의 개혁으로 500인 평의회가 조직되었다.
⑤ 폴리스의 통합을 이루는 데 실패하고 분열되어 점차 쇠퇴했다.

정답 ⑤_ 스파르타 중심의 펠로폰네소스 동맹이 아테네 중심의 델로스 동맹에 승리했으나 폴리스의 통합을 이루는 데 실패하고 분열되어 점차 쇠퇴했다.

20 › 그리스 문화와 관계가 먼 것은?

① 미술은 조화와 균형의 미를 강조했다.

② 그리스 문화의 특징은 인간 중심적·합리적이다.

③ 호메로스는 〈일리아스〉와 〈오디세이아〉를 남겼다.

④ 진리의 상대성과 주관성을 강조한 스콜라 철학이 발달했다.

⑤ 헤로도토스는 《페르시아 전쟁사》를 저술해 '역사의 아버지'라 불린다.

정답 ④_ 진리의 상대성과 주관성을 강조한 철학은 소피스트이다. 스콜라 철학은 이성보다 신앙을 중시한 중세에 유행한 철학이다.

21 › 다음 두 사람의 대화 결과가 아닌 것은?

① 한비자는 형벌을 엄격히 할 것을 주장했다.

② 주자는 우주의 원리와 인간의 본성을 연구했다.

③ 맹자는 성선설에 기초하여 왕도정치를 주장했다.

④ 공자는 인과 예를 중심으로 하는 유가를 주장했다.

⑤ 묵자는 모든 사람을 차별 없이 대해야 한다고 했다.

정답 ②_ 그림은 춘추전국시대의 제자백가 사상의 출현 배경이다. 주자는 송나라 때 유학자로 성리학을 개창했다.

22 ▸ 다음 두 사람의 대화에 등장하는 문화로 적절한 것은?

① 청동기가 보급되었다.

② 벼농사가 보급되었다.

③ 헬레니즘 문화가 발달했다.

④ 잉여농산물이 생겨 상업이 발달했다.

⑤ 간다라 미술의 전래로 불상이 제작되었다.

정답 ④_ 그림은 춘추전국시대의 모습이다. 철제 농기구의 사용으로 농업생산력이 늘어나 잉여 농산물로 인한 상업이 발달했다.

23 ▸ (가)에 들어갈 왕의 업적으로 옳은 것은?

> **특집 다큐멘터리: 서아시아 정복 군주 시리즈 – '페르시아' 편**
>
> (가) 왕!
> 제국을 20개의 지역으로 나누고 행정관을 파견해 다스렸다. 세금만 내면
> 그 지방의 종교와 언어, 법 등을 존중해 사람들은 거부감 없이 페르시아의
> 통치를 받아들였다.

① 서아시아를 최초로 통일했다.

② 김나지움을 통해 전사를 양성했다.

③ 왕의 길을 만들어 왕의 명령을 전달했다.

④ 중앙아시아에 헬레니즘 문화를 전파했다.

⑤ 한나라와 로마 제국 간에 중계무역을 했다.

정답 ③_ ①은 아시리아, ②는 스파르타, ④는 박트리아, ⑤는 파르티아이다.

24 ▸ 다음과 같은 종교를 환영한 세력을 〈보기〉에서 고르면?

> 그는 모든 생명을 중요시하며 폭력을 반대하면서 신에게 의존하지 않고
> 스스로 깨달음을 얻어야 한다고 가르쳤다.

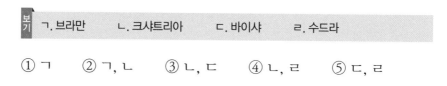

보기 ㄱ. 브라만   ㄴ. 크샤트리아   ㄷ. 바이샤   ㄹ. 수드라

① ㄱ   ② ㄱ, ㄴ   ③ ㄴ, ㄷ   ④ ㄴ, ㄹ   ⑤ ㄷ, ㄹ

정답 ③_ 우파니샤드 철학을 바탕으로 등장한 종교는 자이나교와 불교이다. 제시된 글은 불교에 대한 설명이다.

25 ▸ (가)에 들어갈 내용으로 알맞은 것은?

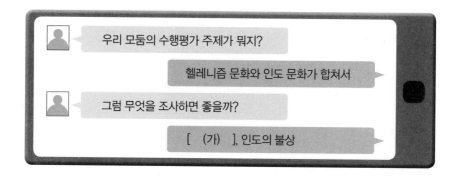

> 우리 모둠의 수행평가 주제가 뭐지?
>
> 헬레니즘 문화와 인도 문화가 합쳐서
>
> 그럼 무엇을 조사하면 좋을까?
>
> [(가)], 인도의 불상

① 석굴암　　　② 비너스 상　　　③ 다비드 상
④ 라오콘 군상　　⑤ 판테온 신전

정답 ①_ 간다라 미술에 대한 설명이다.

26 ▸ 다음의 조각상을 남긴 왕의 업적이 아닌 것은?

① 인도를 최초로 통일했다.
② 저수지와 관개시설을 늘려 농업 생산을 늘렸다.
③ 물자 수송과 군대 이동을 위해 도로망을 확충했다.
④ 혼자만의 깨달음을 중시하는 상좌부 불교가 발달했다.
⑤ 헬레니즘 문화의 영향을 받아 간다라 미술이 발달했다.

정답 ⑤_ 그림은 아소카 왕의 석주이다. ⑤는 쿠샨 왕조의 카니슈카 왕의 업적이다.

27 ▸ 다음 (가)와 (나)에 차례로 들어갈 내용으로 옳은 것은?

카니슈카 왕 때의 불교는 많은 사람을 구원의 길로 이끄는 (가) 불교로 사막 길을 거쳐 (나)에 전해졌다.

① 대승, 한국　　　　　② 대승, 태국
③ 대승, 미얀마　　　　④ 상좌부, 베트남
⑤ 상좌부, 한국

정답 ①

28 › 헬레니즘 문화와 관계가 <u>적은</u> 것은?

① 유클리드는 기하학의 체계를 세웠다.
② 아르키메데스는 부력의 원리를 발견했다.
③ 개방적, 세계시민주의 성격을 지니고 있다.
④ 마음의 안정과 만족을 추구하는 스토아학파가 발달했다.
⑤ 〈밀로의 비너스〉, 〈라오콘 군상〉 등의 미술품을 남겼다.

정답 ④_ 스토아학파는 이성적인 삶을 추구했으며, 제시된 설명은 에피쿠로스학파이다.

29 › 다음은 아테네의 페리클레스가 페르시아 전쟁에서 전사한 시민을 위하여 행한 추도 연설의 일부이다. 이를 통해 볼 수 있는 그리스 정치의 특징으로 옳은 것은?

> 어떤 사람을 다른 사람에 우선하여 공직에 임명할 때 그것은 그가 어느 특정한 계층에 속했기 때문이 아니라, 그가 실질적인 재능을 가지고 있기 때문이다. 국가에 봉사할 수 있는 사람이 가난하기 때문에 정치적으로 빛을 보지 못하는 일은 없다. 우리의 정치 생활이 자유롭고 개방적인 것과 마찬가지로, 시민들의 일상생활도 그러하다.

① 외국인에게도 참정권을 부여했다.
② 모든 시민에게 참정권을 부여했다.
③ 여성도 재능이 있으면 관직에 임명되었다.
④ 평민회가 만들어져 평민의 의견이 반영되었다.
⑤ 특수직을 제외한 모든 관직을 추첨으로 임명했다.

정답 ⑤_ 여자, 외국인, 노예를 제외한 모든 성인 남자에게 참정권이 주어졌으며, 수당제와 추첨제를 실시했다.

30 ▸ 연표는 그리스의 민주정치 발전 과정이다. (가) 시기에 일어난 사실로 옳은 것은?

기원전 8C	기원전 6C	기원전 6C 말	기원전 5C 중엽
			(가)

① 왕에 의하여 평민을 다스린 시기이다.
② 페리클레스의 민주정치의 전성기이다.
③ 클레이스테네스가 도편추방제를 실시했다.
④ 솔론이 재산 정도에 따라 참정권을 부여했다.
⑤ 소수의 시민이 다수를 지배하기 위한 군국주의를 실시했다.

정답 ②_ 아테네의 민주정치는 왕정–금권정–참주정–민주정으로 발전했다.

31 ▸ 아테네의 민주정치와 현대의 민주정치를 비교하여 차이점은?

① 혼합 민주정치   ② 의회 민주정치   ③ 간접 민주정치
④ 제한적 직접 민주정치 ⑤ 남녀평등 직접 민주정치

정답 ④_ 여자, 외국인, 노예를 제외한 모든 성인 남자에게 참정권이 주어진 제한적 직접 민주정치이다.

32 ▸ 다음은 로마의 정치 발전 과정이다. 순서대로 바르게 나열한 것은?

> ㄱ. 시민이 왕을 쫓아내고 공화정을 수립했다.
> ㄴ. 평민회와 호민관이 정치에 참여할 수 있게 되었다.
> ㄷ. 그라쿠스 형제가 농지법·곡물법의 개혁을 시도했다.
> ㄹ. 옥타비아누스가 '아우구스투스' 칭호를 받았다.

① ㄱ-ㄴ-ㄷ-ㄹ   ② ㄱ-ㄷ-ㄴ-ㄹ

③ ㄱ-ㄹ-ㄴ-ㄷ   ④ ㄴ-ㄱ-ㄷ-ㄹ

⑤ ㄷ-ㄱ-ㄴ-ㄹ

정답 ①_ 로마의 정치는 왕정-귀족 공화정(집정관, 호민관)-민주 공화정(호민관, 12표법)-삼두정치-제정으로 발달했다.

33 ▸ (가)에 들어갈 인물로 옳은 것은?

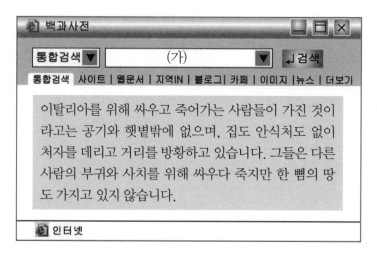

> 이탈리아를 위해 싸우고 죽어가는 사람들이 가진 것이라고는 공기와 햇볕밖에 없으며, 집도 안식처도 없이 처자를 데리고 거리를 방황하고 있습니다. 그들은 다른 사람의 부귀와 사치를 위해 싸우다 죽지만 한 뼘의 땅도 가지고 있지 않습니다.

① 카이사르   ② 레피두스

③ 그라쿠스   ④ 안토니우스

⑤ 아우구스투스

정답 ③_ 플루타르코스의 《티베리우스》에 나오는 티베리우스 그라쿠스의 연설이다. 농지법의 개혁을 주장했으며, 가이우스 그라쿠스는 곡물법의 개혁을 주장했다.

34 ▸ 다음 질문에 대한 답변 내용으로 옳지 않은 것은?

> 포에니 전쟁 후 로마는 어떻게 변화되었을까?

① 지중해 중심의 세계를 장악했다.
② 농민들은 오히려 농토가 줄고 가난해졌다.
③ 농민들은 대농장에서 일을 할 수밖에 없었다.
④ 라티푼디움이라는 대농장의 경영이 나타났다.
⑤ 그라쿠스 형제의 개혁으로 농민 생활이 편안해졌다.

정답 ⑤_ 그라쿠스 형제의 개혁은 귀족들의 반대로 실패하고, 그라쿠스 형제는 귀족들에게 피살되었다.

35 ▸ (가)에 들어갈 인물의 업적으로 옳은 것은?

> **특집 다큐멘터리: 로마의 황제**
>
> (가)!
> 원로원과 로마 시민들에게 '프린켑스(제1시민, 원수)'를 자처했다. 로마의 법을 정리하여 사회 질서를 바로잡았고, 이후 로마는 황제에 의해 다스려지는 '제정 시대'로 접어들었다.

① 도로·화폐·도량형을 정비했다.
② 콜로나투스라는 농장제를 만들었다.
③ 벽돌의 로마를 대리석의 로마로 만들었다.
④ 동서 교역의 중심으로 상공업이 발달했다.
⑤ 노예나 소작농들에게 거주 이전의 자유를 주지 않았다.

정답 ③_ 옥타비아누스로 제2차 삼두정치에서 최후의 승리자가 되었다. 이후 로마는 제정 시대가 되었고, 그로부터 200년간 5현제 시대가 이어지면서 '팍스 로마나'를 구가했다.

36 ▸ 다음 내용이 공통적으로 추구한 것은?

◆ 성산 사건   ◆ 12표법   ◆ 리키우스법   ◆ 호르텐시우스법

① 왕권의 강화   ② 귀족권의 강화

③ 평민권의 강화   ④ 노예제의 폐지

⑤ 로마법의 변화

정답 ③_ 제시된 것은 평민권이 점차 강화되어 귀족과 동등한 권리를 가지게 되는 과정이다.

37 ▸ 다음과 같은 명령을 내린 황제의 업적은?

> 모든 로마 시민에게 종교의 자유가 있듯이 크리스트교도들도 자신들의
> 신앙을 가질 법적 권리가 있다. (중략) 그동안 몰수했던 크리스트교도들의
> 재산을 즉각 반환한다.

① 수도를 비잔틴으로 천도했다.

② 세금을 은으로 납부하게 했다.

③ 로마의 국교로 선포한 것이다.

④ 게르만족 중심의 둔전병을 조직했다.

⑤ 《로마법 대전》을 편찬하여 로마법을 정리했다.

정답 ①_ 제시된 글은 '밀라노 칙령'이다. 콘스탄티누스 황제가 크리스트교를 공인한 명령으로, 수도
를 옮기고 세금을 금으로 납부하면서 화폐도 금화 위주로 바꾸었다. 둔전병은 로마인으로
구성했다.

38 ▸ 다음과 관련된 회의의 결과는?

하느님과 예수 그리스도와 성령은 하나입니다.

① 크리스트교가 공인받았다.

② 황제가 교황의 지배를 받게 되었다

③ 크리스트교가 로마의 국교가 되었다.

④ 황제를 신처럼 받드는 계기가 되었다.

⑤ 성경의 정리로 크리스트교가 발전했다.

정답 ⑤_ 제시된 글은 니케아 종교회의의 '삼위일체설'이다. 이로써 성경이 정리되면서 크리스트교가 크게 발전했다.

39 ▸ 다음과 같은 문화가 있던 시대에 제정된 법을 〈보기〉에서 알맞게 짝지은 것은?

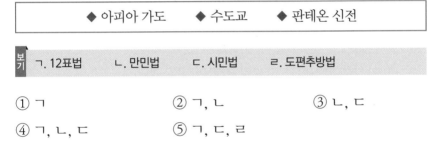

◆ 아피아 가도	◆ 수도교	◆ 판테온 신전

보기 ㄱ. 12표법　　ㄴ. 만민법　　ㄷ. 시민법　　ㄹ. 도편추방법

① ㄱ　　　　　　② ㄱ, ㄴ　　　　　　③ ㄴ, ㄷ

④ ㄱ, ㄴ, ㄷ　　　⑤ ㄱ, ㄷ, ㄹ

정답 ④_ ㄹ은 아테네 시대에 독재정치를 막기 위한 법이다. 제시된 건축물은 로마 시대를 대표하는 건축물이다.

40 ▸ 다음은 로마 시대를 대표하는 문화이다. 이 중 후대 서양 세계에 가장 크게 영향을 준 것으로 짝지은 것은?

ㄱ. 종교	ㄴ. 철학	ㄷ. 건축	ㄹ. 법

① ㄱ　　　　　　② ㄱ, ㄴ　　　　　　③ ㄴ, ㄷ

④ ㄴ, ㄹ　　　　　⑤ ㄷ, ㄹ

⑤_ 로마 문화에서 법과 건축은 후세 서양에 가장 큰 영향을 미쳤다.

41 ‣ 로마 공화정이 무너지고 제정의 계기가 된 전쟁은?

① 악티움 해전   ② 포에니 전쟁   ③ 페르시아 전쟁

④ 마케도니아 전쟁   ⑤ 펠로폰네소스 전쟁

①_ 옥타비아누스와 클레오파트라·안토니우스 연합군의 싸움으로 옥타비아누스가 승리함으로써 로마 제정이 시작되었다.

42 ‣ 로마 문화에 대한 잘못된 설명은?

① 로마 문화는 실용적, 종합적 문화이다.

② 프톨레마이오스는 천동설을 주장했다.

③ 이성을 중시하는 스콜라 철학이 발달했다.

④ 리비우스는 《로마사》와 같은 역사서를 남겼다.

⑤ 베르길리우스는 라틴 문학인 〈아이네이스〉를 남겼다.

③_ 스콜라 철학은 중세 철학으로 이성보다는 신앙을 중시했으며, 이성을 중시한 것은 스토아 철학이다.

43 ‣ 다음 (가) 시기에 있었던 일이 아닌 것은?

	기원전 221		기원전 208	
		(가)		

① 중국 최초로 황제라고 칭했다.

② 춘추전국의 혼란기를 통일했다.

③ 혈연에 기초한 봉건제도를 실시했다.

④ 흉노를 막기 위해 만리장성을 쌓았다.

⑤ 법가사상을 중심으로 사상 통일을 했다.

> **정답** ③_(가) 시기는 진나라 때이다. 진나라는 황제 지배 체제를 강화하기 위해 군현제를 실시하여 황제가 관리를 임명했다.

44 ▸ 다음 두 사람 대화의 결과는?

① 분서갱유가 일어났다.

② 황제가 사치스런 생활을 했다.

③ 혈연에 기초한 봉건제도를 실시했다.

④ 흉노를 막기 위해 만리장성을 쌓았다.

⑤ 9품중정제를 통하여 관리를 선발했다.

> **정답** ①_진시황은 법가사상을 채택하여 각종 통일 정책을 실시하여 중국을 하나로 묶는 계기가 되었다. '진'에서 중국의 영어 국명인 'China'가 나왔다.

45 ▸ 다음과 같은 업적을 이룬 왕의 통치 제도는?

◆ 유교의 통치 이념화	◆ 전매제 실시	◆ 한반도 정복

① 봉건제도   ② 군국제도   ③ 군현제도

④ 신정정치   ⑤ 역참제도

 ③_ 제시된 글은 한 무제의 업적으로, 중앙집권 체제인 군현제도를 채택했다.

46 › 다음 (가)와 (나)에 차례로 들어갈 내용으로 옳은 것은?

> 한무제는 대월지와 동맹하여 흉노를 토벌하기 위하여 (가)를 파견했다
> 가 동서 무역로인 (나)를 개척했다.

① 한신, 비단길   ② 장건, 비단길
③ 장량, 초원길   ④ 사마천, 초원길
⑤ 사마천, 바닷길

정답 ②

47 › 다음 정책을 한무제가 실시한 목적은?

◆ 균수법 실시   ◆ 소금·철의 전매제 실시   ◆ 평준법 실시

① 호족 세력을 몰락시키기 위해
② 토지를 농민에게 분배하기 위해
③ 물가를 비싸게 하여 농민의 이익을 위해
④ 물가를 비싸게 하여 상인들의 독점 강화를 위해
⑤ 국가 재정을 많이 확보하여 다른 나라를 정벌하기 위해

 ⑤

※ 다음 그림을 보고 물음에 답하시오.(48~49)

전한	(가)	후한	(나)

48 ▸ **(가) 시기에 있었던 일이 <u>아닌</u> 것은?**

① 왕망이 신나라를 세웠다.

② 토지의 국유화를 단행했다.

③ 노예 매매를 금지하는 급진책을 펼쳤다.

④ 호족의 지원을 받은 유수에게 멸망당했다.

⑤ 봉건제와 군현제를 겸한 군국제도를 실시했다.

정답 ⑤_ 한나라를 건국한 고조(유방)가 실시한 제도이다.

49 ▸ **(나) 시기에 일어난 농민반란은?**

① 황건적의 난   ② 홍건적의 난   ③ 이자성의 난

④ 안녹산의 난   ⑤ 태평천국운동

정답 ①_ ②는 원나라 말, ③은 명나라 말, ④는 당나라 후기, ⑤는 청나라 말기에 발생했다.

50 ▸ **다음과 관련된 사상은?**

> 하늘이 어떤 사람을 치켜세워 제왕으로 만들 때에는 사람으로 하지 못하는 현상이 반드시 저절로 나타나는데, 이것이 바로 천명을 받았다는 증거이다. 천하 사람이 마치 부모에게 귀속하듯이 한마음으로 그에게 귀속하기 때문에 하늘에서 내리는 상서로움이 사람의 지성에 감응하여 이르는

것이다. …… 제왕이 방탕하고 나태하여 나라는 쇠퇴하고 백성을 통솔하여 다스리지 못하고 …… 윗사람과 아랫사람이 화합하지 못하자 …… 재앙이 발생했다. …… 제왕은 하늘의 뜻을 받들어 정치를 해야 한다.

① 불교　　② 도교　　③ 유교　　④ 경교　　⑤ 배화교

정답 ③_ 제시된 글은 《한서》에 나오는 동중서의 건의문으로, 한무제가 유교를 정치 이념으로 채택하게 했다.

51 ▸ 다음 동서 교역로에 대해 알맞게 설명한 것은?

① 바닷길을 통한 동서 교역은 거의 없었다.
② 바닷길은 명나라 때 정화가 개척한 길이다.
③ 동서 교역로 중 비단길이 가장 먼저 개척되었다.
④ 비단길을 통해 불교, 이슬람교 등의 종교가 전해졌다.
⑤ 초원길은 서아시아로 가는 길 중 나중에 개척된 길이다.

정답 ④_ 가장 오래된 길은 초원길이며, 바닷길은 송나라 때 많이 이용되었다. 정화는 명나라 때 바닷길을 통해 해외 원정을 떠나 화교가 해외로 나가는 계기가 되었다.

52 ▸ 다음에서 설명하는 계층은?

◆ 한나라의 중심 계층이다.
◆ 대토지를 소유하면서 지역을 지배하게 되었다.
◆ 지방관 추천 관리 선발제인 향거리선제를 독점했다.

① 호족　　② 향신　　③ 귀족　　④ 사대부　　⑤ 신사층

정답 ①_ ②와 ⑤는 명·청 시대, ③은 당나라, ④는 송나라의 중심 계층이다.

53 ▸ 다음 (가)와 (나)에 차례로 들어갈 내용으로 옳은 것은?

한나라 때 (가)은(는) 기전체의 효시인 역사책(나)를 썼다.

① 반고, 《한서》　　　② 반고, 《사기》　　　③ 사마천, 《사기》

④ 사마천, 《한서》　　　⑤ 사마광, 《사기》

정답 ③_ 한나라의 역사서는 사마천의 《사기》와 반고의 《한서》가 있다.

55 ▸ 한나라의 문화에 대한 설명으로 잘못된 것은?

① 한나라의 문화는 중국 전통문화의 기틀이 되었다.

② 후한 초 채륜은 종이를 만드는 제지술을 발명했다.

③ 황제가 하늘과 소통한다는 생각으로 달력을 만들었다.

④ 오경박사와 수도에 태학을 세워 교육하고 관리를 뽑았다.

⑤ 우주의 원리와 만물의 이치를 탐구하는 성리학이 발달했다.

정답 ⑤_ 성리학은 송나라 때 발달했다. 한나라 때는 공자의 가르침을 해석하고 주석을 다는 훈고학이
발달했다.

56 ▸ 다음과 같은 왕조가 있었던 시대의 관리 선발 방법은?

◆ 위　◆ 진　◆ 5호16국　◆북위　◆ 동위(북제) · 서위(북주)

① 선거제　　　② 과거제　　　③ 독서삼품과

④ 구품중정법　　　⑤ 향거리선제

정답 ④_ ①과 ②은 수나라 때, ③은 통일신라시대, ⑤는 한나라 때 시행했다.

57 ▶ 북위에서 시작되어 수·당대에 계승된 자영농을 육성하기 위한 토지제도는?

① 균전제   ② 정전제   ③ 과전제

④ 전시과   ⑤ 직전법

정답 ①_ 정전제는 주나라 때 실시한 토지제도이다.

58 ▶ 다음과 같은 글이 쓰인 시대의 문화로 <u>잘못된</u> 것은?

> 돌아가련다
> 세상 사람과 교류를 끊고
> 세상과 나는 서로 잊고 말지니
> 다시 한 번 관리가 되어도 거기 무슨 구할 것이 있으리오
> 친척과 정겨운 이야기를 나누며 기뻐하고
> 거문고와 책을 즐기며 시름을 지우련다
> 맑은 강물 흐르는 곳에서 시를 짓는다
> 하늘에 맡겨 죽으면 죽으려니
> 천명을 즐기며 살면 그뿐, 근심할 일이 아무것도 없지 않은가

① 강건하고 소박한 문화가 발달했다.

② 우아하면서도 자유분방한 귀족 문화였다.

③ 한문으로 번역된 불교 경전을 보게 되었다.

④ 이백, 두보 등의 활약으로 시문학이 발달되었다.

⑤ 신선사상과 도가사상이 결합하여 노장사상과 청담사상이 유행하
   였다.

정답 ④_ 당나라 때 문인이다. 제시된 글은 도연명의 〈귀거래사〉이다.

59 ▸ 그림과 같은 시대의 사실로 <u>잘못된</u> 것은?

① 인도의 고전문화가 발달했다.

② 인도의 민족의식이 생겨난 시대였다.

③ 인도의 민간신앙과 불교가 융합한 브라만교가 생겨났다.

④ 산스크리트어가 공용어가 되어 산스크리트 문학이 발달되었다.

⑤ 간다라 미술과 인도 고유의 양식이 결합되어 굽타 양식이 발달했다.

정답 ③_ 브라만교가 아닌 힌두교이다.

※ 다음 자료를 읽고 물음에 답하시오.(60~61)

> 창조주는 모든 창조물을 보호하기 위해 그의 입, 팔, 무릎, 발에서 나온 자들에게 각기 그 업을 정하였도다. 브라만에게는 '베다'를 가르치고 배우며 제사 지내는 일을, 크샤트리아에게는 백성을 보호하고 다스릴 것을, 바이샤에게는 농사를 짓고 짐승을 기를 것을 명령하셨다. 마지막으로 수드라에게는 앞선 세 신분에 속한 사람들에게 봉사하는 임무를 명령하셨다.

60 ▸ 위 자료와 관련된 종교는?

① 불교   ② 힌두교   ③ 브라만교

④ 자이나교   ⑤ 이슬람교

61 ▸ 위 자료 시대에 발달한 문화와 관계가 <u>없는</u> 것은?

① 지구의 자전과 공전을 밝혀냈다.

② 수학에서 가장 중요한 '0'을 발명했다.

③ 서사시인 〈마하바라다〉, 〈라마야나〉를 남겼다.

④ 불상과 벽화가 우리나라와 일본에 영향을 주었다.

⑤ 간다라 미술이 전해져 불상이 만들어지기 시작했다.

62 ▸ (서술형) 다음 그림과 같은 작품을 남긴 시대에 사용한 도구와 생활 모습을 서술하시오.

63 ▸ (서술형) 다음 그림과 같은 토지제도를 실시한 나라의 정치제도와 특징을 서술하시오.

井

64 ▸ (서술형) 다음 그림과 같은 유적을 남긴 사람들의 종교관을 서술하시오.

 메소포타미아 문명을 만든 수메르인들이 남긴 문화 유적이다. 이들은 여러 신을 섬기는 다신교이며, 현재 생활을 중시하는 현세적 종교관을 가지고 있었다.

65 ▸ (서술형) 다음 내용과 같은 정치의 형태와 이를 실시한 사람을 서술하시오.

> 재산 평가에 따라 모든 사람을 전에 나누었던 것처럼 4등급 – 펜타코시오메딤노이(pentakosiomedimnoi), 히페이스(hippeis), 제우기타이(zeugitai), 테데스(thetes)–으로 나누었다. 그가 펜타코시오메딤노이, 히페이스, 제우기타이에게 할당한 관직은 9명의 아르콘, 신전관리직, 폴레타이(poletai, sellers), 콜라크레타이(kolakretai, financial officials)로, 그는 평가된 재산 규모에 따라 각 등급에 맞게 이 관직들을 할당했다. 그러나 테데스 층으로 분류된 시민들에게 그는 단지 민회와 법정에 참석할 권한만 주었다.
>
> –아리스토텔레스,《아테네의 국제》중에서

 아테네에서 실시한 금권정치이며, 솔론에 의하여 실시되었다.

66 ▸ (서술형) 다음과 같은 일로 무제는 어려움을 겪었다. 무제가 이를 해결하기 위해 취한 정책을 서술하시오.

> 흉노를 정벌하였으나, 흉노의 군사력은 여전히 한나라를 위협했다. 이에 무제는 장건으로 하여금 대월지국을 찾아가 동맹을 맺고 흉노를 막고자 했으나 실패하여, 흉노를 막는 데 많은 군사력이 필요했다. 이어서 한나라와 한반도 남부 지역의 교역을 방해하던 고조선과 남월을 정복했다.

정답 전쟁을 하기 위해 많은 재정이 필요했다. 무제는 소금과 철의 전매제 실시, 평준법과 균수법을 실시하여 국가 재정을 확보하고자 했다.

67 ▸ (서술형) 다음에서 설명하는 종교를 쓰고, 이 종교의 영향을 받은 제도를 서술하시오.

> 브라만교를 중심으로 인도의 민간신앙과 불교가 융합되고 여러 신앙이 결합된 다신교이다. 지역에 따라 다양한 신들을 모셨는데, 창조의 신인 브라흐마, 세계 보호신인 비슈누, 파괴의 신인 시바를 주된 신으로 모셨다. 사람이 죄를 짓고 다시 태어난다는 윤회사상과 전생에 지은 죄인 업을 강조했다. ○○○는(은) 모든 사람의 영혼을 구원한다는 불교의 사상과 비슷했다.

 정답 제시된 내용은 굽타 왕조 시대에 창시된 힌두교이며, 신분제도인 카스트 제도를 강화시켰다.

68 ▸ (서술형) 다음에서 설명하는 신은 무엇이며, 이 신으로 볼 때 이 나라 종교의 성격은 무엇인가? 종교관을 반영하는 예를 세 가지 이상 서술하시오.

> 생명을 부여하는 나일 강의 신으로서 이 나라 사람들의 부활에 대한 믿음을 반영하고 있다. 그리스의 디오니소스 신앙과 기독교의 부활 사상의 근원이 되었다.

정답 이집트의 오시리스 신으로 내세적인 종교관을 반영하고 있다. 내세적인 종교관은 피라미드, 미라, 사자의 서 등에서 엿볼 수 있다.

69 ▸ (서술형) 다음은 로마에서 평민권이 확대된 모습이다. 평민권 신장의 가장 근본적인 이유는?

◆ 12표법   ◆ 만민법   ◆ 시민법

정답 로마는 시민군을 바탕으로 한 국가이기 때문이다.

70 ▸ (서술형) 다음 인물과 관련된 유적을 조사하려고 한다. 어떤 유적을 찾아야 할지 세 가지 이상 서술하시오.

중국 최초의 황제라 하여 '시황제'라 불리게 되었다. 중국을 통일한 시황제는 전국을 36개의 군과 현으로 나누어, 각 군현에 직접 임명한 관리를 파견하면서 황제 지배 체제를 확립했다. 행정·군사·감찰의 삼권분립으로 중앙집권 체제를 정비했다. 특히 상앙의 법가사상에 따라 엄격한 법을 만들어 왕족이든 평민이든 모두 법을 지키도록 했다. 마차의 바퀴도 통일하여 물건을 빠르게 운반할 수 있었고, 문자·화폐·도량형도 통일하여 지역 간 교류를 활발하게 하였으며, 이는 중국을 하나로 묶는 계기가 되었다. 흉노족이 진나라를 쳐들어올 것이라는 소문에 따라 시황제는 흉노족을 막기 위해 ○○○성을 쌓아 국경을 튼튼히 했다.

정답 진시황으로 여산릉, 여산릉 속의 토용, 그리고 만리장성을 찾으면 된다.

II 중세 시대

01 ▸ 유럽 사회에서 고대에서 중세로 바뀌는 계기가 된 사건은?

① 로마의 분열　　　　　　② 포에니 전쟁

③ 게르만족의 이동　　　　④ 크리스트교의 공인

⑤ 크리스트교의 국교화

정답 ③

02 ▸ 다음 국가들을 세운 민족은?

◆ 반달 왕국　　◆ 서고트 왕국　　◆ 동고트 왕국

① 핀족　　　　　② 훈족　　　　　③ 노르만족

④ 게르만족　　　⑤ 탕구트족

정답 ④_ 게르만족의 이동으로 세워진 국가들이다.

03 ▸ (가)에 들어갈 왕이 선택한 종교는?

> **특집 다큐멘터리: 중세의 군주 시리즈**
>
> (가) 왕 !
> 메로빙거 왕조를 개창하고, 주변 부족을 정복하고 통일 국가를 만들었다.
> 소수의 민족으로 다수의 로마인을 다스리기 위해 이 종교가 필요하지. 이
> 종교를 통해 백성들에게 글과 문화도 알려주어야지.

① 불교　　　　　② 힌두교　　　　　③ 자이나교
④ 이슬람교　　　⑤ 크리스트교

정답　⑤_ 제시된 글은 클로비스 왕에 대한 글로 크리스트교로 개종했다. 게르만족 중 유일하게 로마와 융화하는 데 성공했으며, 교황에게서 서로마 황제의 관을 받았다.

04 ▶ 로마의 교황과 비잔틴 제국의 황제가 서로 대립한 원인은?

① 국경 문제　　　② 군대 지휘권　　　③ 세금 징수 문제
④ 성상 숭배 문제　⑤ 노예해방 문제

정답　④_ 로마의 교황은 자신들이 교회의 중심이라고 생각하면서 글을 모르는 미개한 게르만족을 로마 크리스트교로 개종시키기 위해서는 동상이나 상징물(성상)을 만들어야 한다고 주장했다. 그러나 비잔틴 제국의 황제는 로마의 계승자는 자신이며 정치와 종교를 모두 지배하려고 하면서 로마 교회의 성상 숭배를 반대했다.

05 ▶ 800년 교황 레오 3세는 크리스마스 미사에 참석하기 위해 로마 성당에 온 클로비스 왕의 머리 위에 서로마 제국 황제의 왕관을 씌워주었다. 서로마 황제가 된 의미로 <u>잘못된</u> 것은?

① 로마 교회는 비잔틴 제국의 지배에서 벗어났다.
② 로마 교황청의 지배를 받게 되는 계기가 되었다.
③ 게르만 민족 이동 후의 혼란을 극복하는 계기였다.
④ 그리스정교와 로마 교황 중심의 가톨릭으로 분리되는 계기가 되었다.
⑤ 새로운 사회 질서와 새로운 서유럽 문화가 만들어지는 기초가 되었다.

정답　②_ 교황의 지배를 받게 되는 것은 카노사의 굴욕 이후이다.

06 ▸ 다음과 같은 계기가 된 조약은?

> 루트비히 1세가 죽자 프랑크 왕국의 영토를 나누는 문제로 3명의 아들들이 서로 싸우게 되었다. 루트비히 1세는 큰아들에게 나라를 맡기려고 했으나, 원래 프랑크 왕국의 전통은 왕이 죽으면 아들들이 똑같이 영토를 나누어 가진 것에서 문제가 발생했다. 그러나 첫째인 로타르가 형제들과 조카들의 영토에 대한 권리를 주장하자, 세 아들 사이에 전쟁이 일어났다. 동생인 루트비히 2세와 대머리왕 카를이 서로 손잡고 형을 공격하여 전쟁이 일어나 첫째는 패배했다. 세 사람은 프랑스 북부에서 영토를 셋으로 나누어 갖는 조약을 맺었다.

① 파리 조약   ② 베르됭 조약   ③ 메이르선 조약
④ 베르사유 조약   ⑤ 시모노세키 조약

정답 ②_ 베르됭 조약이며, 869년에 첫째인 로타르가 적법한 후계자가 없이 죽자, 870년 루트비히와 카를은 동프랑크와 서프랑크가 네덜란드의 메르센에서 이탈리아를 제외한 중부 프랑크(로트링겐)를 다시 나누는 메르센 조약을 맺었다. 이는 오늘날 프랑스, 독일, 이탈리아가 되었다.

07 ▸ 다음 자료를 토대로 중세 유럽에 만들어진 제도는?

> 노르만족 출신의 윌리엄 공이 노르망디 지역의 지배자가 되면서 앵글로색슨족이 다스리는 잉글랜드(영국)를 공격했다. 이때 잉글랜드는 에드워드 왕이 후계자가 없이 죽어 해럴드가 왕위를 계승한 때였다. 1066년 에드워드 왕의 친척인 윌리엄 공이 자신에게 왕위계승권이 있다고 주장하며 잉글랜드를 공격하여 하루 만에 잉글랜드를 정복하고 노르망디 왕조를 세운 후 '정복왕 ○○○'이라는 호칭을 얻으며 왕이 되었다.

① 수당제   ② 추첨제   ③ 봉건제도
④ 역참제도   ⑤ 절대왕정

정답 ③_ 윌리엄 공은 잉글랜드의 모든 땅을 자신의 땅이라고 선포하고 자신에게 충성을 맹세하는 귀족을 봉신으로 삼아 토지를 나누어주는 봉건제도를 실시했다.

08 ▸ 다음 국가를 세운 민족이 다스린 또 다른 국가를 〈보기〉에서 고르면?

◆ 나폴리 왕국 ◆ 시칠리아 왕국 ◆ 노브고로드 왕국

보기	ㄱ. 덴마크 ㄴ. 스웨덴 ㄷ. 에스파냐 ㄹ. 노르웨이

① ㄱ   ② ㄱ, ㄴ   ③ ㄴ, ㄷ

④ ㄱ, ㄴ, ㄷ   ⑤ ㄱ, ㄴ, ㄹ

정답 ⑤_ 제시된 왕국을 건국한 민족은 노르만족이다.

※ 다음 그림을 보고 물음에 답하시오.(9~11)

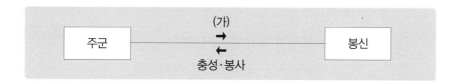

09 ▸ 그림의 (가)에 들어갈 내용은?

① 봉토   ② 부역   ③ 공납

④ 지대   ⑤ 세금

정답 ①_ 봉건제의 구조를 나타낸 것이다.

10 ▸ 위 제도에 대한 설명으로 잘못된 것은?

① 로마의 은대지 제도에 기원을 두고 있다.

② 적장자 계승을 원칙으로 한 종법주의에 기초했다.

③ 봉신은 주군에게 봉사와 조언, 재정적 원조의 의무를 진다.

④ 봉신의 징세, 치안 유지, 재판 등에 주군이 개입할 수 없었다.

⑤ 이 제도의 특징은 기사계급에 의한 지방분권적 통치 체제이다.

정답 ②_ 중세 봉건제도는 주군과 봉신의 봉토를 매개로 한 쌍무적 계약 관계이다. 보기는 주나라의 봉건제도이다.

11 ▸ 위 제도의 경제적 특징은 장원제이다. 이에 대해 잘못된 설명은?

① 자급자족적 폐쇄경제이다.

② 공유지는 공동 경작이 이루어졌다.

③ 농노는 거주 이전의 자유가 주어졌다.

④ 신분적으로 예속된 농노에 의해 유지되었다.

⑤ 삼포제(춘경지, 추경지, 휴한지)에 의해 농사를 지었다.

정답 ③_ 농노는 장원의 오랜 관습에 의해 보호되었으나 영주에게 신분적으로 예속되어 경제외적으로 간섭을 받았다. 이들은 장원 내 시설 이용하는 비용, 인두세, 사망세, 혼인세 등을 납부했다.

12 ▸ 다음과 같은 일이 벌어진 시기는?

> 마침내 하인리히 4세가 두어 명의 수행원만 거느리고 내가 머물고 있던 카노사에 찾아왔소. 황제는 적대적이거나 오만한 기색이 전혀 없이 성문 앞에서 사흘 동안 사면을 빌었다오.
> −그레고리우스 7세, 〈서한집〉 중에서

게르만족 이동	서로마 멸망	카롤루스 르네상스	노르만족 의 이동	보름스 협약	십자군 전쟁
①	②	③	④	⑤	

> **정답** ④_ 제시된 내용은 카노사의 굴욕(1077)이다. 보름스 협약으로 성직자 임명권을 교황이 차지하면
> 서 교황권의 절정기를 이루었다.

※ 다음 그림을 보고 물음에 답하시오.(13~14)

13 ▸ 다음 건축물이 만들어진 시기 문화의 내용으로 잘못된 것은?

① 봉건 귀족적 성격이었다.

② 크리스트교 중심의 문화이다.

③ 철학은 신학의 보조 학문이 되었다.

④ 대학이 설립되어 자치적으로 운영되었다.

⑤ 신앙보다 이성을 중시하는 스콜라 철학이 발달했다.

> **정답** ⑤_ 십자군 전쟁 이후에 스콜라 철학은 이성보다 신앙을 중시했으나, 토마스 아퀴나스는 《신학대
> 전》에서 신앙과 이성의 조화를 추구했다.

14 ▸ 위 시기에 쓰인 문학 작품이 <u>아닌</u> 것은?

① 〈신곡〉　　　　　② 《돈키호테》　　　　③ 〈롤랑의 노래〉

④ 〈아서 왕 이야기〉　　⑤ 〈니벨룽겐의 노래〉

정답 ②_ 르네상스 시기 세르반테스의 작품이다.

15 ▸ 다음과 같은 연설로 일어난 사건의 결과가 <u>아닌</u> 것은?

> 예루살렘과 콘스탄티노플의 형제들로부터 빈번히 하소연을 듣고 있습니다. 페르시아에서 온 침입자, 투르크인이 무력으로 기독교도를 추방하고 약탈하며 마을을 불태우고 있다는 것입니다. 신의 교회는 사라지고 신앙은 유린당하고 있습니다. …… 이와 같은 악을 차단하고 그 땅을 회복하는 것은 우리 모두의 의무입니다.

① 교황권이 약화되었다.

② 제후와 기사 계층이 몰락했다.

③ 동방과의 교역이 활발하게 되었다.

④ 이슬람과 비잔틴 문화가 전파되었다.

⑤ 이탈리아 도시들이 쇠퇴의 길을 걷게 되었다.

정답 ⑤_ 십자군 전쟁의 계기가 된 클레르몽 종교회의에서 우르바누스 2세가 한 연설이다. 동방과의 교역이 활발하게 되었으며, 이탈리아 도시들이 지중해의 제해권을 장악하여 무역을 주도하면서 상공업이 발달하고 도시가 성장하는 계기가 되었다.

16 ▸ 다음 사건의 배경으로 <u>잘못된</u> 것은?

> ◆ 와트 타일러의 난　　　◆ 자크리의 난

① 상공업이 발달했다.

② 지대를 현물 대신 화폐로 납부했다.

③ 흑사병으로 농노의 지위가 떨어졌다.

④ 흑사병으로 인한 노동력이 감소되었다.

⑤ 농노의 지위 상승에도 영주의 속박은 강화되었다.

정답 ③_ 흑사병으로 인해 농노의 지위가 올라갔다. 그러나 영주의 속박 때문에 농민들이 난을 일으켰다.

17 ▸ 밑줄 친 문서에 해당하는 것은?

> 아비뇽 유수 이후 신권을 누르게 된 국왕들은 중앙집권적인 정책을 취하면서 지방 제후들에게 더 많은 세금의 징수를 요구했다. 왜냐하면 강력한 왕권을 이루기 위해서는 군사력과 관료를 더 많이 유지할 많은 돈이 필요했던 것이었다. 영국에서도 무거운 세금을 부과하자 귀족들은 이에 반발하여 왕권을 제한하고 제후의 권리를 확인하는 <u>문서</u>를 만들었다.

① 대헌장   ② 인권선언   ③ 권리청원

④ 권리장전   ⑤ 항해조례

정답 ①_ 영국의 존 왕이 무거운 세금을 부과하자 귀족들은 이에 반발하여 왕권을 제한하고 제후의 권리를 확인하는 문서인 마그나카르타(대헌장)를 승인하게 했다.(1215) 시간이 흐른 후에 대헌장은 국민의 권리와 인권을 보호하는 것으로 넓게 해석되었다. 왕권을 제한한 영국에서는 성직자, 기사, 귀족, 시민이 참여한 모범의회가 만들어져 양원제의 기틀이 되었다.

18 ▸ 다음 사건으로 이루어진 결과는?

◆ 백년전쟁   ◆ 장미전쟁

① 교황권 강화 　　　　　　 ② 중앙집권 국가

③ 지방분권 국가 　　　　　　 ④ 전체주의 국가

⑤ 군국주의 국가

정답 ②_ 영국은 프랑스와 벌인 백년전쟁과 왕위 계승을 둘러싼 장미전쟁을 거치면서 귀족 세력은 약화되어 중앙집권 국가가 되었다. 프랑스도 12세기 말 필리프 2세부터 왕권이 강화되었으며, 백년전쟁의 승리로 통일된 영토를 확보하면서 중앙집권 국가로 발전했다.

※ 다음 그림을 보고 물음에 답하시오.(19~20)

19 ▸ 다음의 유적이 만들어진 시기에 편찬된 법전은?

① 〈만민법〉 　　　　　　 ② 〈12표법〉 　　　　　　 ③ 〈시민법〉

④ 《로마법 대전》 　　　　　　 ⑤ 《나폴레옹 법전》

 정답 ④_ 유적은 비잔틴 제국의 유스티니아누스 황제가 콘스탄티노플에 세운 성 소피아 대성당이다. 방대한 양의 로마 법률을 4부로 정리한 《로마법 대전》을 남겼다.

20 ▸ 위 유적이 만들어진 시기의 문화 특징으로 잘못된 것은?

① 그리스정교를 바탕으로 했다.

② 공용어는 튀르크어를 사용했다.

③ 그리스·로마·헬레니즘 문화가 결합되었다.

④ 건축은 웅장한 돔과 내부의 화려한 모자이크 벽화가 있다.

⑤ 슬라브족에 전해져 러시아와 동유럽 문화 발전에 이바지했다.

정답 ②_ 비잔틴 제국의 공용어는 그리스어이다.

21 ▸ 진나라와 수나라의 공통점이 <u>아닌</u> 것은?

① 분열된 중국을 통일했다.

② 무리한 대외 정벌을 했다.

③ 무리한 토목공사를 벌였다.

④ 짧은 역사를 지닌 왕조였다.

⑤ 중국 문화의 기틀을 마련했다.

정답 ⑤_ 중국 문화의 기틀을 마련한 왕조는 한나라이다.

22 ▸ 다음 종교와 관련된 문화권에서 볼 수 있는 모습이 <u>아닌</u> 것은?

> 칼은 천국과 지옥의 열쇠이다. 신의 가르침에 따르지 않는 자는 용서 없이 정벌하라. 자! 교도여, 한 손에는 칼을 다른 또 한 손에는 코란을 들고 나서면 거룩한 보답을 받을 것이다.

① 메카 성지순례를 떠나는 사람들

② 라마단 기간에 금식하는 사람들

③ 간다라 양식으로 만들어진 성상

④ 성지 메카를 향해 절하는 사람들

⑤ 히잡을 쓰고 율법을 배우는 여학생

23 ▸ 다음과 관련된 인물의 업적으로 잘못된 것은?

◆ 현무문의 변　　　◆ 정관의 치

① 고구려를 공격하여 정복했다.

② 조세제도는 조용조 제도를 시행했다.

③ 3성과 6부를 두는 등 행정기구도 개편했다.

④ 양인 정남에게 균등하게 세금과 부역, 특산물을 부과했다.

⑤ 신하들과 정치에 대해 논의해 정리한 《정관정요》을 남겼다.

24 ▸ (ㄱ)에서 (ㄴ)으로 변화하게 된 계기는?

	(ㄱ)		(ㄴ)
토지제도	균전제		대토지소유제
군사제도	부병제	(가)	모병제
조세제도	조용조	→	양세법

① 왕망의 난　　　② 안사의 난　　　③ 황건적의 난

④ 홍건적의 난　　　⑤ 이자성의 난

25 ▶ (가)에 들어갈 내용으로 잘못된 것은?

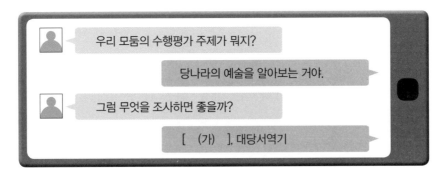

우리 모둠의 수행평가 주제가 뭐지?

당나라의 예술을 알아보는 거야.

그럼 무엇을 조사하면 좋을까?

[(가)   ], 대당서역기

① 대운하   ② 나침반   ③ 당삼채
④ 윈강 석불   ⑤ 룽먼 석불

정답 ③_ ①은 수나라, ②는 송나라, ④와 ⑤는 북조 왕실의 후원으로 만들어졌다.

26 ▶ 당나라의 경제생활로 잘못된 것은?

① 일종의 약속어음인 교자와 회자가 널리 유통되었다.

② 차가 재배되어 비단과 함께 중국의 주요 수출품이 되었다.

③ 농업에 있어 2년 3모작이 가능하여 농업생산력이 증가했다.

④ 상업도 발달하여 운하를 통해 남북 물산의 유통이 활발해졌다.

⑤ 아랍 상인과 무역을 했으며, 무역을 담당하는 시박사라는 관리를
두었다.

정답 ①_ 교자와 회자는 송나라 때 사용한 지폐이며, 당나라의 약속어음은 비전이다.

27 · 당나라의 문화에 대한 설명으로 잘못된 것은?

① 황실의 보호를 받는 종교로 도교가 있었다.

② 당나라의 문화는 귀족적이고 국제적이었다.

③ 도연명은 귀족들의 입맛에 맞는 시를 발달시켰다.

④ 한자·율령·유교·불교는 한국·일본 등 동아시아 문화권에 공통 요소가 되었다.

⑤ 유학은 오경(경전)에 대한 해석을 획일화한 공영달의 《오경정의》가 유명하다.

> **정답** ③_ 도연명은 위진남북조시대 사람으로 〈귀거래사〉를 썼으며, 당나라 때에는 이백과 두보가 유명하다.

28 · 다음의 설명에 해당하는 국가의 유학은?

◆ 문치주의 ◆ 왕안석의 개혁 ◆ 교자·회자의 유통

① 철학   ② 고증학   ③ 양명학

④ 성리학   ⑤ 훈고학

> **정답** ④_ 제시된 내용은 송나라의 모습이다. 이 시대는 우주의 원리와 만물의 이치를 탐구하는 성리학이 유행했다.

※다음 글을 읽고 물음에 답하시오.(29~31)

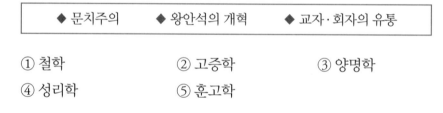

산시 지방의 변두리로 이극용을 몰아낸 주전충은 황제 소종까지 살해하고 열 살짜리 허수아비 황제 소선제를 옹립했다. 주전충은 환관과 귀족들

을 몰아낸 후 소선제로부터 제위를 양도받는 형식으로 스스로 황제가 됨으로써 당은 멸망했다. 주전충은 양을 세웠지만, 후세 사람들은 후량이라고 했다. 주전충이 황제라고 했지만 각지의 절도사들은 인정하지 않았다. 자신들도 황제라고 생각했던 것이다. 결국 송나라가 들어서기 전까지 이후 반백년 동안 중국은 다시 분열되어 5대 왕조가 있었고, 지방에는 당나라 시대 절도사들이 세운 10개의 나라가 있었다. 이 시기를 '5대10국 시대'라 부른다. 960년 후주의 장군 조광윤이 ○○○를(을) 세워 중국을 통일했다.

29 ▶ 조광윤이 ○○○를(을) 세운 뒤 절도사 세력을 약화시키기 위해 취한 정책은?

① 교린주의　　　　② 사대주의　　　　③ 법가 정치

④ 쇄국정책　　　　⑤ 문치주의

 ⑤

30 ▶ 위 정책의 결과 나타난 현상이 아닌 것은?

① 국방력이 강화되었다.

② 황제 독재 체제가 수립되었다.

③ 문관을 우대하는 경향이 나타났다.

④ 사대부들이 새로운 지배 세력이 되었다.

⑤ 국방비 지출이 많아져 재정난의 원인이 되었다.

 ①_ 국방력이 약화되어 주변 민족의 침입에 시달렸다.

31 ▸ 위 정책의 부작용을 해결하기 위해 개혁을 시도한 인물은?

① 장건　　② 사마광　　③ 사마천　　④ 왕안석　　⑤ 도연명

정답 ④

32 ▸ 송나라의 농업에 대한 설명으로 잘못된 것은?

① 지주전호제가 실시되었다.

② 용골차 등 새로운 농기구가 보급되었다.

③ 이앙법이 처음 도입되어 생산량이 늘어났다.

④ 전호는 소작인으로 수확량의 절반을 바쳐야 했다.

⑤ 양쯔 강 하류에 제방을 쌓고 저습지 개발로 농경지가 늘었다.

정답 ③_ 송나라 때 이앙법이 본격적으로 보급되어 농업 생산이 증대했다.

33 ▸ 다음과 같은 시대에 사용한 화폐를 〈보기〉에서 고르면?

> 상공업에서는 석탄을 사용하였고, 수공업이 발달하여 제철·자기·견직의 생산이 활발했다. 상공업의 발달은 상인 조합인 행과 수공업자의 조합인 작을 결성하여 자신들의 이익을 최대화하려고 했다.

보기	ㄱ. 교자　　ㄴ. 회자　　ㄷ. 비전　　ㄹ. 오수전

① ㄱ　　　　　　　② ㄱ, ㄴ　　　　　　③ ㄴ, ㄷ

④ ㄱ, ㄴ, ㄷ　　　⑤ ㄱ, ㄷ, ㄹ

정답 ②

34 ▶ 송나라 문화에 대해 <u>잘못된</u> 설명은?

① 서민의 경제 수준이 낮아 귀족 중심 문화가 발달했다.

② 곡조를 붙여 노래를 부르기 위해 쓴 글인 사가 유행했다.

③ 당나라의 문화를 계승한 소식·왕안석 등의 당송 8대가가 나왔다.

④ 사마광은 연대순으로 역사를 기록하는 편년체의 《자치통감》을 편찬하였다.

⑤ 이민족의 침입으로 황제의 정통성과 대의명분을 위해 역사서가 편찬되었다.

정답 ①_ 서민의 경제 수준이 향상되어 서민 문화가 발달했다.

※다음 글을 읽고 물음에 답하시오.(35~37)

> 1067년 신종이 황제로 즉위하면서 대대적인 개혁을 실시했다. 왕안석의 식견에 깊이 동감한 신종은 왕안석을 기용했다. 왕안석은 신종의 지지 속에 개혁을 시도하여, 송나라의 국력이 일시 회복하는 듯했다.

35 ▶ 위와 같은 개혁을 실시한 목적으로 <u>잘못된</u> 것은?

① 부국강병을 추구하기 위해서

② 국가 재정을 확대하기 위해서

③ 지주와 대상인의 이익을 위해서

④ 농민과 소상인을 보호하기 위해서

⑤ 고리대금업의 피해를 줄이기 위해서

36 ‣ 왕안석의 개혁 내용이다. 잘못 설명한 것은?

① 균수법– 물가 안정 추구

② 보갑법– 민병을 기르기 위한 향촌 조직

③ 시역법– 농민에게 싼 이자로 돈을 빌려줌

④ 모역법– 농민에게 노역 대신 받은 돈으로 실업자 구제

⑤ 보마법– 농가에서 말을 기르게 하다가 전쟁이 나면 징발함

37 ‣ 다음에서 왕안석의 개혁이 실패한 이유로 짝지은 것은?

ㄱ. 보수파 관료의 반대	ㄴ. 대지주층의 반대
ㄷ. 농민들의 반대	ㄹ. 황제의 배신

① ㄱ   ② ㄱ, ㄴ   ③ ㄴ, ㄷ

④ ㄱ, ㄴ, ㄷ   ⑤ ㄱ, ㄷ, ㄹ

38 ‣ 북방 유목 민족에 대한 잘못된 설명은?

① 스키타이족은 기원전 8세기 청동기 문화를 발전시켰다.

② 흉노족은 진과 대결하여 진나라가 만리장성을 쌓게 했다.

③ 유연은 5세기 초에서 6세기 중엽까지 몽골 고원을 지배했다.

④ 중국과 대립하면서 한족을 정복했으며, 독자적인 문화를 형성했다.

⑤ 8세기 신라와 당의 공격을 받은 고구려가 위구르족과 연합을 시도했다.

정답 ④_ 북방 유목 민족은 한족의 문화에 동화되었다.

---

39 ▶ 다음에서 북방 민족이 중국을 지배하면서 이원적 통치의 예로 짝지은 것은?

ㄱ. 북면관제   ㄴ. 남면관제   ㄷ. 맹안모극제   ㄹ. 주현제

① ㄱ   ② ㄱ, ㄴ   ③ ㄴ, ㄷ

④ ㄱ, ㄴ, ㄷ   ⑤ ㄱ, ㄴ, ㄷ, ㄹ

정답 ⑤_ ㄱ, ㄴ은 요나라이고 ㄷ, ㄹ은 금나라의 이중적 통치 형태이다.

---

40 ▶ 다음과 같은 내용의 나라를 세운 민족은?

동서 교역로를 장악하여 중계무역으로 번성했으며, 자신만의 문자를 사용하고 과거제를 시행했다.

① 훈족   ② 선비족   ③ 만주족

④ 몽골족   ⑤ 탕구트족

정답 ⑤_ 제시된 내용은 탕구트족이 건국한 서하이다.

※ 다음 글을 읽고 물음에 답하시오.(41~42)

> 그는 종래의 부족이 씨족제를 중심으로 형성되었던 것을 천호·백호의 군사제로 바꾸면서, <u>아시아에서 동부 유럽에 이르는 넓은 지역</u>을 정복했다.

41 ▸ 위와 같은 내용의 국가에서 발생한 일은?

① 쿠빌라이는 몽골 통일 후 칸의 칭호를 받았다.

② 남송의 반발로 끝내 중국 전역을 통일하지 못했다.

③ 한인과 남인의 차별로 말기에 황건적의 난이 일어나는 계기가 되었다.

④ 몽골족은 1279년 남송을 멸망시켜 중국 전체를 지배한 최초의 민족이 되었다.

⑤ 몽골 고원에서 유목 생활을 하던 몽골족은 쿠빌라이에 의해 1188년에 통일되었다.

정답 ④

42 ▸ 밑줄 친 내용을 지배할 수 있는 제도는?

① 봉건제도　　　　② 조운제도　　　　③ 역참제도
④ 봉수제도　　　　⑤ 군현제도

정답 ③

43 ▸ 다음 그림의 (가) 계층이 주로 한 업무는?

① 주요 관직 독점
② 농업 생산 담당
③ 재정과 행정 담당
④ 공장으로 수공업 담당
⑤ 조세, 군역, 특산물 담당

정답 ③_ (가)는 아라비아인을 중심으로 한 색목인으로 주로 재정과 행정을 담당했다.

44 ▸ 원나라 때에는 동서 문화 교류가 활발했다. 다음에서 이를 증명해주는 책으로 짝지어진 것은?

ㄱ. 《삼국지》	ㄴ. 《여행기》
ㄷ. 《동방견문록》	ㄹ. 《하멜표류기》

① ㄱ   ② ㄱ, ㄴ   ③ ㄴ, ㄷ
④ ㄱ, ㄴ, ㄷ   ⑤ ㄱ, ㄴ, ㄷ, ㄹ

정답 ③_ 마르코 폴로가 원나라를 다녀가면서 《동방견문록》을 남겨 유럽 사람들에게 동양에 대한 호기심이 생기게 하였고, 교황 사절인 카르피니가 다녀갔으며, 이븐바투타도 《여행기》를 남겼다.

45 ▸ 일본이 삼국의 문화를 받아들여 발달시킨 문화는?

① 나라 문화 ② 다이카 개신 ③ 헤이안 시대

④ 아스카 문화 ⑤ 무로마치 막부

 ④

46 ▸ 일본이 본격적으로 국왕 중심의 국가가 된 시기는?

① 나라 시대 ② 다이카 개신 ③ 헤이안 시대

④ 야마토 정권 ⑤ 무로마치 막부

 ②

47 ▸ 다음과 같은 시대에 있었던 일은?

> 8세기 중엽부터 율령 체계가 흔들리고, 왕실과 귀족의 대립으로 왕권이 약해져 귀족 중심의 정치가 이루어진 헤이안 시대가 열렸다. 이때 귀족과 호족들은 자신들의 장원을 확대하고, 자신을 보호해줄 무사를 고용하면서 독자적인 세력이 되었다. 중국 문화를 적극적 수용하다가 9세기 말부터 국풍 문화 운동이 일어났다.

① 일본 국호 사용

② 천황 칭호 사용

③ 선종과 성리학 도입

④ 원나라의 침입을 방어

⑤ 가나 문자 사용으로 고유문화 발달

정답 ⑤_ ①과 ②는 나라 시대에, ③과 ④는 가마쿠라 막부 시대의 일이다.

48 ▸ 다음 (가) 시대에 있었던 일로 잘못된 것은?

마호메트	정통 칼리프 시대	(가)	아바스 왕조

① 아랍인 우대 정책으로 비아랍인을 차별했다.

② 이때 이슬람교가 수니파와 시아파로 분열되었다.

③ 프랑크 왕국과의 전투에서 승리하여 유럽까지 지배했다.

④ 정통 칼리프인 알리가 살해되고 우마이야 왕조가 열렸다.

⑤ 개종한 피정복민에게도 세금을 거둔 반발로 반란이 일어나 멸망했다.

정답 ③_ (가)는 우마이야 왕조로, 투르·푸아티에 전투에서 프랑크 왕국과 전쟁을 벌여 패배했다.

49 ▸ 다음과 관련된 국가가 세계 문화 발전에 공헌한 점은?

> 아랍인의 특권을 없애고, 아랍인과 비아랍인의 차별 없이 군인이나 관료로 등용하는 융합 정책을 추구하여 범이슬람 제국으로 성장했다.

① 성지순례를 방해하여 십자군 전쟁이 일어났다.

② 크리스트교를 공인하여 세계적 종교로 발전시켰다.

③ 정통 칼리프를 계승하여 유일한 이슬람 제국으로 발전했다.

④ 고대 그리스·로마 문화를 보존하여 르네상스의 원동력이 되었다.

⑤ 탈라스에서 당과 전쟁하여 승리하면서 제지술을 서양에 전래했다.

정답 ⑤

50 ▸ 다음 그림에 대한 설명으로 잘못된 것은?

① 아라베스크 양식으로 이루어졌다.

② 예배 장소이자 학교로 사용되었다.

③ 성상을 숭배하여 모스크에는 마호메트의 동상이 있다.

④ 아라베스크 양식은 이슬람 사원의 벽면 장식에 쓰였다.

⑤ 아라베스크 무늬는 아라비아풍의 문자나 식물을 도형 무늬처럼 섞어서 만든 것이다.

정답 ③_ 이슬람교는 성상(신의 모습을 만든 것)을 숭배하지 못했다.

51 ▸ 이슬람 제국의 문화와 관계가 없는 것은?

① 역사를 연구하여 많은 역사서를 편찬했다.

②《아라비안나이트》라는 설화문학이 발달했다.

③ 0을 처음 발명하여 아라비아 숫자를 완성했다.

④ 메카 순례와 교역 활동과 관련하여 지리학이 발달했다.

⑤ 이븐시나의《의학전범》으로 아라비아 의학을 집대성했다.

정답 ③_ 0은 인도에서 처음 발명되었다.

52 ▶ 예루살렘을 점령하여 성지 순례자를 박해하면서 십자군 전쟁이 일어나는 계기를 만든 나라는?

① 아바스 왕조   ② 정통 칼리프
③ 우마이야 왕조   ④ 오스만튀르크
⑤ 셀주크튀르크

 ⑤

53 ▶ 한나라 시대에 발명된 종이의 영향은?

① 학문의 보급   ② 상업의 발전
③ 농업의 발전   ④ 지폐의 발행
⑤ 오락 문화의 발전

 ①

54 ▶ 다음 중 일어난 시기가 서로 다른 것은?

① 원의 성립
② 한자동맹 성립
③ 백년전쟁 발발
④ 몽골의 테무친이 칭기즈 칸이 됨
⑤ 영국에서 마그나 카르타(대헌장) 제정

정답 ③_ 백년전쟁은 1337년에 일어났으며, 나머지 사건은 13세기에 발생했다.

55 ▸ 게르만족과 관계가 없는 것은?

① 인구 증가로 이동했다.

② 중요한 일은 전사들의 모임에서 결정했다.

③ 식량을 얻기 위한 농경지를 찾기 위해 이동했다.

④ 위구르족에게 밀려 남쪽으로 이동을 해야만 했다.

⑤ 유럽의 북부와 스칸디나비아 반도 근처에 부족 생활을 했다.

정답 ④_ 위구르족이 아닌 훈족의 침입으로 이동했다.

56 ▸ 다음 왕조의 공통점은?

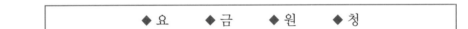

| ◆ 요 | ◆ 금 | ◆ 원 | ◆ 청 |

① 비단길과 바닷길을 지배하에 두었다.

② 동서 문화 교류에 크게 기여한 왕조이다.

③ 중국 문화를 국제적인 문화로 발전시켰다.

④ 분열된 중국 사회를 통일로 이끈 왕조였다.

⑤ 유목민으로서 중국 일부나 전부를 지배했다.

정답 ⑤

57 ▸ (서술형) 다음 나라가 중세 유럽 국가의 중심이 된 요인을 서술하시오.

> 이 나라는 오늘날 벨기에와 프랑스 지역 대부분을 차지하게 되었다. 교황은 클로비스 왕에게 콘술(집정관) 칭호와 함께 서로마 황제의 관을 주었다. 이 나라는 수도를 파리로 정하고 메로빙거 왕조를 열었다. 게르만족 중 유일하게 로마와 융화하는 데 성공하고 로마·게르만 문화를 만들었다.

정답 이 국가는 프랑크 왕국으로 크리스트교로 개종하면서 중심 국가로 발전했다.

58 ▸ (서술형) (가)에 들어갈 검색어를 쓰시오.

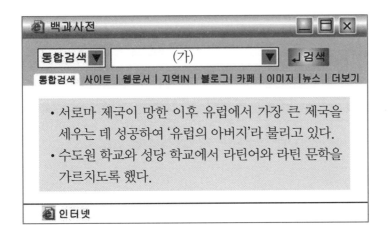

정답 카롤루스 대제

59 ▸ 다음은 하급 성직자 존 볼이 한 말이다. 이 말의 영향으로 일어난 사건과 그 영향을 서술하시오.

> 아담이 밭을 갈고 이브가 길쌈을 할 때, 누가 귀족이었는가?

정답 와트 타일러의 난이며, 비록 실패하였지만 중세 농노들의 지위가 올라가는 계기가 되었다.

60 ▸ (서술형) 중세 유럽 시대에 다음과 같은 제도가 해체된 이유를 세 가지 이상 서술하시오.

- 봉건제의 경제적 특징이다.
- 영주에게 지대로서 노역(1주에 3~4일)을 제공했다.
- 공유지를 이포제나 삼포제에 의해 농사를 지었으며, 공동 경작이 이루어졌다.

정답 시민의 성장은 장원제의 붕괴를 가져왔다. 특히 상공업의 발달로 화폐경제가 중심이 되면서 농노들은 지대를 현물 대신 화폐로 납부하는 지대의 금납화가 이루어졌다. 농노의 지위가 올라간 결정적 계기는 14세기에 일어난 흑사병으로 인한 노동력 감소였다.

61 ▸ (서술형) 다음 사실을 통해 알 수 있는 당나라 문화의 특징은?

- 배화교로 불리는 조로아스터교, 마니교, 크리스트교 계통인 네스토리우스교(경교), 이슬람교 등 외래 종교 유입
- 당삼채 유행

정답 당나라 문화의 특징은 국제적인 문화이다. 제시된 자료를 통해 동서 문화의 교류를 알 수 있다.

62 ▸ (서술형) 다음은 어느 시대의 작품이며, 이를 통해 알 수 있는 문화적 특징을 서술하시오.

| • 《삼국지연의》 | • 《수호지》 | • 《서유기》 |

정답 원나라 시대의 작품으로 서민 문화가 발달했음을 보여준다.

63 ▸ (서술형) 다음과 같은 결과를 가져온 배경을 세 가지 이상 서술하시오.

> 대체로 14세기 유럽에서는 왕의 권위가 높아지고 반대로 신을 대리한다
> 고 하면서 절대 권력을 휘두르던 교황의 힘이 축소된 시기였다.

정답 십자군 전쟁, 아비뇽 유수, 교회의 대분열 등이다.

64 ▸ (서술형) 다음 학문은 무엇이며, 이 학문으로 생겨난 중국 중심의 사상은 무엇인가?

> • 주희가 집대성
> • 인간의 심성과 우주의 원리를 탐구하는 학문

정답 제시된 내용은 성리학이며, 중국 중심의 사상인 중화사상으로 화이론의 바탕이 되었다.

65 ▸ (서술형) 다음 두 사람의 대화에 등장하는 시대에 중국과의 무역 형태를 서술하시오.

정답 가마쿠라 막부를 무너뜨리고 무로마치 막부가 들어섰다. 이때 명나라와 조공 무역 형태인 감합 무역을 했다. '감합'은 입국을 확인하는 문서이며, 이를 확인하는 문서를 '감합부'라고 했다.

66 › 다음은 중국의 왕조 변천을 보여주는 연표로 중국의 각 왕조와 우리나라 고대 국가들 간의 관계에 대한 설명이 잘못된 것은?

	남북조	수	당	
	A	B	C	

① A – 고구려의 장수왕은 남북조를 견제하면서 성장했다.

② A – 백제의 무령왕은 남조와 교류하면서 중흥을 꾀했다.

③ B – 고구려는 을지문덕의 활약으로 살수에서 수나라를 물리쳤다.

④ C – 발해는 당나라의 도움을 받아 고구려를 부흥시킨 새로운 국가를 건국했다.

⑤ C – 신라와 연합하여 백제와 고구려를 멸망시킨 후 한반도 전체를 장악하려고 했다.

정답 ④_ 당나라와의 싸움에서 승리하여 발해를 세웠다.

67 › 다음 그림에 대한 설명을 〈보기〉에서 옳게 고른 것은?

보기
ㄱ. 백제가 상국인 일본에 조공한 것이다.
ㄴ. 백제가 친선 외교의 일환으로 왜에 주었다.
ㄷ. 일본의 한반도 지배설을 뒷받침하고 있다.
ㄹ. 4세기 중·후엽에 백제가 왜와 우호 관계를 수립하기 위한 것이다.

① ㄱ, ㄴ　② ㄱ, ㄷ　③ ㄱ, ㄹ　④ ㄴ, ㄹ　⑤ ㄷ, ㄹ

정답 ④

68 ▸ 다음 그림은 복원도이다. 그림을 통해 알 수 있는 사실은?

① 서역에 사신으로 간 고구려인이다.

② 중국 사신을 맞이하는 고구려인이다.

③ 서역 사신을 맞이하는 고구려인이다.

④ 중국에 사신으로 파견된 고구려인이다.

⑤ 몽골에 원병을 요청한 고구려 사신이다.

정답 ①_ 우즈베키스탄의 사마르칸트에 있는 아프라시아브 궁전 벽화로, 새 깃털을 단 관을 쓴 사람이 고구려인이다. 수나라의 침입으로 어려움에 처한 고구려가 도움을 요청하러 갔던 것이다.

69 ▸ 다음은 동남아시아의 이슬람화 과정이다. 잘못된 것은?

① 인도네시아의 대표적 이슬람 왕조는 마자파힛 왕조이다.

② 마자파힛 왕조의 이슬람 대표 사원은 보로부두르 사원이다.

③ 15세기에는 말레이 반도의 믈라카 왕국도 이슬람교로 개종했다.

④ 8세기경부터 이슬람 상인이 오가면서 이슬람 문화가 유입되었다.

⑤ 11~14세기에 말레이 반도, 인도네시아 지역과 인도의 이슬람 왕조가 교역하면서 이슬람 문화의 전파가 활발해졌다.

정답 ②_ 보로부두르 사원은 8세기 사일렌드라 왕조 때 지은 불교 사원이다.

70 ▸ 비잔틴 제국은 유스티니아누스 황제가 죽은 후 외침을 계속 받게 되었다. 군사력 강화와 자영농을 육성할 목적으로 실시된 제도로 짝지어진 것은?

① 봉건제-장원제　　　　② 봉건제-군관구제
③ 군관구제-장원제　　　④ 군관구제-둔전병제
⑤ 십자군제-둔전병제

정답 ④

III 근대 시대

01 ▸ 다음과 같은 일에 영향을 준 인물은?

> 주로 육식을 하는 유럽인들에게 중요한 향신료는 모두 동양에서 들어왔고, 비단이나 황금 등도 풍부하여 무역만 할 수 있으면 돈을 벌 수 있다는 생각을 하게 되었다. 그들은 바다를 통해 새로운 길을 찾기로 했다.

① 칸트   ② 베이컨   ③ 갈릴레이

④ 마르코 폴로   ⑤ 아우렐리우스

정답 ④_ 마르코 폴로가 쓴 《동방견문록》으로 유럽인들이 동양에 대한 호기심을 갖게 되었다.

02 ▸ (가)에 들어갈 인물은?

> **특집 다큐멘터리: 근대 서양 인물 시리즈**
>
> (가)!
> 이탈리아 제노바에서 태어나 후추와 황금으로 가득 찬 인도를 찾아 떠나기로 결심하고, 1492년 에스파냐 여왕의 후원으로 3척의 배로 신대륙을 찾아서 항해를 떠났다. 그리고 71일 만에 지금의 바하마 제도의 한 섬에 도착했으나, 그는 그곳이 인도의 한 섬이라고 확신했다.

① 마젤란   ② 콜럼버스   ③ 토스카넬리

④ 바스쿠 다가마   ⑤ 바르톨로메우 디아스

정답 ②_ ①은 세계 일주를 통해 지구 구형설을 증명했고, ④는 인도항로를, ⑤는 아프리카 남단의 희망봉을 발견했다.

03 ▸ 다음 인물들의 업적으로 유럽에서 나타난 현상이 <u>아닌</u> 것은?

> ◆ 바스쿠 다가마   ◆ 바르톨로메우 디아스   ◆ 콜럼버스

① 신대륙의 은이 들어와 물가가 오르는 가격혁명이 일어났다.

② 유럽–아시아–아메리카로 이어지는 삼각무역이 이루어졌다.

③ 에스파냐는 상품 작물을 재배하기 위해 플랜테이션 농장을 운영
했다.

④ 유럽인의 무기류와 아프리카의 흑인을 교환하여 아메리카에서 노
동력으로 활용했다.

⑤ 플랜테이션 농장에서 흑인들을 노동력으로 이용하면서 커피, 설탕,
담배 등을 생산하여 유럽에 수출했다.

정답　②_ 삼각무역은 유럽–아프리카–아메리카를 연결하는 것이다.

04 ▸ 다음과 같은 작품을 남긴 배경을 〈보기〉에서 알맞게 짝지은 것은?

> ◆ 미켈란젤로, 〈다비드 상〉   ◆ 레오나르도 다빈치, 〈모나리자〉
> ◆ 라파엘로, 〈성모상〉

> **보기**
> ㄱ. 대서양 무역의 중심지
> ㄴ. 고대 그리스·로마의 전통이 많이 남음
> ㄷ. 비잔틴 제국의 학자들이 망명
> ㄹ. 국수주의 사고방식

① ㄱ　② ㄱ, ㄴ　③ ㄴ, ㄷ　④ ㄱ, ㄴ, ㄷ　⑤ ㄱ, ㄷ, ㄹ

정답　③_ 대서양이 아닌 지중해 무역의 중심지이기 때문이다.

05 ▸ 다음 내용과 같은 성격의 작품을 〈보기〉에서 알맞게 짝지은 것은?

> 요즘 교황은 가장 어려운 일들은 베드로와 바울에게 맡기고 호화로운 의
> 식과 즐거운 일만 찾는다. 교황은 바로 나, 우신(愚神) 덕분에 우아한 생
> 활을 하고 있다. 왜냐하면 연극이나 다름없는 화려한 교회 의식을 통해 축
> 복이나 저주의 말을 하고 감시의 눈만 번쩍이면 충분히 그리스도에게 충
> 성했다고 생각하기 때문이다.   – 에라스뮈스, 《우신예찬》 중에서

> **보기** ㄱ. 햄릿   ㄴ. 신곡   ㄷ. 돈키호테   ㄹ. 유토피아

① ㄱ   ② ㄱ, ㄴ   ③ ㄴ, ㄷ

④ ㄱ, ㄴ, ㄷ   ⑤ ㄱ, ㄷ, ㄹ

정답 ⑤_ ㄱ은 셰익스피어, ㄷ은 세르반테스, ㄹ은 토머스 모어의 작품이다. 이들 작품은 알프스 이북 지
역에서 일어난 르네상스로 현실 사회와 교회를 비판했다. 반면 ㄴ은 단테가 쓴 것으로 이탈리
아의 르네상스이다.

※다음 글을 읽고 물음에 답하시오.(6~7)

> ◆ 예수님이 말한 회개는 신자의 전 생애를 회개하는 것이다.
> ◆ 교황은 어떤 죄도 용서할 수 없다.
> ◆ 오늘날 최고의 부자인 교황은 어째서 자신의 돈으로 성당을 개축하지
>   않는가?

06 ▸ 다음 도표에서 위 내용이 해당하는 시기는?

①		②		③		④		⑤
성당 신축	면벌부 판매		교황파와 루터파 싸움		아우구스부르크 화의		영국 국교회	낭트 칙령

07 ▸ 위 글에서 밑줄 친 성당은?

① 쾰른 성당   ② 베르사유 성당
③ 사르트르 성당   ④ 성 소피아 대성당
⑤ 산피에트로 대성당

08 ▸ 다음 개혁을 추진한 인물의 주장을 〈보기〉에서 찾아 알맞게 짝지은 것은?

◆ 위그노 ◆ 청교도 ◆ 고이젠 ◆ 장로파

보기 ㄱ. 예정설   ㄴ. 검소한 생활   ㄷ. 자기 직업에 충실   ㄹ. 95개조 반박문

① ㄱ   ② ㄱ, ㄴ   ③ ㄴ, ㄷ
④ ㄱ, ㄴ, ㄷ   ⑤ ㄱ, ㄷ, ㄹ

09 ▸ 다음의 공통점은?

◆ 낭트 칙령   ◆ 네덜란드 독립전쟁   ◆베스트팔렌 조약

① 종교의 자유 인정   ② 농노의 해방 인정
③ 언론 자유의 획득   ④ 화폐개혁의 실시
⑤ 토지제도의 개혁 실시

10 ▸ 다음 (가)와 (나)에 차례로 들어갈 내용으로 옳은 것은?

> (가)는(은) 형이 죽고 왕위를 물려받으면서 형수인 캐서린과 강제로 결
> 혼했다. (가)는(은) 다른 여자와 결혼하기 위해 교황청에 이혼을 신청
> 했지만 이혼은 허락되지 않았다. 영국은 교황과 결별을 선언하고 1534년
> (나)라는 교회를 만들게 되었다.

① 헨리 8세, 장로회   ② 윌리엄, 장로회

③ 헨리 8세, 성공회   ④ 찰스 1세, 성공회

⑤ 찰스 1세, 장로회

정답 ③

11 ▸ (가)에 들어갈 왕의 업적으로 잘못된 것은?

> **특집 다큐멘터리: 유럽의 군주 시리즈 - '영국' 편**
>
> **(가) 왕!**
> 1588년에 에스파냐의 무적함대를 무찌르고 세계의 해상권을 장악하니,
> 영국이 세계 최강국의 자리에 우뚝 서게 되었다.

① 영국 국교회를 확립했다.

② 모직물 공업을 영국의 기간산업으로 성장시켰다.

③ 그레셤의 제안을 받아들여 경제 개혁을 이루었다.

④ 앵글로아메리카 경영을 위한 서인도회사를 설립했다.

⑤ 앵글로아메리카를 비롯하여 해외 식민지를 개척했다.

정답 ④_ 인도 경영을 위한 동인도회사를 설립했다.

12 밑줄 그은 '건축물'에 해당하는 것으로 가장 적절한 것은?

> **〈정기 초청 강연 안내〉**
>
> 주제: 프랑스의 절대주의
> 신교도들에게 종교의 자유를 허용한 낭트 칙령을 발표함으로써 국내 정세를 안정시켰다. 뒤를 이은 루이 14세는 콜베르를 재상으로 등용하여 중상주의 정책을 추진하고 상비군을 두었다. 그리고 자신의 권위를 높이기 위한 건축물을 남겼다.

① 버킹엄 궁전 ② 상수시 궁전 ③ 베르사유 궁전
④ 크노소스 궁전 ⑤ 노이슈반슈타인 궁

정답 ③

13 ▸ 다음과 관련된 내용을 〈보기〉에서 찾아 알맞게 짝지은 것은?

> ◆ 펠리페 2세 ◆ 표트르 대제 ◆ 루이 14세

 ㄱ. 중상주의 ㄴ. 왕권신수설 ㄷ. 관료·상비군 ㄹ. 교황의 전폭 지지

① ㄱ ② ㄱ, ㄴ ③ ㄴ, ㄷ
④ ㄱ, ㄴ, ㄷ ⑤ ㄱ, ㄷ, ㄹ

정답 ④_ 제시된 인물들은 절대군주들이다. 절대군주들은 관료와 상비군의 지원을 받으며, 이들을 지원하기 위해 중상주의 정책을 채택했고, 왕권신수설을 주장했다.

14 ▸ 다음과 같은 말을 한 사람은?

> 국민의 행복은 군주의 어떤 이익보다도 중요하다. 생각건대 군주는 결코
> 자기 백성의 절대적 주인이 아니라 국가 제일의 심부름꾼에 지나지 않기
> 때문이다.

① 루이 14세   ② 펠리페 2세
③ 표트르 대제   ④ 엘리자베스 1세
⑤ 프리드리히 대제

 ⑤

15 ▸ 다음은 17~18세기 과학의 발달 내용이다. 잘못된 것은?

① 뉴턴은 만유인력의 법칙을 발견했다.
② 프랑스의 라부아지에는 질량보존의 법칙을 발견했다.
③ 베살리우스는 현미경으로 박테리아 세포를 발견했다.
④ 제너는 종두법을 발명하여 예방의학의 선구자가 되었다.
⑤ 케플러는 지동설이 타원 운동임을 밝혀 지동설을 수정·증명했다.

정답 ③_ 베살리우스는 인체해부학을 연구했고, 하비는 혈액 순환의 원리를 발견했다. 안톤 레이우엔
훅과 로버트 훅은 현미경을 이용하여 박테리아 세포를 발견했다.

16 ▸ 다음 두 사람의 사상을 종합한 사람은?

◆ 베이컨   ◆ 데카르트

① 칸트   ② 로크   ③ 루소
④ 볼테르   ⑤ 몽테스키외

세계사 능력 검정시험 예상문제

17 ▸ 다음 글의 영향으로 일어난 사건은?

> 모든 사람은 자연으로 돌아가라. 왜냐하면 사람이 사회생활을 하기 이전에 자연 상태에서는 모두 착하다. 그러나 사람이 사회생활을 하고 문명의 이기를 겪으면서 죄를 짓고 타락하는 것이다. 그러므로 착한 사람이 되기 위해서는 자연으로 돌아가야 한다.

① 명예혁명
③ 와트 타일러의 난
⑤ 태평천국운동
② 청교도 혁명
④ 프랑스 대혁명

18 ▸ (가)에 들어갈 문화유산으로 옳은 것은?

① 버킹엄 궁전
③ 베르사유 궁전
⑤ 노이슈반슈타인 궁
② 상수시 궁전
④ 크노소스 궁전

19 ▸ 다음과 같은 문서를 왕이 승인한 시기는?

◆ 평시에는 계엄령을 선포할 수 없다.
◆ 민폐를 끼치는 군대를 각 지역에 배치하지 않는다.
◆ 세금을 국왕 마음대로 징수하지 않는다.
◆ 불법적인 인신 구속 및 투옥하지 않는다.
◆ 민간인을 군사재판에 회부하지 않는다.

①	②	③	④	⑤
헨리 8세 즉위	엘리자베스 1세 즉위	제임스 1세 즉위	크롬웰 독재정치	크롬웰 병사	찰스2세 즉위

정답 ③_ 제시된 내용은 청교도 혁명 때의 '권리청원'이다.

20 ▸ 다음을 시대 순으로 나열할 때 세 번째에 해당하는 것은?

① 의회가 제임스 2세를 폐위했다.
② 영국에서 입헌군주제가 시작되었다.
③ 메리와 윌리엄이 공동 왕으로 즉위했다.
④ 찰스 2세가 영국 국교도 이외의 사람들을 박해했다.
⑤ 의회는 국왕의 권리를 제한하기 위해 '권리장전'을 승인했다.

정답 ③_ 명예혁명의 과정이다. ④-①-③-⑤-②의 순이다.

21 ▸ 다음과 같은 '선언문'이 나오게 된 배경은?

> 모든 사람은 태어나면서부터 평등하며 창조주에게서 생명과 자유와 행복의 추구를 포함하여 타인에게 양도할 수 없는 확실한 권리를 부여받았다. 이 권리를 위해 사람은 정부를 조직했으며 이 정부의 권력은 그 국민들의 동의로부터 나온다. 어떤 정부든 이런 권리를 파괴할 경우는 국민의 안전과 행복을 위해 정부를 바꾸고 없앨 수 있다. 새로운 정부를 조직하는 것도 국민들의 권리이다.

① 구체제의 모순
② 보스턴 차사건
③ 아편에 대한 강매
④ 전제정치에 대한 반발
⑤ 플랜테이션 농장에 대한 착취

정답 ②_ 미국 독립선언문으로, 보스턴 차사건으로 독립운동이 발생했다.

22 ▸ 다음에서 설명하는 국가는?

> 자유주의와 민주주의에 기초한 최초의 민주 공화국이 수립되었다.
> 이후 프랑스 혁명과 라틴아메리카의 독립에 영향을 주었다.

① 미국   ② 영국   ③ 독일
④ 에스파냐   ⑤ 이탈리아

정답 ①_ 미국 독립 혁명의 의의 및 영향에 대한 설명이다.

23 › 다음과 같은 제도적 모순으로 일어난 사건은?

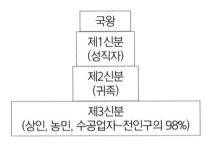

① 대헌장　　　　　② 명예혁명　　　　　③ 남북전쟁
④ 청교도 혁명　　　⑤ 프랑스 혁명

정답　⑤_ 전체 인구의 2%가 관직을 독점하고 특권을 누렸다. 나머지 98%는 세금만 부담하고 자신들의 권리를 제대로 행사하지 못한 불만으로 프랑스 혁명이 일어났다.

24 › 다음은 프랑스 혁명 과정이다. (가)~(마)에 대한 설명으로 잘못된 것은?

(가)	(나)	(다)	(라)	(마)
삼부회 소집	국민의회	입법의회	국민공회	총재 정부	통령 정부

① (가)- 회의 운영 방식을 둘러싸고 대립을 했다.
② (나)- 평민들이 바스티유 감옥을 습격했다.
③ (다)- 루이 16세를 단두대에서 처형했다.
④ (라)- 로베스피에르가 공포정치를 실시했다.
⑤ (마)- 5인의 총재가 프랑스를 이끌었으나 혼란스러웠다.

정답　③_ 루이 16세는 공포정치 때에 처형당했다.

25 ▸ 다음 질문에 대한 답변 내용으로 옳지 <u>않은</u> 것은?

> 나폴레옹이 집권한 후에 어떤 일들이 일어났을까?

① 《나폴레옹 법전》을 편찬했다.
② 국민투표를 통해 황제가 되었다.
③ 워털루 전투에서 패배하여 막을 내렸다.
④ 트라팔가르 해전에서 영국에 승리를 거두었다.
⑤ 영국을 고립시키기 위해 대륙봉쇄령을 내렸다.

정답 ④_ 트라팔가르 해전에서 패배하여 대륙봉쇄령을 내렸다.

26 ▸ (가)와 (나)에 들어갈 인물을 바르게 짝지은 것은?

역사의 라이벌 –〈유럽 '혁명' 편〉		
"나는 유럽에 자유주의·민주 주의 사상을 전파시켰어." (가)	⟷	"프랑스 혁명 이전의 정통· 복고주의로 되돌려야 해." (나)

	(가)	(나)
①	나폴레옹	메테르니히
②	루이 16세	메테르니히
③	로크	나폴레옹
④	로베스피에르	콜베르
⑤	로베스피에르	몽테스키외

정답 ①_ (가)는 나폴레옹 전쟁의 의의이며, (나)는 나폴레옹 이전의 상태로 되돌리고자 빈 회의를 주최
한 메테르니히의 주장이다.

27 ▸ 빈 체제에 대한 저항운동이 <u>아닌</u> 것은?

① 프랑스에서 7월 혁명이 일어났다.

② 그리스에서 독립운동이 일어났으나 실패했다.

③ 독일 대학생들은 부르셴샤프트라는 학생 조합을 만들었다.

④ 이탈리아에서 독립과 자유를 내세운 카르보나리당이 활동했다.

⑤ 러시아에서 니콜라이 1세의 복고정책에 맞서 12월당(dekabrist)의
반란이 일어났다.

정답 ②_ 그리스는 1829년 독립을 했다.

28 ▸ 다음 그림과 관련된 사건에 대한 <u>잘못된</u> 설명은?

① 샤를 10세는 의회를 해산했다.

② 샤를 10세의 전제정치로 일어났다.

③ 파리 시민들은 샤를 10세를 추방했다.

④ 나폴레옹 3세를 '시민의 왕'으로 추대했다.

⑤ 벨기에의 독립 등 유럽에서 자유주의 운동이 일어났다.

정답 ④_ 자유주의자와 파리 시민들은 루이 필립을 '시민의 왕'으로 추대하고 입헌군주제를 수립했다.

29 ▸ 빈 체제를 흔들면서 라틴아메리카 국가들의 독립에 영향을 준 미국 대통령은?

① 링컨　　② 존슨　　③ 부시　　④ 닉슨　　⑤ 먼로

정답 ⑤_ 먼로주의는 아메리카 대륙에 대한 유럽 열강들의 간섭을 배제하는 내용으로 라틴아메리카의 독립에 영향을 끼쳤다.

30 ▸ 다음의 공통점은?

◆ 2월 혁명　　　　◆ 차티스트 운동

① 농민들의 토지개혁 요구　　② 노동자들의 기계 파괴 요구
③ 노동자들의 조세 감면 요구　　④ 노동자들의 선거권 확대 요구
⑤ 무역업자들의 관세 철폐 요구

정답 ④

31 ▸ 다음은 이탈리아 통일 과정이다. (가)에 들어갈 인물은?

청년 이탈리아당 조직 – 사르데냐 왕국 중심 – (가)의 붉은 셔츠당 조직 – 시칠리아·나폴리 점령 후 사르데냐 왕국에 바침 – 통일 왕국 성립

① 마치니　　　　　② 카보우르　　　　③ 가리발디
④ 빌헬름 1세　　　⑤ 비스마르크

정답 ③_ 마치니는 청년 이탈리아당을 조직(실패), 가리발디는 '붉은 셔츠당'을 이끌고 시칠리아와 나폴리를 점령하여 사르데냐 왕국에 바치면서 통일 왕국을 성립시켰다.

32 ▸ (가)에 들어갈 인물의 정책으로 옳은 것은?

> **특집 다큐멘터리: 유럽의 재상 시리즈 – '독일' 편**
>
> (가)!
> 군사 강국을 추진하면서 오스트리아와 전쟁에서 승리했고, 북독일 연방
> 을 결성하였으며, 프랑스를 물리친 후 독일 제국을 수립했다(1871).

① 쇄국정책　　　　　② 철혈정책　　　　　③ 사대정책
④ 교린정책　　　　　⑤ 항해조례

정답 ②_ 제시된 내용은 독일 재상 비스마르크로, 그가 추진한 정책은 '철혈정책'으로 군사력을 강화하
여 전쟁을 통해 통일을 이루려는 것이다.

33 ▸ 다음은 미국의 남북전쟁 직전의 모습이다. 잘못된 것은?

	내용	남부	북부
①	산업	농업	상공업
②	무역 형태	보호무역	자유무역
③	노예제	찬성	반대
④	정치 체제	지방정부	연방정부
⑤	지지 정당	공화당	민주당

정답 ②_ 남부는 농업 중심이기에 자유무역을, 북부는 상공업 중심이라 수입을 못하게 하는 보호무역
을 주장했다.

34 ▸ 다음과 같은 결과를 가져온 사건은?

> 미국의 국가적 단합은 더욱 견고해졌으며, 국내에 남아 있던 식민지적 성
> 격을 탈피하면서 광범위한 국내 시장을 바탕으로 자유노동에 입각한 자
> 본주의가 비약적으로 발전하여 세계 강국으로서의 기초가 마련되었다.

① 노예해방　　　　　② 독립 혁명　　　　　③ 뉴딜 정책

④ 민족자결주의　　　⑤ 뉴프런티어 정책

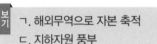 ①_ 남북전쟁의 결과 노예해방이 이루어져 미국이 강국의 기초를 닦았다.

35 ▸ 영국에서 산업혁명이 가장 먼저 일어난 것을 〈보기〉에서 고르면?

보기	
ㄱ. 해외무역으로 자본 축적	ㄴ. 노동력 풍부
ㄷ. 지하자원 풍부	ㄹ. 정치적 안정

① ㄱ　　　　　　　　② ㄱ, ㄴ　　　　　　③ ㄴ, ㄷ

④ ㄱ, ㄴ, ㄷ　　　　⑤ ㄱ, ㄴ, ㄷ, ㄹ

 ⑤

36 ▸ 다음은 산업혁명의 과정이다. (가)에 해당되는 내용이 <u>아닌</u> 것은?

면직물 공업 – (　　　) 혁명 – 제철 혁명 – (　가　) 혁명

① 풀턴 – 증기선　　　　② 스티븐슨 – 기차

③ 와트 – 증기기관　　　④ 모스 – 유선전신

⑤ 마르코니 – 무선전신

 ③_ 산업혁명의 과정은 면직물 공업_ 동력 혁명_ 제철 혁명_ 교통·통신 혁명으로 이루어졌다. 와
트의 증기기관은 동력이다.

37 ▸ 다음 질문에 대한 답변 내용으로 옳지 않은 것은?

산업혁명이 일어난 후에 어떤 일들이 일어났을까?

① 노동자와 자본가가 대립했다.

② 산업화로 인한 오염으로 인구가 감소했다.

③ 환경·위생·주택 등 각종 도시 문제가 발생했다.

④ 유럽과 미국에서는 점진적으로 사회주의를 이끌려는 사회민주주의가 등장했다.

⑤ 기계의 확산으로 일자리를 잃은 노동자들은 기계파괴운동(러다이트 운동)이 일어났다.

정답 ②_ 인구가 증가했다.

38 ▸ (가)에 들어갈 검색어로 옳은 것은?

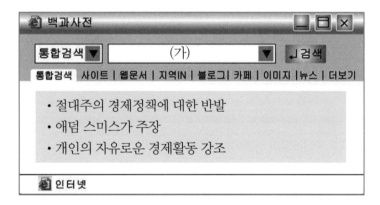

① 중상주의   ② 신자유주의   ③ 자유방임주의

④ 수정자본주의   ⑤ 사회주의 계획경제

정답 ③_ 자본주의의 발달은 자유방임주의 – 수정자본주의 – 신자유주의의 단계이다.

39 ▸ 다음과 관계가 적은 사람은?

> 19세기 초 감정과 상상력을 중시하는 사조가 나타났다.

① 밀레　　② 위고　　③ 쇼팽　　④ 바이런　　⑤ 슈베르트

정답 ①_ 현실을 있는 그대로 묘사하여 산업혁명 후의 사회 현실을 반영한 사실·자연주의 화가이다. 제시된 내용은 낭만주의이다.

40 ▸ 19세기에 빛과 색채를 중시하는 화가가 나타났다. 〈보기〉에서 같은 성격의 화가로 묶인 것은?

> **보기** ㄱ. 마네　　ㄴ. 모네　　ㄷ. 르누아르　　ㄹ. 들라크루아

① ㄱ　　　　　　　　② ㄱ, ㄴ　　　　　　　③ ㄴ, ㄷ

④ ㄱ, ㄴ, ㄷ　　　　⑤ ㄱ, ㄴ, ㄷ, ㄹ

정답 ④_ 들라크루아는 낭만주의 화가이다. 나머지는 인상파 화가이다.

41 ▸ (가)에 들어갈 내용으로 <u>잘못된</u> 것은?

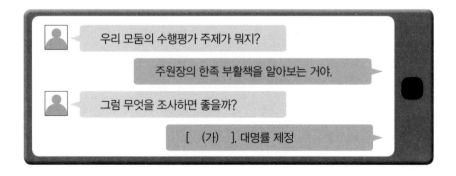

우리 모둠의 수행평가 주제가 뭐지?

주원장의 한족 부활책을 알아보는 거야.

그럼 무엇을 조사하면 좋을까?

[　(가)　], 대명률 제정

① 조세 개정　　　② 군역 개정　　　③ 서원 설립
④ 육유 제정　　　⑤ 베이징 천도

 ④

---

42 ▸ **다음과 같은 시책을 편 나라의 유학은?**

> 부모에게 효도하고(孝順父母), 윗사람을 존경하며(尊敬長上), 향리 사람들
> 과 화목하고(和睦鄕里), 자손을 잘 교육시키며(敎訓子孫), 저마다 현재에
> 만족하고(各安生理), 비위를 행하지 말라(毋作非爲).

① 훈고학　　　② 성리학　　　③ 양명학
④ 고증학　　　⑤ 주자학

정답 ③_ 제시된 내용은 명나라 주원장이 백성들을 교화시키기 위하여 발표한 '육유'이다. 명나라 때 유학은 지행합일을 주장한 양명학이었다.

---

43 ▸ **다음 두 사람의 대화의 결과로 나온 서적은?**

①《영락대전》　　　②《사서대전》　　　③《오경대전》
④《성리대전》　　　⑤《사고전서》

44 ▸ 다음 업적을 남긴 임금이 백성들의 생활을 안정시키기 위한 정책은?

◆ 황제 독재권 강화(6부의 황제 직속) ◆ 향촌 통제(이갑제 실시)

> **보기** ㄱ. 노비 해방   ㄴ. 어린도책 정비   ㄷ. 개종자에 면세   ㄹ. 부역황책 정비

① ㄱ   ② ㄱ, ㄴ   ③ ㄱ, ㄷ

④ ㄴ, ㄷ   ⑤ ㄴ, ㄹ

정답 ⑤_ 토지대장(어린도책)과 호적(부역황책)의 정비로 백성들의 사기를 높임

45 ▸ 밑줄 그은 '문화유산'에 해당하는 것으로 가장 적절한 것은?

〈정기 초청 강연 안내〉

주제: 명나라의 전성기
영락제는 남북 간의 물자 소통을 원활하게 하기 위하여 산둥 성의 지닝과
린칭 간의 운하를 송례로 하여금 완성하게 했다. 그리고 1421년(영락 19)
에 베이징으로 서울을 옮겨 수도의 터전을 닦고 궁궐을 지었다.

① 아방궁   ② 계리궁   ③ 후에성

④ 자금성   ⑤ 심양고궁

정답 ④_ ①은 시황제의 궁궐, ②는 일본의 궁궐, ③은 베트남의 궁궐,⑤는 청 태조 누르하치가 거처하
던 궁이다.

46 ▸ 다음 질문에 대한 답변 내용으로 옳은 것은?

> 정화의 해외 원정으로 중국에 어떤 변화가 있었을까?

① 식민지 쟁탈전에 뛰어들었다.
② 인도를 점령하여 동인도회사를 세웠다.
③ 해외로 화교들이 진출하는 계기가 되었다.
④ 아메리카 대륙에서 많은 은이 수입되었다.
⑤ 많은 은의 유입으로 물가가 오르는 상업혁명이 발생했다.

정답 ③_ ④와 ⑤는 유럽에서 지리상의 발견 이후 나타난 현상이다.

47 ▸ 명나라가 쇠퇴하는 과정이다. 잘못된 것은?

① 이자성 난으로 멸망했다.
② 임진왜란 때 조선에 원병을 보냈다.
③ 북쪽의 몽골과 남쪽의 왜구가 침입했다.
④ 농민들이 가혹한 세금과 굶주림으로 반란을 일으켰다.
⑤ 장거정이 일조편법 등 개혁을 시도해 성공하기도 했다.

정답 ⑤_ 장거정의 개혁은 실패하여 농민들의 생활이 더욱 어려워졌다.

48 ▸ 다음 두 사람의 대화에 등장하는 학문으로 알맞은 것은?

① 양명학 　　　　　② 성리학 　　　　　③ 훈고학

④ 고증학 　　　　　⑤ 주자학

 ①

49 ▸ 연표의 (가)~(라) 시기에 일어난 사실로 옳은 것은?

1616		1635		1636		1661		1689	
	(가)		(나)		(다)		(라)		
누르하치		이자성		태종		강희제		네르친스크 조약	

① (가) - 만주족에 의하여 후금이 건국되었다.

② (나) - 명나라가 멸망하는 계기가 되었다.

③ (나) - 병자호란으로 조선과 군신관계를 맺었다.

④ (다) - 후금이라는 국호 대신 '청'이라고 개칭했다.

⑤ (라) - 삼번의 난이 일어났으나 진압되었다.

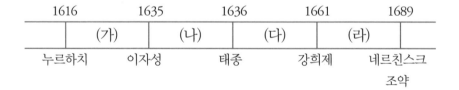 ③_ 병자호란은 (다) 시기이다.

※다음 보기를 보고 물음에 답하시오.(50∼51)

> 보기
> ㄱ. 문자의 옥   ㄴ. 호복·변발 강요   ㄷ. 유교 문화 계승   ㄹ. 만한 병용제

50 ▸ 〈보기〉 중에서 청나라의 한족 회유책에 해당하는 것은?

① ㄱ   ② ㄱ, ㄴ   ③ ㄱ, ㄷ   ④ ㄴ, ㄷ   ⑤ ㄷ,ㄹ

정답 ⑤

51 ▸ (서술형) 〈보기〉에서 '문자의 옥'은 어떤 내용인지 서술하시오.

정답 소수의 만주족이 다수의 한족을 지배하기 위한 사상 통제의 한 방법이다. 한족들이 반청 사상을 가지지 못하도록 탄압을 가한 일종의 필화 사건이다.

52 ▸ 다음 보기를 순서대로 바르게 나열한 것은?

> 보기
> ㄱ. 호족   ㄴ. 사대부   ㄷ. 귀족   ㄹ. 신사층

① ㄱ－ㄴ－ㄷ－ㄹ   ② ㄱ－ㄷ－ㄴ－ㄹ
③ ㄱ－ㄹ－ㄷ－ㄴ   ④ ㄴ－ㄱ－ㄷ－ㄹ
⑤ ㄹ－ㄱ－ㄴ－ㄷ

정답 ②_ ㄱ(한)－ㄷ(당)－ㄴ(송)－ㄹ(명·청)

53▸ 다음 사건들의 공통점은?

◆ 항조 운동 　　◆ 직용의 변 　　◆ 노복들의 노변
---

① 소작료 거부 운동이다.
② 노비들의 신분 해방운동이다.
③ 서민들의 자기 이권 수호 운동이다.
④ 가혹한 세금에 대한 거부 운동이다.
⑤ 청나라에 반대하고 한족을 부흥하자는 운동이다.

정답 ③_ ①은 항조 운동, ②는 노복들의 노변, ④는 직용의 변이다.

54▸ 명·청대의 경제에 대한 설명으로 잘못된 것은?

① 인구가 증가하고 상업 도시가 출현했다.
② 벼농사가 양쯔 강 중·상류까지 확대되었다.
③ 이모작이 보급되고 상품 작물이 재배되었다.
④ 잉여 농산물이 증가하여 상업이 크게 발달했다.
⑤ 동향 조합인 행·작과 같은 상인 조합이 나타났다.

정답 ⑤_ 상업(행), 수공업(작)은 송나라 시대의 동업 조합이다. 명·청대에는 동향 조합을 회관, 동업 합을 공소라 했다.

55▸ 다음 서적의 공통점은?

◆《본초강목》　　◆《농정전서》　　◆《천공개물》
---

① 실생활에 필요한 학문인 실학 관련 서적이다.

② 유교 경전을 실증적으로 연구하고자 한 서적이다.

③ 반청 사상을 막기 위해 대규모로 편찬한 서적이다.

④ 서민들이 경제적으로 풍요로워 만들어낸 구어체 소설이다.

⑤ 베이징에서 유행한 경극과 연극에 관한 대중오락 서적이다.

정답 ①_ ②는 청대에 유행한 고증학, ③은 《강희자전》·《고금도서집성》·《사고전서》 등이, ④는 명대의 《삼국지연의》·《서유기》·《수호지》, 청대의 《홍루몽》 등이 있다.

56 ▸ 다음은 명·청대 서양 문물의 수입에 관한 내용이다. 잘못된 것은?

① 아담 샬은 역법을 소개했다.

② 크리스트교에서도 제사는 자연스러웠다.

③ 〈곤여만국전도〉는 명나라 때 편찬된 세계 지도이다.

④ 예수회 선교사들이 중국에 오면서 서양 문물이 전래되었다.

⑤ 마테오 리치는 《천주실의》를 지어 성경을 한문으로 번역했다.

정답 ②_ 우상숭배 문제로 제사의식을 거부하고 전례 문제로 청대 건륭제가 선교사를 추방하면서 서양과의 교류는 중단되었다.

57 ▸ 다음 제도의 공통점은?

◆ 상수리제　　　◆ 기인제　　　◆ 산킨고타이제

① 왕권 약화　　　　　　　② 지방 세력 억제

③ 지방분권 강화　　　　　④ 농민의 조세 징수 방법

⑤ 지방 세력의 농민 지배법

정답 ②_ 상수리제는 통일신라, 기인제는 고려, 산킨고타이제는 일본 에도 막부 시대에 지방 세력을 억제하기 위한 제도이다.

58▸ 다음 자료를 보아 일본 에도 시대 대외 정책의 특징으로 옳은 것은?

> 조선과는 통신사를 받아들여 선진 문물을 흡수하였고, 네덜란드로부터 받아들인 서양 문물이 난학으로 발전했다.

① 교린정책
② 사대 정책
③ 개방 외교정책
④ 중상주의 정책
⑤ 제한적 쇄국정책

 ⑤

59▸ 다음과 같은 일본 지배 체제로 운영된 나라의 특징이 <u>아닌</u> 것은?

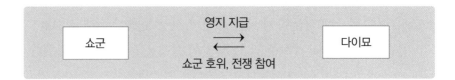

① 이러한 통치 체제를 '막번 체제'라고 한다.
② 천황의 명령을 받아 쇼군이 운영한 정치 체제이다.
③ 가부키, 우키요에 등 다양한 조닌 문화가 발달했다.
④ 도시의 상공업자인 조닌들을 중심으로 문화가 발달했다.
⑤ 산킨고타이 제도로 중앙과 지방 간의 교류가 활발해졌다.

 ②_ 천황에게 통치권을 돌려준 것은 메이지 유신 후이다.

60 › 다음 그림과 같은 문화를 남긴 나라와 관계가 없는 것은?

① 아우랑제브 황제는 무굴 제국 최대 영토를 확보했다.

② 바부르가 북인도를 정복하고 인도에 무굴 제국을 세웠다.

③ 아크바르 황제는 전 인도를 통일하고, 중앙집권 체제를 확립했다.

④ 힌두 문화와 이슬람 문화가 융합한 예는 힌두교와 우르드어이다.

⑤ 힌두 문화와 이슬람 문화가 융합한 힌두·이슬람 문화가 이룩되었다.

정답 ④_ 힌두교가 아닌 시크교이다.

61 › 다음 그림과 같은 시기의 세계정세로 잘못된 것은?

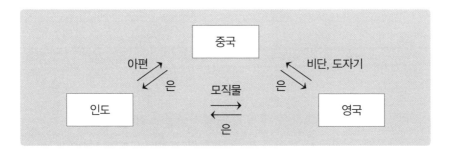

① 프랑스에서는 7월 혁명이 일어났다.

② 미국의 먼로 대통령은 먼로주의를 선언했다.

③ 유럽에서는 자유주의, 민족주의 운동이 일어났다.

④ 일본은 네덜란드의 강요로 서구 열강에 문호를 개방했다.

⑤ 산업혁명에 성공한 유럽 국가들이 아시아로 진출하고자 했다.

정답 ④_ 중국의 아편전쟁(1840년 전후) 직전의 상황이다. 일본은 미국의 강요로 1853년 개항했다.

62 ▸ **다음 조약들의 공통점으로 <u>잘못된</u> 것은?**

◆ 난징 조약 　　◆ 미일 수호 통상 조약 　　◆ 강화도 조약

① 불평등 조약이다.

② 열강의 강요에 의한 조약이다.

③ 외국에 문호를 개방한 조약이다.

④ 이 조약으로 모두 근대화에 성공했다.

⑤ 무력행사에 의하여 맺은 조약들이다.

정답 ④_ 근대화에 성공한 나라는 일본뿐이다.

63 ▸ **다음은 중국의 근대화 과정 연표이다. 연표의 (가)〜(라) 시기에 일어난 사실로 옳은 것은?**

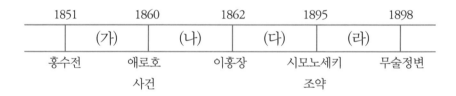

1851	1860	1862	1895	1898
	(가)	(나)	(다)	(라)	
홍수전	애로호 사건	이홍장	시모노세키 조약	무술정변

① (가) – 멸만흥한을 내걸고 태평천국운동이 일어났다.

② (나) – 베이징 조약으로 청나라가 반식민국가가 되었다.

③ (다) – 중체서용을 기치로 양무운동이 일어났다.

④ (다) – 청일전쟁의 승리로 양무운동의 성공을 입증했다.

⑤ (라) – 캉유웨이가 입헌군주제로 개혁을 실시하려다 실패했다.

정답 ④_ 양무운동은 청일전쟁의 패배로 실패했음이 드러났다.

64 ▸ **다음과 관련된 사건의 주장과 거리가 먼 것은?**

◆ 홍수전　　　◆ 상제회

① 남녀평등　　　　② 변발 금지　　　　③ 전족 금지

④ 천조천무제　　　⑤ 열강과의 협력 강화

 ⑤

65 ▸ **(서술형) 다음 사건들의 공통점을 서술하시오.**

◆ 세포이 항쟁　　　◆ 동학농민운동　　　◆ 의화단운동

 세포이 항쟁은 인도에서, 동학농민운동은 조선에서, 의화단운동은 청나라에서 일어난 외세 배척
운동이다.

66 ▸ **다음 사건과 관계된 내용으로 잘못된 것은?**

1911년 철도 국유화를 계기로 우창에서 봉기가 일어나 선통제가 퇴위하고 공화정이 수립되었다.

① 쑨원은 중국동맹회를 조직했다.

② 위안스카이가 혁명파를 탄압하고 황제정치를 부활하려 했다.

③ 위안스카이가 죽음으로써 중국은 군벌이 지역을 통치하게 되었다.

④ 마오쩌둥이 이끄는 중국 공산당이 본토를 차지하는 계기가 되었다.

⑤ 삼민주의(민족주의 – 청조타도, 민생주의, 민권주의 – 공화정 수립)를
　채택했다.

 ④_ 마오쩌둥(모택동)은 1949년 중국 본토를 차지했다.

67 ▸ 다음과 같은 일들이 일어날 때 일본의 상황으로 <u>잘못된</u> 것은?

> ◆ 일본제국헌법 공포 　　◆ 교육칙어 발표

① 무사 계급을 해체하고 신분제를 폐지했다.

② 하급 무사들의 양이운동 결과 천황 중심 국가가 되었다.

③ 천황 중심 국가에 반대하는 자유 민권운동이 일어나 성공했다.

④ 1868년 메이지 유신을 단행하여 폐번치현하면서 중앙집권을 꾀했다.

⑤ 징병제·의무교육·우편제·은행제를 실시한 위로부터의 개혁을 실시했다.

> **정답** ③_ 천황 중심의 독재정부에 대항하여 의회의 설치와 헌법의 제정을 요구하는 자유 민권운동이 일어났으나, 정부의 탄압으로 실패했다.

68 ▸ 다음 사건의 결과로 적당한 것은?

> 무거운 토지세의 부과, 민족·종교 차별, 경제적 착취에 대한 불만으로 영국 동인도회사에 고용된 인도 용병들이 반영 운동에 나섰다. 인도 용병의 봉기는 인도 독립전쟁으로 확대되었으나, 동인도회사에 의해 진압되었다.

① 공화정 수립

② 인도의 독립

③ 동인도회사의 세력 강화

④ 크리스트교 포교 자유 인정

⑤ 무굴 제국의 멸망과 영국령 인도 성립

> **정답** ⑤_ 제시된 내용은 세포이 항쟁이다.

69 ▶ 다음과 같이 인도인들이 행동한 배경은?

> ◆ 영국 상품 불매   ◆ 스와데시(국산품 애용)
> ◆ 스와라지(자치 운동) 전개

① 벵골 분할령
② 세포이 항쟁
③ 카스트 제도 폐지령
④ 힌두교의 우상숭배 금지령
⑤ 브라흐마(브라모) 사마지 운동

> **정답** ①_ 브라흐마(브라모) 사마지 운동은 람 모한 로이 등이 전개한, 여성을 차별하는 악습의 폐지와 교육 확대를 내건 개혁 운동이다.

70 ▶ 다음 지도에서 식민 지배한 국가를 잘못 연결한 것은?

① A- 영국
② B- 독립국
③ C- 프랑스
④ D- 미국
⑤ E- 네덜란드

> **정답** ⑤_ A는 미얀마, B는 타이, C는 인도차이나 반도, D는 필리핀, E는 말레이시아이다. E는 영국의 식민지이고 네덜란드는 인도네시아를 지배했다.

71 ▸ (서술형) 다음은 이란의 근대화 과정이다. 실패한 결과를 가져온 가장 큰 이유는?

> 영국에 대한 담배 불매운동을 벌였으나 오히려 영국에 배상금을 지불하자, 입헌 혁명(1890: 국민의회, 입헌군주제)을 실시했다.

 보수파의 반대와 영국·러시아의 간섭으로 오히려 영국과 러시아에 의해 영토가 분할되어 지배를 당했다.

72 ▸ (서술형) 다음과 관계있는 사건은 무엇이며, 이 사건의 의의를 서술하시오.

> 코란의 가르침대로 생활하자는 신앙운동이 민족운동으로 확대되어 왕조 국가가 건설되었다가 오스만 제국에게 멸망당했다.

 와하브 운동으로 아랍 문화 부흥운동이 일어나는 계기가 되었다.

73 ▸ 다음 주제로 보고서를 작성하려고 할 때 조사할 내용으로 적절한 것은?

> 근대적 개혁을 추진했으나 강대국의 방해와 보수 세력의 저항으로 실패했으며 러·투 전쟁의 패배로 전제정치가 부활되었다.

① 무함마드 알리의 개혁 목적은?
② 케말 파샤의 쿠데타는 성공했을까?
③《군하총회》법전을 왜 편찬했을까?
④ 은혜개혁의 개혁 내용은 무엇일까?
⑤ 데브시르메 제도를 실시한 목적은 무엇일까?

정답 ④_ 은혜개혁에 관한 내용이다. ①은 이집트 개혁 세력이다.

74 ▸ 오스만 제국은 서아시아, 유럽, 북아프리카에 걸친 대제국을 통치했다. 이처럼 넓은 제국을 통치할 수 있었던 요인이 <u>아닌</u> 것은?

① 모든 것을 인정해주는 관용책을 펼쳤다.

② 역참제를 통하여 술탄의 명령을 전달했다.

③ 종교나 민족에 관계없이 능력을 인정해주었다.

④ 각 종교는 '밀레트'라는 공동체를 만들어 스스로 다스리게 했다.

⑤ 비이슬람교도가 인두세를 납부하면 신앙의 자유를 인정해주었다.

정답 ②_ 역참제는 몽골(원)에서 실시되었다.

75 ▸ 인도차이나 반도에 성립하였던 나라에 대한 설명이 <u>잘못된</u> 것은 ?

① 부남 – 동남아시아 최초의 국가이다.

② 대월(레 왕조) – 서양 문화의 영향을 받았다.

③ 진랍 – 이슬람 사원인 앙코르와트 유적을 남겼다.

④ 사일렌드라 왕조 – 인도네시아 왕조로 보로부두르 불탑을 남겼다.

⑤ 마자파힛 왕조 – 향신료 무역으로 번성했으나 이슬람 진출로 쇠퇴했다.

정답 ③_ 앙코르와트 유적은 힌두교 사원이었다가 불교 사원이 되었다.

76 ▸ (서술형) 일본의 메이지 유신과 중국의 변법자강운동이 지향한 공통적인 목표를 서술하시오.

정답 의회를 수립하면서 왕권을 인정한 입헌군주제를 지향했다.

77 ▸ 아스테카, 마야, 잉카 문명 등이 존재했던 아메리카 지역에 대한 설명이 잘못된 것은?

① 세 지역의 문명은 영국의 침략으로 멸망했다.

② 아스테카 문명은 13세기 멕시코 고원지대에서 발전했다.

③ 마야 문명은 피라미드형 사원을 건설하고, 20진법을 사용했다.

④ 라틴아메리카 지역은 가톨릭을 믿는 주민들이 대다수를 차지한다.

⑤ 중앙아메리카의 유카탄 반도에서 여러 도시국가들이 경쟁·교류하며 마야 문명이 발전했다.

정답 ①_ 중남미 대륙은 포르투갈이 지배한 브라질을 제외하고 에스파냐의 지배를 받았다.

78 아프리카의 발전 과정을 설명한 글 중 잘못된 것은?

① 북아프리카는 카르타고의 해상무역으로 번성했다.

② 중남부 아프리카는 이슬람 문화와 접촉하면서 쇠퇴했다.

③ 가나 왕국은 사하라 횡단 교역로를 통해 이슬람 상인들과 교역했다.

④ 북아프리카는 7세기 말 이슬람 세력의 진출로 이슬람교가 확산되었다.

⑤ 말리 왕국, 송하이 왕국 등은 소금과 황금으로 사하라 횡단 교역을 하며 발전했다.

정답 ②_ 중남부 아프리카는 사하라 사막으로 가로막혀 외부 세계와 교류가 부족하여 독자적 문화를 발전시키다가 15세기 이후 유럽의 침략으로 쇠퇴했다.

79 ▸ (서술형) 다음 글의 (가), (나), (다)에 들어갈 말을 쓰시오.

> 아메리카 대륙에서 일어난 문명은 유카탄 반도에서 (가) 문명, 멕시코 고원지대의 (나) 문명, 남아메리카 안데스 고원지대의 (다) 문명이 발달했다. (가) 문명은 피라미드형 사원을, (나) 문명은 테노치티틀란을 수도로 그림문자와 달력을, (다) 문명은 수도 쿠스코와 지방을 연결하는 도로를 건설하고 마추픽추 유적을 비롯한 태양신을 섬기는 신전을 지었다.

정답 가- 마야, 나- 아스테카 문명, 다- 잉카

80 ▸ (서술형) 다음 밑줄 친 (가), (나)의 내용에 해당하는 것은?

> 에도 막부는 임진왜란 이후 (가)조선과의 교류를 원했다. 그리고 서양 문물을 수입하기 위해 (나)이 나라와 교류하면서 난학을 발달시켰다.

정답 (가)는 조선의 통신사를, (나)는 네덜란드를 말한다.

IV 현대 사회

01 ▸ 다음과 같은 일들의 배경이 된 사상은?

> 서구 열강들은 원료 공급지와 상품 판매 시장을 얻기 위하여 약소국들을
> 무력으로 침략하여 자국의 이익을 추구했다.

① 제국주의　　　　② 절대주의　　　　③ 사회주의

④ 자본주의　　　　⑤ 전체주의

정답 ①

02 ▸ 다음 그림의 주제로 적절한 것은?

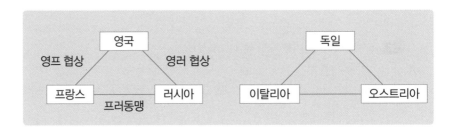

① 3B 정책과 3C 정책의 대립

② 삼국협상과 삼국동맹의 대립

③ 제국주의와 전체주의의 대립

④ 자본주의와 사회주의의 대립

⑤ 범게르만주의와 범슬라브주의의 대립

정답 ②

03 ▸ 다음 사건들에서 공통적으로 대립한 국가를 〈보기〉에서 고르면?

◆ 플라시 전투	◆ 파쇼다 사건

보기 ㄱ. 영국   ㄴ. 독일   ㄷ. 프랑스   ㄹ. 에스파냐

① ㄱ   ② ㄱ, ㄴ   ③ ㄱ, ㄷ   ④ ㄴ, ㄷ   ⑤ ㄷ, ㄹ

정답 ③_ 플라시 전투는 인도에서, 파쇼다 사건은 아프리카에서 영국과 프랑스가 대결한 것이다.

04 ▸ 다음 〈보기〉에서 아시아와 아프리카 국가 중 유일하게 독립을 유지한 나라를 고르면?

보기 ㄱ. 가나   ㄴ. 타이   ㄷ. 에티오피아   ㄹ. 사우디아라비아

① ㄱ   ② ㄱ, ㄴ   ③ ㄱ, ㄷ   ④ ㄴ, ㄷ   ⑤ ㄷ, ㄹ

정답 ④_ 타이는 미얀마와 말레이시아를 지배하는 영국과 인도차이나 반도를 지배하는 프랑스의 완충 역할과 유럽 문화의 수용에 대한 유연성으로 독립을 유지할 수 있었다.

05 ▸ 다음 (가)와 (나) 국가들의 대립이 발생했던 지역은?

(가) 독일·오스트리아	(나) 러시아·세르비아

① 인도   ② 이란   ③ 중국
④ 아프리카   ⑤ 발칸 반도

정답 ⑤_ (가)는 범게르만주의 국가, (나)는 범슬라브주의 국가이다. 발칸 반도에서 대립하여 '유럽의 화약고'라고 했다.

06 ▸ 다음은 제1차 세계대전의 과정이다. 순서대로 바르게 나열한 것은?

> ㄱ. 사라예보 사건   ㄴ. 독일의 프랑스 침공
> ㄷ. 독일의 무제한 잠수함 작전   ㄹ. 연합국의 승리

① ㄱ-ㄴ-ㄷ-ㄹ   ② ㄱ-ㄷ-ㄴ-ㄹ

③ ㄱ-ㄹ-ㄴ-ㄷ   ④ ㄴ-ㄷ-ㄹ-ㄱ

⑤ ㄹ-ㄱ-ㄴ-ㄷ

정답 ①_ 사라예보 사건은 오스트리아 황태자 부처를 세르비아 청년이 암살한 사건이다.

07 ▸ 제1차 세계대전 당시 미국은 중립국이었다. 전쟁에 참전하게 된 계기는?

① 모르코 사건   ② 파쇼다 사건

③ 일본의 연합국 참전   ④ 중국의 21개조 무효화 운동

⑤ 독일의 무제한 잠수함 작전

정답 ⑤

08 ▸ 다음에서 제1차 세계대전의 배경으로 짝지은 것은?

> ㄱ. 삼국협상과 삼국동맹의 대립
> ㄴ. 제국주의와 전체주의의 대립
> ㄷ. 범게르만주의와 범슬라브주의의 대립
> ㄹ. 자본주의와 사회주의의 대립

① ㄱ   ② ㄱ, ㄴ   ③ ㄱ, ㄷ   ④ ㄴ, ㄷ   ⑤ ㄷ, ㄹ

정답 ③

09 ▸ 다음을 결의한 회의는?

> ◆ 독일은 프랑스 북부의 탄광 지대를 파괴한 보상으로 자르 하류에 있는 탄광 지대의 완전하고도 절대적인 소유권 및 독점 채굴권을 프랑스에 넘겨준다.
> ◆ 독일은 해외 식민지에 관한 모든 권리와 요구를 동맹국과 연합국의 주요 국가에게 넘겨준다.
> ◆ 독일에서 의무병 제도는 폐지된다.
> ◆ 독일은 어떤 형태의 잠수함도 만들거나 취득해서는 안 된다.

① 빈 회의   ② 얄타 회의

③ 카이로 회의   ④ 파리 강화회의

⑤ 샌프란시스코 회의

정답 ④_ 제시된 글은 파리 강화회의에서 결의한 베르사유 조약 내용이다.

10 ▸ 제1차 세계대전의 결과로 잘못된 것은?

① 독일은 많은 배상금을 물었다.

② 독일에서는 바이마르 공화국이 성립되었다.

③ 독일의 알자스로렌 지방이 프랑스에 반환되었다.

④ 폴란드, 체코, 유고, 오스트리아, 헝가리 등이 독립했다.

⑤ 한국, 인도 등을 비롯한 동남아시아 국가들도 독립했다.

정답 ⑤_ 제1차 세계대전의 결과 패전국의 식민지만 독립했다.

11 ▸ 다음 내용에 영향을 받아 일어난 사건을 〈보기〉에서 고르면?

◆ 공개적으로 체결된 강화조약 외에 어떠한 비밀 외교도 있을 수 없다.
◆ 모든 식민지 문제를 결정함에 있어서는 해당 식민지 주민의 이해가 그 지배권의 결정권을 가지는 정부의 요구와 동등한 비중을 가진다.
◆ 오스트리아·헝가리 제국 국민들의 자결권을 인정한다.
◆ 오스만 제국의 통치를 받고 있는 다른 민족들에게 자결권을 부여하고 다르다넬스 해협 통행을 자유화한다.
◆ 강대국과 약소국을 막론하고 동등하게 정치적 독립 및 영토 보전의 상호적 보장을 목적으로 특정한 협정하에 국제적인 연합 기구를 구성한다.

보기 ㄱ. 3·1운동   ㄴ. 5·4운동   ㄷ. 7월 혁명   ㄹ. 11월 혁명

① ㄱ   ② ㄱ, ㄴ   ③ ㄱ, ㄷ
④ ㄴ, ㄷ   ⑤ ㄷ, ㄹ

정답 ②_ 제시된 글은 윌슨의 민족자결주의이다. 한국의 3·1운동과 중국의 5·4운동에 영향을 주었다.

12 ▸ 제1차 세계대전이 끝나고 전쟁을 막기 위해 노력한 결과가 아닌 것은?

① 국제연맹이 창설되었다.
② 국제연맹에 미국과 소련이 불참한 약점이 있다.
③ 국제연맹은 전쟁이 일어나면 무력으로 제재할 수 있었다.
④ 국제연맹은 집단 안전보장에 토대를 둔 최초의 국제기구이다.
⑤ 1928년 8월 27일에 프랑스와 미국 사이에 부전 조약이 체결되었다.

정답 ③_ 부전 조약은 프랑스 외상 브리앙과 미국 국무장관 켈로그가 중심이 되어 전쟁을 외교 수단으로 사용하지 않을 것을 결의하기도 했으나, 미비한 점이 많아 큰 효과는 없었다.

13 ▸ 다음은 러시아 혁명 과정이다. 순서대로 바르게 나열한 것은?

> ㄱ. 니콜라이 2세의 참전   ㄴ. 3월 혁명
> ㄷ. 임시정부 수립   ㄹ. 11월 혁명

① ㄱ-ㄴ-ㄷ-ㄹ   ② ㄱ-ㄷ-ㄴ-ㄹ   ③ ㄱ-ㄹ-ㄴ-ㄷ

④ ㄴ-ㄷ-ㄹ-ㄱ   ⑤ ㄹ-ㄱ-ㄴ-ㄷ

정답 ①

14 (가)에 들어갈 인물의 업적으로 옳은 것은?

> **특집 다큐멘터리: 유럽의 인물 시리즈**
>
> (가)!
> 그는 사회가 혼란하여 임시정부가 정신이 없는 틈을 이용하여 병사들과
> 노동자의 무장봉기를 선동하여, 마침내 11월 6일 단 하루 만에 혁명군은
> 거의 피를 흘리지 않고 수도의 주요 거점을 모조리 점령하고 소비에트 정
> 권의 수립을 선언했다. 그의 1인 독재가 전제군주제에 뒤지지 않는 절대
> 권력으로 나타났다.

① 세계 최초의 사회주의 국가가 성립되었다.

② 아래로부터의 혁명으로 전제군주제를 붕괴시켰다.

③ 국영기업제를 실시하여 생산성이 크게 향상되었다.

④ 농업의 집단화에 성공하여 소련 경제를 회복시켰다.

⑤ 국영기업제를 실시하여 개인의 영리를 허용하지 않았다.

정답 ①_ 시민들의 참여에 의한 아래로부터의 혁명이라고 할 수 있지만 결국 레닌의 1인 독재이기에
위로부터의 혁명이 완성되었다고 하겠다. 농업 집단화로 경제가 어려워지자, 레닌은 신경제
정책을 실시하여 국영기업을 부흥하고 개인 소기업 활동의 영리를 허용하도록 하여 국민 경
제를 부흥·재건하고자 했다.

15 ▸ 다음 자료를 토대로 인도인의 저항운동을 〈보기〉에서 고르면?

> 제1차 세계대전이 일어나자 곤경에 빠진 영국 정부가 '롤럿법'을 제정하여 인도인들에게 협조하면 자치를 허용한다는 말에 따라, 간디를 비롯한 모든 인도인들이 협력하였으나 전쟁이 끝나고 영국인들의 식민정책이 더욱 강화되었다.

보기
ㄱ. 금모으기 운동   ㄴ. 스와라지 운동
ㄷ. 스와데시 운동   ㄹ. 샤타그라하(비폭력·불복종) 운동

① ㄱ   ② ㄱ, ㄴ   ③ ㄱ, ㄴ, ㄷ
④ ㄴ, ㄷ, ㄹ   ⑤ ㄱ, ㄴ, ㄷ, ㄹ

정답 ④

16 ▸ (서술형) 다음을 배경으로 일어난 사건과 그 의의를 서술하시오.

> 제1차 세계대전 중에 일본은 독일이 중국에서 가지고 있던 산둥 반도와 만주에서의 이권을 차지하기 위해 중국에 21개조를 요구했다.

정답 중국에서 일어난 5·4운동으로, 윌슨의 민족자결주의에 영향을 받아 베이징 대학 학생들을 중심으로 일어난 반일·반제국주의 운동이다.

17 ▸ 유럽에서 일정 연령 이상의 남녀는 누구나 선거에 참여할 수 있는 보통선거를 실시하여 민주주의 발전의 계기가 되었던 시기는?

① 명예혁명 후
② 프랑스 혁명 후

③ 차티스트 운동 후

④ 러다이트 운동 후

⑤ 제1차 세계대전 후

 ⑤

18 ▸ 다음은 중국의 발전 과정이다. 순서대로 바르게 나열한 것은?

> ㄱ. 중화 소비에트 정부 수립   ㄴ. 제1차 국공합작
>
> ㄷ. 중화인민공화국 수립   ㄹ. 마오쩌둥 대장정

① ㄱ-ㄴ-ㄷ-ㄹ   ② ㄱ-ㄴ-ㄹ-ㄷ

③ ㄱ-ㄷ-ㄴ-ㄹ   ④ ㄴ-ㄷ-ㄹ-ㄱ

⑤ ㄹ-ㄱ-ㄴ-ㄷ

정답 ②_ 마오쩌둥이 대장정으로 위기에 처했을 때 장제스가 장쉐량에게 감금되는 '시안 사건'으로 위기에서 벗어날 수 있었으며, 중일전쟁으로 제2차 국공합작을 하여 재기의 발판을 마련했다.

19 ▸ (가)에 들어갈 검색어로 옳은 것은?

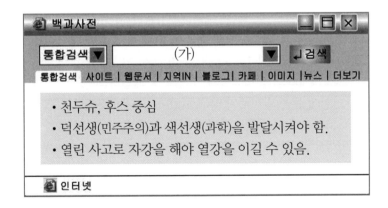

① 신해혁명   ② 5·4운동

③ 의화단운동   ④ 신문화운동

⑤ 샤타그라하(비폭력·불복종) 운동

정답 ④

20 ▸ (서술형) 다음은 한 국가의 개혁 내용이다. 밑줄 친 (가)와 (나)를 각각 서술하시오.

> (가)그는 그리스와 전쟁을 벌여 승리한 후 국민들의 추대로 초대 대통령이 되었다. 그는 아라비아 문자를 라틴 문자로 바꾸고, 알라신 경배 횟수를 1일 3회에서 1회로 줄였으며, 남녀평등 교육을 실현하는 등 기존의 관습을 과감히 혁파했다. 그리고 도로를 넓혀 (나)이 나라의 경제적 안정을 도모했다.

정답 (가)– 케말 파샤, (나)– 오스만 제국(터키)

21 ▸ 다음과 같은 일의 결과로 **틀린** 것은?

> 제1의 경제 대국 미국에서는 경제가 너무 좋다 보니 과잉 생산이 이루어졌다. 그러나 수요가 없어 1920년대 말 미국은 산업 생산이 반으로 떨어지고 실업자도 1300만 명이 넘었다. 휴업이나 폐업하는 공장이 늘어나고 은행들은 기업에 돈을 빌려주지 않게 되었다. 자금이 부족한 기업은 노동자들을 줄였고, 그에 따라 생산량이 줄어들어 기업은 어려워졌다. 1929년 10월 24일 목요일, 어려운 기업의 주식을 산 사람들이 불안한 마음에 한꺼번에 주식을 팔기 위해 내놓자 미국의 뉴욕 주식 시장에서 주식 값이 사상 최대로 떨어졌다.

① 세계 경제공황이 발생했다.

② 미국은 루스벨트 대통령이 뉴딜 정책을 추진했다.

③ 프랑스 식민 국가를 하나로 묶는 프랑 블록을 결성했다.

④ 일본은 식민지에 대한 지배를 완화하여 협조를 구하려 했다.

⑤ 영국은 블록경제를 구성하여 특혜 관세를 부여하고 보호무역을 실시했다.

 ④

22 ▸ 다음 국가들에서 나타난 공통점은?

◆ 독 일	◆ 이탈리아	◆ 일본

① 사회주의가 등장했다.　　② 전체주의가 등장했다.

③ 자본주의가 등장했다.　　④ 절대주의가 등장했다.

⑤ 입헌군주제가 수립되었다.

 ②

23 ▸ (서술형) 위 문제(22)의 세 나라 중 자국만의 독특한 특징을 가진 나라와 특징을 서술하시오.

정답 독일은 세계를 이끌어 나갈 민족은 게르만족이며, 게르만족에게 해로운 인류의 악으로 유대인을 지목하고 이들을 차별하는 극단적 인종주의를 표방했다.

24 ▸ 다음에서 제1차 세계대전 이후 공화정이 수립된 나라를 고르면?

> ㄱ. 영국   ㄴ. 일본   ㄷ. 독일   ㄹ. 오스만(터키)

① ㄱ   ② ㄱ, ㄴ   ③ ㄱ, ㄷ   ④ ㄴ, ㄷ   ⑤ ㄷ, ㄹ

정답 ⑤_ 독일에는 바이마르 공화국이, 오스만에는 케말 파샤에 의해 터키 공화국이 수립되었다.

25 ▸ 다음은 신문 기사의 한 내용이다. 한국인들이 반대한 이유를 서술하시오.

> ### 민족일보
> #### 2015년 7월 6일
>
> 유네스코는 어제(5일) 한국이 반대하여 세계문화유산으로 등재하기를 꺼렸던 군함도(일본명: 하시마)를 비롯한 메이지 산업시설을 등재하기로 결정하였습니다. 이는 각 시설에 안내 표지석을 세우는 것으로 한국의 양해를 받으며 이루어졌습니다.

정답 군함도를 비롯한 메이지 산업시설은 일본의 설명과 달리 한국인들을 아무 대가 없이 무더기로 징용하여 강제 노동을 시킨 곳이다. 바로 일본의 전체주의와 군국주의를 상징하는 곳이기 때문이다.

26 ▸ 다음과 같은 일이 일어날 때 일본인들이 저지른 만행은?

> 중일전쟁 초기에는 일본이 베이징·톈진을 점령하고 상하이까지 진격한 데 이어, 1937년 12월에는 국민정부의 수도를 점령했다. 이때 일본은 30만 명이 넘는 중국의 민간인 포로와 일반인들을 죽이는 만행을 벌였다.

① 도쿄 대지진   ② 난징 대학살   ③ 충칭 대학살
④ 베이징 대학살   ⑤ 제암리 학살사건

27 ▶ 제2차 세계대전이 일어나기 직전의 상황으로 잘못된 것은?

① 미국은 일본과 무역을 완전히 끊어버렸다.

② 독일이 폴란드를 침략하는 전쟁을 일으켰다.

③ 삼국동맹국들은 국제연맹의 이사국이 되었다.

④ 경제 대공황으로 식민지가 없는 삼국동맹국은 어려움에 빠졌다.

⑤ 일본은 독일, 이탈리아와 삼국동맹을 맺고 동남아시아 지역을 점령했다.

정답 ③_ 독일, 이탈리아, 일본의 삼국동맹국들은 국제연맹에서 탈퇴했다.

28 ▶ 다음은 제2차 세계대전의 과정이다. 순서대로 바르게 나열한 것은?

ㄱ. 독일의 폴란드 공격	ㄴ. 일본의 진주만 기습
ㄷ. 나가사키에 원자탄 투하	ㄹ. 노르망디 상륙작전

① ㄱ-ㄴ-ㄷ-ㄹ   ② ㄱ-ㄴ-ㄹ-ㄷ

③ ㄱ-ㄷ-ㄴ-ㄹ   ④ ㄴ-ㄷ-ㄹ-ㄱ

⑤ ㄹ-ㄱ-ㄴ-ㄷ

정답 ②

29 ▸ 다음은 제2차 세계대전의 수습 과정을 설명한 것이다. **잘못된** 것은?

① 일본은 1951년 파리 강화회의로 주권을 되찾았다.

② 전후 처리를 위해 1946년 파리 강화회의가 열렸다.

③ 얄타 회담에서 소련이 일본과의 전쟁에 참전하기로 했다.

④ 얄타 회담에서는 한국을 적당한 시기에 적당한 절차로 독립시킬 것을 결의했다.

⑤ 미국·영국·중국의 수뇌들이 1943년 11월 카이로에 모여 전후 처리에 대한 회의를 했다.

정답 ①_ 샌프란시스코 회의에서 회복했다.

30 ▸ 다음은 전쟁을 억제하기 위한 국제기구를 비교한 것으로 **잘못된** 것은?

	내용	1차 대전	2차 대전
①	전후 회의	파리 강화회의	샌프란시스코 회의
②	기구	국제연맹	국제연합
③	강대국 참여	미국, 소련 불참	미국, 소련 등 강대국 참여
④	제재 수단	가능	가능
⑤	가입	자유로움	상임이사국의 만장일치 동의를 얻어야 함

정답 ④_ 국제연맹은 침략국에 대한 제재 수단이 없다.

31 ▸ 다음과 관계있는 시기는?

◆ 독일의 폴란드 침공	◆ 일본의 진주만 기습

1914	1918	1921	1929	1937	1945
가	나	다	라	마	

① 가   ② 나   ③ 다   ④ 라   ⑤ 마

정답 ⑤

32 ▸ 제2차 세계대전 후 냉전 체제의 모습으로 잘못된 것은?

① 자유 진영의 중심 국가는 미국이다.

② 군사적으로 NATO와 WTO가 대립했다.

③ 냉전 체제의 결과로 중동에서 전쟁이 일어났다.

④ 트루먼 독트린을 통해 미국은 소련의 코민포름에 대항했다.

⑤ 소련의 COMECON 지원에 맞서 미국은 마셜 계획을 발표했다.

정답 ③

33 ▸ 다음과 같은 일이 있었던 시기는?

◆ 중국식 사회주의 창시		◆ 시장경제의 도입			
왕밍·펑더화이의 대결	문화대혁명	저우언라이와 린뱌오의 노선 대결	덩샤오핑과 화궈펑 등 4인방이 대결	홍콩 반환	올림픽 개최
가	나	다	라	마	

① 가   ② 나   ③ 다   ④ 라   ⑤ 마

정답 ④

34 ▸ 다음과 관련된 사실로 <u>잘못된</u> 것은?

◆ 영토·주권의 상호 존중	◆ 상호 불가침	
◆ 상호 내정 불간섭	◆ 호혜 평등	◆ 평화 공존

① 제3세계라 하며, 제국주의와 식민주의를 반대했다.

② 비동맹 중립주의 노선을 취하면서 평화가 유지되기를 원했다.

③ 반둥 원칙은 아시아·아프리카 민족 해방운동에 커다란 영향을 끼쳤다.

④ 제3세계가 본격적으로 형성된 것은 1955년 4월 인도네시아 콜롬보 회의이다.

⑤ 자본주의를 대표하는 미국과 공산주의를 대표하는 소련 사이에서 양쪽 모두에 속하지 않는 세력이다.

정답 ④_ 콜롬보 회의가 아닌 반둥 회의이다.

35 ▸ (서술형) 다음 사실에서 알 수 있는 사실을 서술하시오.

◆ 1961년의 베오그라드 회의	◆ 프라하의 봄
◆ 유고슬라비아 티토 대통령의 독자 공산주의 노선	

정답 제시된 내용은 제3세계의 형성에 관한 것이다. 국제사회는 미국을 중심으로 한 자본주의 사회, 소련을 중심으로 한 공산주의 사회, 그리고 제3세계의 다극 체제가 되었다.

36 ▸ 다음 두 사람의 대화로 나타난 현상은?

① 월남이 분단되었다.

② 이란·이라크 전쟁이 일어났다.

③ 아랍과 유대인이 대립하는 상황이 벌어졌다.

④ 한반도에서 남한과 북한의 6·25전쟁이 일어났다.

⑤ 쿠바 사태가 일어나 제3차 세계대전의 기운이 돌았다.

정답 ③_ 맥마흔 선언은 1915년 제1차 세계대전 중 영국의 맥마흔이 아랍인이 전쟁에 참여하면 독립 국가 건설을 지지할 것이라는 내용의, 샤리프 후세인 간의 서한을 발표한 것이다. 밸푸어 선언은 1917년 11월 2일 영국 외무장관 밸푸어가 제1차 세계대전 중 미국에 살고 있는 유대인 의 협조를 얻기 위하여 팔레스타인에 유대인을 위한 민족국가를 수립하는 데 동의한다는 내용이다. 결국 팔레스타인 지방에서 아랍과 이스라엘의 중동전이 벌어지게 되었다.

37 ▸ 제2차 세계대전 이후 아시아·아프리카 국가의 모습으로 잘못된 것은?

① 인도는 민족적 대립으로 분열했다.

② 베트남은 이념적 대립으로 분열했다.

③ 이집트는 나세르의 집권으로 수에즈 운하를 국유화했다.

④ 인도네시아는 유엔의 승인을 받아 네덜란드로부터 독립했다.

⑤ 아프리카 통일기구OAU를 조직하여 자신들의 권익을 찾으려 했다.

정답 ①_ 민족적 대립이 아닌 종교적 대립으로 분열되었다.

38 ▸ 다음을 통해 국제사회의 변화를 알 수 있는 것은?

◆ 미국과 중국의 핑퐁 외교   ◆ 핵확산 금지 조약 체결

① 냉전의 구축   ② 냉전의 완화
③ 제3세계의 등장   ④ 부전 조약의 체결
⑤ 제2차 세계대전 뒤처리

정답 ②

39 ▸ (가)에 들어갈 인물의 업적으로 옳은 것은?

> **특집 다큐멘터리: 유럽의 인물 시리즈**
>
> (가)!
> 1985년 소련 공산당 서기장으로 선출된 그는 두 개의 개혁을 실천했다.
> 하나는 공산주의의 계획경제를 개혁하여 자본주의 시장경제를 도입하는
> 페레스트로이카(재건)이며, 다른 하나는 개인의 경제적 자유와 정치적 자
> 유를 보장하는 정책인 글라스노스트이다.

① 비동맹 중립 국가가 등장했다.
② 세계 최초의 사회주의 국가가 성립되었다.
③ 사회주의 국가들이 개혁과 민주화를 이루었다.
④ 전제군주제의 붕괴와 민주 공화정이 수립되었다.
⑤ 미국과 소련을 중심으로 한 냉전 체제가 강화되었다.

정답 ③

40 ▸ (가)에 들어갈 내용으로 알맞은 것은?

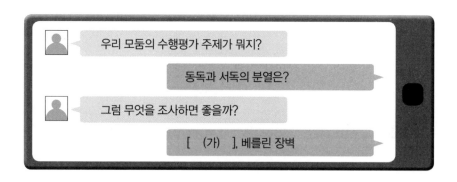

우리 모둠의 수행평가 주제가 뭐지?

동독과 서독의 분열은?

그럼 무엇을 조사하면 좋을까?

[(가)], 베를린 장벽

① 개선문　　　　　② 붉은 광장　　　　　③ 톈안먼 광장
④ 아헨 대성당　　　⑤ 브란덴부르크 문

정답 ⑤_ 동독과 서독이 분단되었을 때 오가던 유일한 통로였다.

41 ▸ 다음과 같은 주장을 편 철학자가 아닌 것은?

현실의 모순과 부조리 속에서 삶의 참뜻을 찾자고 주장했다.

① 하이데거　　　　② 야스퍼스　　　　③ 사르트르
④ 프로이트　　　　⑤ 키르케고르

정답 ④_ 반지성주의의 정신분석학자이다. 위 내용은 실존주의 철학이다.

42 ▸ 다음 자료를 토대로 만들어진 국제기구를 〈보기〉에서 고르면?

1929년 경제 대공황으로 각국의 통화가 불안정하고 보호무역이 확대되는 부작용을 시정하여, 국제무역을 확대함으로써 고용을 늘리고 소득을 증대하는 한편 각국의 무역수지 균형을 목적으로 1944년 7월 협정을 체결했고, 이 협정에 의하여 국제기구가 발족되었다.

ㄱ. 국제부흥개발은행(IBRD)　　　　ㄴ. 국제통화기금(IMF)
　　　ㄷ. 관세무역일반협정(GATT)　　　　ㄹ. 유럽 연합(EU)

① ㄱ　　　　　　　　② ㄱ, ㄴ　　　　　　　③ ㄱ, ㄴ, ㄷ
④ ㄴ, ㄷ, ㄹ　　　　　⑤ ㄱ, ㄴ, ㄷ, ㄹ

정답 ③_ 제시된 내용은 브레턴우즈 체제이며, 이 체제에 의하여 설립된 국제기구이다.

43 ▸ 다음에 제시된 것 중 성격이 다른 것은?

① 유럽 연합(EU)
② 세계무역기구(WTO)
③ 북미 자유무역협정(NAFTA)
④ 동남아시아 국가연합(ASEAN)
⑤ 아시아·태평양 경제협력체(APEC)

정답 ②_ 무역이 전쟁으로 변하면서 최근에는 지역 간 경제 블록을 형성하여 자국의 이익을 추구하는 과정에서 설립된 것들이다. 세계무역기구(WTO)는 1995년에는 국제무역 분쟁을 조정하고 관세 인하를 요구하여 자유무역을 강화할 목적으로 세운 기구이다.

44 ▸ 다음 (가)와 (나)에 차례로 들어갈 내용으로 옳은 것은?

소련과의 냉전 체제를 강화한 (　가　) 독트린과 냉전 체제를 완화시킨 (　나　) 독트린이 있다.

① 존슨, 링컨　　　　　　② 링컨, 닉슨
③ 트루먼, 닉슨　　　　　④ 트루먼, 존슨
⑤ 케네디, 루스벨트

45 ▸ **다음에서 현대 미술의 특징을 고르면?**

| ㄱ. 전통적인 미의 개념을 수용 | ㄴ. 추상주의 |
| ㄷ. 초현실주의 | ㄹ. 입체주의 |

① ㄱ ② ㄱ, ㄴ ③ ㄱ, ㄷ
④ ㄴ, ㄷ ⑤ ㄴ, ㄷ, ㄹ

 정답 ⑤_ 미술에서는 야수파(마티스), 입체파(피카소) 등의 유파가 전통적인 미의 개념을 배척하고 다양하게 활동했다.

46 ▸ **이탈리아 파시즘의 특징으로 알맞은 것은?**

① 방공정책 ② 다당주의 ③ 고립주의
④ 자유주의 ⑤ 자본주의

 정답 ①_ 파시즘은 공산주의에 반대하는 방공정책을 추진했다.

47 ▸ **다음 국가들은 원래 한 나라였다. 분열된 이유는?**

| ◆ 인도 ◆ 파키스탄 ◆ 방글라데시 ◆ 스리랑카 |

① 국경 분쟁 ② 민족 문제 ③ 이념 문제
④ 종교 문제 ⑤ 무역 분쟁

정답 ④_ 인도(힌두교), 파키스탄·방글라데시(이슬람교), 스리랑카(불교)로 분열되었다.

48 › 다음과 같이 개최된 회의의 공통점은?

> ◆ 콜롬보 회의　　◆ 반둥 회의　　◆ 베오그라드 회의

① 제국주의 국가들의 연합 회의이다.
② 전체주의 국가들의 연합 회의이다.
③ 비동맹 제3세계 국가들의 단결을 모색했다.
④ 공산주의에 맞서서 미국을 중심으로 한 단결 회의이다.
⑤ 자본주의에 맞서서 소련을 중심으로 한 단결 회의이다.

 ③

49 › 다음과 같은 체제의 결과로 나타난 현상을 〈보기〉에서 고르면?

> ◆ 소련의 동유럽 국가 공산화　　◆ 미국의 NATO 구성
> ◆ 소련의 코민포름 조직　　◆ 마셜 계획

보기　ㄱ. 중동 전쟁　　ㄴ. 6·25전쟁　　ㄷ. 베트남 전쟁　　ㄹ. 포클랜드 전쟁

① ㄱ　　② ㄱ, ㄴ　　③ ㄱ, ㄷ　　④ ㄴ, ㄷ　　⑤ ㄷ, ㄹ

정답 ④_ 냉전 체제의 결과로 일어난 국지전을 가리킨다.

50 › 다음과 같은 정책으로 서로 대립한 나라로 짝지어진 것은?

> 3B 정책은 (　)이(가) 추진한 식민지 확장 정책으로 베를린, 비잔틴, 바그
> 다드를 연결하는 철도 부설과 그 주변의 이권 개발을 목표로 한 정책이다.
> 반면에 3C 정책은 (　)이(가) 취한 식민지 확장 정책으로 남아프리카의 케
> 이프타운, 이집트의 카이로, 인도의 캘커타를 연결하는 정책이다.

① 독일-미국   ② 독일-영국   ③ 일본-미국

④ 일본-영국   ⑤ 독일-프랑스

 ②

51 ▸ 다음이 설명하는 국제기구는?

◆ 국가 간의 차별 없는 무역 실시   ◆ 자유무역 실시
◆ 보호무역 철폐   ◆ 후진국에 대한 배려

① 세계무역기구(WTO)
② 국제통화기금(IMF)
③ 국제부흥개발은행(IBRD)
④ 경제협력개발기구(OECD)
⑤ 환태평양 경제동반자협정(TPP)

 ①

52 ▸ 오늘날 국제사회를 잘못 설명한 것은?

① 미국과 러시아 중심에서 다극화되고 있다.
② 소수 민족들의 독립운동이 일어나고 있다.
③ 중국이 미국에 이은 제2의 경제 강국이 되었다.
④ 제3세계 비동맹 국가들의 주장이 강해지고 있다.
⑤ 자국의 이익보다는 이념과 정치 체제에 따라 움직이고 있다.

정답 ⑤

53 ▸ **(서술형) 다음에 만들어진 무역 기구에 대항하기 위해 중국에서 만든 기구는 무엇이며, 제시된 기구가 기존의 FTA와 다른 점을 서술하시오.**

> 21세기에 들어서서는 지역을 뛰어넘어 경제 블록을 조직하고 있다. 환태평양 경제동반자협정(TPP)은 미국이 중국을 견제하면서 무역의 주도권을 계속 장악하기 위해 만든 경제 블록이다.

정답 기존의 자유무역협정(FTA)이 국가 간의 자유로운 이동을 위해 관세를 줄이거나 철폐하는 데 비하여, TPP는 관세뿐만 아니라 디지털 경제, 부패, 규제, 환경, 지적 재산권, 노동, 국영 기업 등 모든 분야를 포함하고 있다. 중국은 TPP에 대항하여 역내 포괄적 경제동반자협정(RCEP)을 구성했다.

54 ▸ **(서술형) 다음은 한 국가의 개혁 내용이다. (가)와 (나)를 각각 서술하시오.**

> 역사학에선 (가)가(이) 사람이 만들어가는 문명의 발달 과정이 발생–성장–노쇠–사멸하는 순환사관을 주장했다. 반면 (나)는(은) '도전과 응전'에 의해서 문명이 흥하고 망하는 것이라고 했다.

정답 (가)– 슈펭글러, (나)– 아널드 토인비

55 ▸ **(서술형) 다음 두 사람의 정책 기조에서 알 수 있는 정책은?**

> ◆ 영국의 대처리즘   ◆ 미국의 레이거노믹스

정답 자유무역 확대와 구조 조정에 따른 산업구조의 재편, 자본의 자유로운 이동과 이윤을 추구하는 신자유주의 정책을 보여주는 것이다.

56 ▶ (서술형) 다음 제시한 내용의 공통적인 목적을 서술하시오.

> ◆ 1924년 도스안   ◆ 1929년 영안

정답 제1차 세계대전 이후 독일은 엄청난 배상금을 물어야 했다. 바이마르 공화국이 배상 문제로 어려움을 겪자 미국은 2억 달러의 차관을 빌려주면서 서두르지 않고 배상금을 지불하도록 한 것이 도스안이다. 영안은 도스안을 수정한 것으로 배상 기간을 늘려준 것이다. 그러므로 제시된 내용은 독일의 배상 문제 처리를 위한 것이다. 하지만 히틀러가 집권하면서 지불 파기를 선언함으로써 미해결로 남게 되었다.

57 ▶ 다음 두 사건의 공통점을 서술하시오.

> ◆ 의화단운동   ◆ 5·4운동

정답 두 사건은 청나라 말기와 중화인민공화국에서 일어난 사건으로 외세를 배척한 공통점이 있다.

58 ▶ (서술형) 다음과 같은 정책을 이용하여 권력을 잡은 사람과 그의 또 다른 전략을 서술하시오.

> ◆ 게릴라 전략   ◆ 일본의 침략을 이용한 국공합작

정답 마오쩌둥의 전략이며, 대일전에서 전면에 나서지 않고 농촌을 중심으로 활동하면서 힘을 배양하여 장제스를 물리쳤다.

59 ▸ (서술형) 다음 과정을 거친 사건은 무엇이며, 그 배경을 서술하시오.

> 마오쩌둥의 권력 회복의 필요성 – 낡은 사상·문화·풍속·습관 타도 –
> 린뱌오 중심의 홍위병 선도 – 반 마오쩌둥 지도자 숙청

정답 중국의 문화대혁명 과정이다. 대약진운동 중 인민공사라는 집단농장제의 실패는 마오쩌둥의 정
치적 위기를 가져왔다. 이를 타개하기 위해 문화대혁명이 일어났으며, 낡은 사상과 문화를 없앤다
는 취지 아래 역사적인 유적과 유산의 파괴가 이루어졌고, 전통문화의 위상이 악화되었다.

**60 ▸ (서술형) 다음에서 제시한 글과 관련된 국제기구와 이 글을 통한 국제기구의
장점을 서술하시오.**

> 제1조(목적) 제1항: 국제 평화와 안전을 유지할 것. 이를 위해 평화에 대한
> 위협을 막아 없애고 침략 행위와 그 밖의 평화를 파괴하는 행위를 진압하
> 기 위해 효과적인 집단적 조치를 취하고, ……
> 제42조: 안전보장이사회는 …… 국제 평화와 안전을 유지하고 회복하는
> 데 필요한 육해공군의 행동을 취할 수 있다.

정답 국제연합 헌장으로 침략국에 대하여 무력 제재를 할 수 있게 했다.

세기	연대	주요 내용
B. C.	1500만년	라마피테쿠스의 출현
	250만년	구석기 시대 시작
	40만년	불의 사용
	6만년	크로마뇽인 출현
	4만년	호모 사피엔스의 출현
	1만 5천년	최초로 농사를 짓기 시작
	3000년	이집트 문명의 발생
	3300년	수메르, 메소포타미아 도시문명 성립
	3200년	문자의 발명
	3000년	이집트, 통일국가 출현
	2500년	인더스 문명의 발생
	1750년	〈함무라비 법전〉 편찬
	1200년	페니키아에서 알파벳 발명
	1100년	중국에서 주 왕조 건국
		그리스, 폴리스 국가
	814년	페니키아가 카르타고 건설
	776년	그리스에서 올림픽 시작
	492년	페르시아 전쟁 시작
	431년	펠로폰네소스 전쟁 발발
	430년	중국, 전국시대 시작
	334년	알렉산드로스 대왕의 소아시아 정복
	221년	진의 시황제, 중국 통일 후 황제를 칭함
	218년	제2차 포에니 전쟁(한니발 전쟁) 발발
	209년	중국, 진승·오광의 난

		202년	한 제국 건국
		154년	오초7국의 난
		139년	한 무제, 장건으로 하여금 실크로드 개척
		73년	로마, 스파르타쿠스 반란(70)
		49년	카이사르, 원로원과 내전 시작
		27년	아우구스투스가 황제로 즉위(로마 제정의 시작)
A. D.		8년	왕망의 난
		96년	네르바, 로마 황제 즉위(5현제 시대 개막)
		105년	후한의 환관 채륜이 종이 발명
		184년	황건적의 난 발생
		220년	중국, 삼국시대가 열림
		280년	진(晉) 무제의 삼국 통일
		291년	팔왕의 난
		304년	중국, 5호16국 시대(~439) 개막
		306년	로마, 콘스탄티누스 1세 즉위
		311년	영가의 난
		313년	로마, 크리스트교 공인
		320년	인도, 굽타 왕조 성립(~550)
		325년	니케아 종교회의
		330년	비잔틴 제국 성립
		375년	게르만족의 대이동
		385년	인도, 찬드라굽타 2세의 전성기
		392년	로마, 크리스트교의 국교화
		395년	동로마와 서로마로 분열
		426년	아우구스티누스 《신국론》 저술
		476년	서로마 제국 멸망
		486년	프랑크 왕국 성립
		500년	인도, 힌두교 창시
		527년	유스티니아누스 1세 즉위(~565)

529년	《유스티니아누스 법전(로마법 대전)》 편찬
570년	이슬람교의 창시자 마호메트 출생
589년	중국, 수(~618)의 중국 통일
618년	당(唐)의 건국
626년	이세민 쿠데타, 태종 즉위
646년	당의 현장, 인도 기행 《대당서역기》 저술
726년	동서 교회의 분리
750년	위구르, 내몽골 통일. 아바스 왕조 성립(~1258)
751년	카롤링거 왕조 성립(~1258)
755년	안사의 난
771년	카롤루스 대제, 프랑크 왕국 통일
780년	양세법 시행
862년	러시아 공국 건국
870년	메이르선 조약, 프랑크 왕국 분열
875년	중국, 황소의 난(~884)
907년	중국, 당이 멸망하고 5대10국 성립(~960)
916년	거란, 요의 건국(~1125)
960년	중국, 송(宋)의 건국(~1279)
962년	신성로마 제국 성립(~1806)
1000년	송나라에서 나침반 · 화약 발명
1056년	신성로마 제국 황제 하인리히 4세 즉위
1066년	노르만족, 영국 정복
1077년	카노사의 굴욕
1084년	송의 사마광, 《자치통감》 편찬
1096년	십자군 원정, 십자군과 이슬람군의 격돌
1115년	여진, 금(金) 건국(~1234)
1127년	중국, 북송 멸망. 남송(南宋) 건국
1163년	프랑스, 노트르담 대성당 건설 시작
1192년	일본, 가마쿠라 막부 수립

1206년	몽골의 테무친, 칭기즈 칸이 됨
1215년	영국, 마그나 카르타(대헌장) 제정
1241년	한자 동맹 성립
1271년	원(元)의 성립(~1368)
1299년	마르코 폴로, 《동방견문록》 발간
1309년	교황의 아비뇽 유수(~1337)
1337년	백년전쟁 발발
1347년	유럽에 페스트 대유행
1368년	중국, 원 멸망. 주원장이 명(明) 건국(~1644)
1369년	티무르 왕조 성립(~1508)
1381년	와트 타일러의 난
1402년	정난의 변(영락제 즉위)
1429년	프랑스의 잔 다르크, 영국군 격파
1450년	구텐베르크, 금속활자에 의한 인쇄술 발명
1453년	비잔틴 제국 멸망
1455년	장미전쟁(~1485)
1485년	헨리 7세, 튜더 왕조 시작
1488년	바르톨로메우 디아스, 희망봉 발견
1492년	콜럼버스, 신대륙 발견
1498년	바스쿠 다가마, 인도 항로 개척
1511년	에라스뮈스, 《우신예찬》 저술
1517년	루터, 독일 종교개혁 시작
1519년	마젤란, 세계일주 항해(~1522)
1526년	무굴 제국 성립(~1857)
1534년	헨리 8세의 수장령 발표
1536년	칼뱅의 종교개혁
1543년	코페르니쿠스, 지동설 주장
1545년	트리엔트 공의회(~1563)
1555년	아우구스부르크 화의

1559년	엘리자베스 1세, 영국 국교회 기초 확립
1560년	명의 조세법인 일조편법 실시
1562년	위그노 전쟁(~1598)
1565년	에스파냐, 필리핀 점령
1581년	네덜란드, 독립 선언
1582년	그레고리력(현재의 태양력) 제정
1588년	영국 해군, 에스파냐 무적함대 격파
1590년	도요토미 히데요시, 일본 통일
1598년	낭트 칙령
1600년	영국 엘리자베스 1세, 동인도회사 설립(~1858)
1603년	일본 도쿠가와 이에야스, 에도 막부 성립(~1867)
	영국, 제임스 1세의 즉위로 스튜어트 왕조 시작
1616년	누르하치, 후금 건국
1618년	30년전쟁 발발
1620년	영국의 청교도, 신대륙으로 이주
1628년	영국, 권리청원 제출
1630년	인도, 타지마할 건립(~1648)
1632년	갈릴레이, 지동설 주장
1635년	이자성의 난
1636년	후금 태종, 국호를 청으로 바꿈
1640년	영국, 청교도 혁명(~1660)
1644년	크롬웰의 철기대, 왕당군 격파
1648년	베스트팔렌 조약으로 신앙의 자유 획득
1649년	영국, 공화정(~1660)
1651년	영국, 항해조례 발표
1661년	청(淸)의 강희제 즉위(~1722)
1665년	뉴턴, 만유인력의 법칙 발견
1670년	스텐카 라진의 저항운동
1673년	청, 삼번의 난(~1681)

1688년	영국, 명예혁명
1689년	영국, 권리장전 제정
	네르친스크 조약 체결로 청과 러시아의 국경 확정
1701년	에스파냐 왕위 계승전쟁(~1714)
	프로이센 왕국 성립
1710년	루이 14세, 베르사유 궁전 완성
1713년	위트레흐트 조약으로 영국이 지중해 지브롤터 차지
1735년	청나라의 건륭제 즉위
1748년	몽테스키외, 《법의 정신》 저술
1757년	영국과 인도, 플라시 전투
1762년	루소, 《사회계약론》 저술
1769년	와트, 증기기관 발명
1774년	괴테, 《젊은 베르테르의 슬픔》 저술
1775년	미국 독립전쟁(1783)
1776년	미국, 독립선언
1789년	프랑스, 대혁명 시작
1793년	프랑스, 자코뱅당의 독재, 공포정치
1794년	백련교도의 난
1804년	나폴레옹의 황제 즉위(~1814)
	《나폴레옹 법전(프랑스인민민법전)》 제정
1806년	대륙봉쇄령
	라인 동맹 성립, 신성로마 제국 멸망
1815년	워털루 싸움
1821년	그리스 독립전쟁(~1829)
1823년	미국 대통령 먼로, 먼로주의 선언
1830년	프랑스, 7월 혁명
1840년	영국과 청의 아편전쟁 발발
1842년	영국과 청의 불평등 조약인 난징 조약 체결
	프랑스, 2월 혁명

1848년	오스트리아, 3월 혁명	
	마르크스, 공산당선언 발표	
1851년	태평천국의 난	
1853년	크림 전쟁 발발	
1856년	애로호 사건(~1860)	
1857년	인도, 세포이 항쟁(~1860)	
	무굴 제국 멸망	
1859년	다윈,《종의 기원》 출간	
1860년	베이징 조약	
1861년	미국, 남북전쟁(~1865) 발발	
1863년	링컨, 노예해방 선언	
1868년	일본, 메이지 유신	
1869년	수에즈 운하 개통	
1870년	프랑스·프로이센(보불) 전쟁	
1871년	독일 제국 재건	
	파리 코뮌	
1875년	프랑스 제3공화정 성립	
1877년	러시아·투르크전쟁(~1878)	
1894년	청일전쟁(~1895)	
	드레퓌스 사건	
1896년	제1회 아테네 올림픽 대회	
1898년	중국, 무술정변	
	파쇼다 사건	
1899년	보어 전쟁	
1900년	중국, 의화단운동(~1901)	
1904년	러일전쟁(~1905) 발발	
1905년	러시아, 피의 일요일	
1911년	중국, 신해혁명으로 청 멸망	
1914년	제1차 세계대전(~1918) 발발	

세계사 연표

		파나마 운하 개통
	1915년	중국, 문학혁명
	1917년	러시아, 11월 혁명
	1919년	베르사유 조약
	1920년	국제연맹 창립
	1921년	중국 공산당 성립
	1922년	소련 성립
	1927년	중국, 난징에 국민정부 수립
	1928년	소련, 토지사유금지법 제정
	1929년	뉴욕의 주가 대폭락, 세계 대공황
	1930년	인도의 간디, 소금 행진
	1931년	만주사변 발발
	1932년	만주국 성립
	1933년	히틀러, 독일 총리 취임
	1936년	스페인 내전
	1937년	중일전쟁 시작
	1938년	독일, 오스트리아 합병
	1939년	독일의 폴란드 침공으로 제2차 세계대전 시작
	1941년	대서양헌장 발표
		태평양전쟁(~1945) 발발
		독일의 소련 침공
	1943년	제1차 카이로 회담
		테헤란 회담
	1944년	노르망디 상륙
		파리 해방
	1945년	얄타 회담(크림 반도)
		포츠담 선언
		국제연합(UN) 성립
		일본, 무조건 항복

		뉘른베르크 군사재판 시작
	1947년	미국의 마셜, 마셜 플랜 제창
		인도, 독립선언
	1948년	이스라엘 공화국 성립
		세계인권선언 발표
	1949년	북대서양조약기구 창립
	1950년	한국전쟁 발발
	1955년	바르샤바 조약 체결
	1962년	미국, 쿠바 봉쇄
	1964년	베트남전 발발
	1966년	중국, 문화대혁명
	1967년	제3차 중동전쟁 시작
	1969년	아폴로 11호 달 착륙
	1972년	미국과 중국, 정상회담
	1973년	동ㆍ서독 유엔 동시 가입
	1979년	소련, 아프카니스탄 침공
	1980년	이란ㆍ이라크전쟁
	1981년	이집트 사다트 대통령 피살
	1985년	소련, 고르바초프 집권
	1989년	톈안먼 사건
		베를린 장벽 붕괴
	1991년	걸프전 발발
		유럽 공동체(EC) 통합
	1992년	소비에트 연방 해체
	1993년	우루과이라운드(UR) 타결
	1994년	북미자유무역협정 발효
	1995년	세계무역기구(WTO) 출범
	1997년	영국, 중국에 홍콩 반환
		아시아 경제 위기

	1998년	코소보 사태
	2003년	이라크 전쟁
	2004년	남아시아 대지진 발생
	2011년	후쿠시마 원전 참사
	2014년	에볼라 유행
	2015년	프랑스, 이슬람 대테러
	2016년	지카 바이러스 유행